KB178756

자영업 소상공인 창업 마케팅
생존전략

퇴직, 창업, 업종전환, 마케팅을 고민하는
30~50대를 위한 생존형 창업 마케팅 가이드

자영업·소상공인 창업·마케팅 생존전략

최창문 지음

좋은땅

코로나 이후 많은 외부환경들이 급하게 변화하고 있다. 코로나 이전에도 경기가 좋지 않았지만, 점점 더 더 힘들어지고 있는 모양새다. 글로벌 환경변화와 전쟁, 국제적 패권다툼, 인플레이션, 금리 인상, 부동산 경기하락 등 너무나 많은 부정적인 이슈가 생기고 있다. 심지어 이 책을 쓰기 시작할 때와 마무리하고 있는 지금 시점의 상황이 달라졌을 정도로 세상은 빨리 변화하고 있다. 급변하는 상황에서 어떻게 살아남아야 할까? 많은 고민이 필요한 시기이다.

필자는 2010년부터 기업컨설팅과 강의를 하고 있다. 주로 자영업자들과 소상공인, 예비창업자, 대학생들을 만나고 있는데 최근 정리를 해 보니 컨설팅으로 만난 사람들이 1000명이 넘어가고 있고, 강의도 900회가 넘어가고 있다. 외식업, 커피숍, 미용실, 편의점, 펜션, 부동산, 도소매, 쇼핑몰 등 다양한 업종의 대표들을 만나 어떻게 하면 사업을 활성화시키고 매출을 올릴 수 있을지 함께 고민하고 해결 방법을 찾아내는 것을 직업으로 하고 있다.

10년 넘게 컨설팅과 강의를 하면서 다양한 콘텐츠들이 쌓이게 되었다. 다양한 창업사례, 성공사례, 실패사례, 독특한 비즈니스 모델, 아이디어, 마케팅방법, 대표들의 다양한 성향 등 사람들과 만나면서 쌓인 이야기들과 사례들을 모아서 책으로 출간하겠다고 2016년 정도부터 생각했었던 같다. 강의 때마다 이런 책을 준비하고 있다고 이야기했었는데 이제서야 현실화되었다.

이 책은 자영업자들과 창업을 준비하는 사람들을 위한 가이드북이라는 콘셉트를 잡았다. 정글 같은 비즈니스 환경에서 살아남기 위해서 무엇을 준비해야 하는지, 어디로 가야 하는지, 무엇을 피해야 하는지 등등을 파악할 수 있는 책이었으면 한다. 특히나 퇴직을 준비하고 있는 40~50대의 창업을 준비하는 사람들과 노하우가 부족한 자영업자들을 주요 대상으로 생각하고 글을 썼다. 가장 생존전략이 필요한 연령대이기 때문이다.

많은 책들과 방송에서 '성공'이라는 달콤한 말들로 우리를 유혹하지만, 현실에서는 '성공'보다는 **'생존'**이 훨씬 더 중요한 과제이다. 살아남기만 해도 성공인 경우들이 많다. 그래서 책 제목에도 '생존전략'이라는 단어를 넣었다. 또한 마케팅 관련 책들을 읽으면서 이론적인 내용들이 너무 많고, 해외 대기업 사례들이 국내 소상공인들에게는 별도움이 되지 않을 것 같다는 생각을 많이 하게 되었다. 동네에서 작은 커피숍을 운영하고 있는 사장님에게 스타벅스, 아마존의 마케팅 사례가 전혀 피부에 와 닿지 않는 것이다. 그래서 가급적이면 최대한 쉽게 작성하고, 이론적인 내용들보다는 경험했던 소소한 사례들을 많이 넣으려고 노력했다.

필자가 최근 중요하게 생각하는 것들이 '트렌드변화'와 '인구변화'이다. 강의할 때마다 '대한민국은 앞으로 10년 동안 5000년 역사에서 한 번도 겪지 못했던 일을 겪게 된다'고 이야기하고 있다. 향후 10년간 많은 사회적 변화가 예고되어 있어 관련된 내용에 대한 고민을 많이 넣었다. 어쩌면 이 책에서 가장 중요한 내용이 될 수도 있을 것 같다.

책을 읽으면서 컨설팅을 받는 느낌이 들 수 있으면 가장 이상적일 것 같다. 그래서 내용 중간에 '적어 보자, 고민해 보자' 등 요구사항이 많다. 귀찮더라도 최대한 같이 고민할 수 있는 책이 된다면 좋을 것 같다.

이 책은 정독보다는 필요한 내용만 찾아서 읽어 주었으면 한다. 비즈니스 가이드북이라는 콘셉트처럼 비즈니스를 하면서 필요할 때 찾아서 읽는 책이 되었으면 좋겠다. 혹시라도 내용에 오류가 있더라도 너그럽게 이해해 주시고 문의 사항은 bizi@bizi.kr으로 주시기 바란다.

책을 준비하면서 컨설팅과 강의를 해 온 13년의 자료와 이력들을 정리하다 보니 고마운 사람들이 너무 많다.

가장 먼저 오랫동안 필자의 옆에서 멘토 역할을 해 주고 계신 조중일 대표님, 이영환 대표님, 이상화 대표님께 깊은 감사의 말씀을 드린다. 의지하고 질문을 할 수 있는 멘토가 있다는 사실만으로도 큰 행운인 것 같다. 존경하는 양해술 지도교수님과 우현회 형님 누님들, 10년째 활동하고 있는 한국비즈컨설팅(주) 회사 동료 여러분들, 항상 든든한 서울메트로로타리 클럽 회원 여러분들께도 감사드린다.

옆에서 든든하게 지켜 주시고 계시는 강기석 대표님, 8년째 가장 많은 도움 주신 서우리디자인 이혜림 실장님, 인생의 전환점을 만들어 준 김소라 대표, 많은 고민을 함께 나누고 있는 이강석 대표, 류수형 대표, 윤민진 대표, 윤기창 대표에게도 감사드린다.

40년 가까이 형제처럼 지내고 있는 국영, 균욱, 성윤, 재두, 훈석, 미희와 먼저 친구 곁을 떠난 훈, 새로운 친구 재승, 굳건한 우정을 나누고 있는 북가좌 국민학교 6학년 1반 반창회 친구들에게도 감사의 인사를 보내고 싶다.

사랑하는 와이프 신혜정, 딸 최승아, 어머니 이봉선 여사와 장모님 권윤순 여사, 동생 최문범, 처제 신혜원, 동서 이준호 및 모든 가족들에게도 감사의 인사를 전하고 항상 건강하기를 기원한다. 또한 세상을 떠나신 아버지에게도 그리움과 감사의 말 전하고 싶다.

그동안 다양한 모임과 컨설팅, 강의를 통해서 만났던 모든 분들과 이 책을 읽는 여러분들에게도 건강과 좋은 기운이 가득하기를 기원한다.

2023년 1월
최창문 드림

2. 인구변화와 미래예측 - 시장 소비자의 변화

3. 어떤 아이템 어떤 분야로 창업할 것인가?

4. 기업가 정신 / 비즈니스 마인드 만들기

5. 상권분석 / 온라인에도 상권이 있다

6. 비즈니스 모델과 사업계획서 작성

7. 마케팅 전략 / 시장에서 살아남기

8. 브랜딩 전략 / 디자인 전략 / VMD / 언론홍보 전략

9. 다양한 사업가 유형 및 시행착오

10. 생존능력을 높여 주는 비즈니스 버프(BUFF)

11. 중소기업, 소상공인 지원기관 및 교육정보

1

창업 환경분석
- 창업과 시대흐름

창업을 하기에 좋은 상황인가? 그다지 좋은 타이밍은 아니다.
그렇지만 누군가는 새로운 기회를 만들고, 새로운 업을 만들어
나간다.
상황은 어렵지만, 충분히 기회를 만들어 낼 수 있다.

기회는 준비된 사람에게 찾아온다고 한다.
준비된 사람은 시장을 준비하는 사람이다.
시장이 움직이는 흐름을 파악하고 미리 기회를 준비할 수 있는
똑똑한 눈이 필요하다.

지금 시장은 어떻게 움직이고 있는가?

가. 창업하기에 좋은 상황인가?

이 책을 주로 읽기를 원하는 40대~50대들은 요즘 가장 어려운 시기를 맞고 있는 듯하다. 임박한 퇴직과 불경기, 코로나 유행과 어려워진 경제 상황, 복잡한 글로벌 상황, 인플레이션, 금리인상, 부동산하락과 금융위기 등 여러 가지 악재들이 쌓여 있다. 특히 퇴직 이슈가 가장 심각하다. 필자의 주변에도 최근 몇 년 전부터 퇴직을 하는 친구들이 부쩍 많아지고 있다.

40대~50대들이 퇴직 후 가장 필요한 것은 새로운 일자리를 마련하는 일이다. 그러나 원하는 수준의 재취업은 현실적으로 어려움이 많고, 취업을 해도 오래 버티지 못하고 나올 가능성이 높다. 아이들은 아직 10대~20대이고 돈 들어갈 일은 태산이다. 직장생활 하면서 모아 놓은 돈도 변변치 않다. 집 산다고 대출받아 놓은 빚이 산더미이고 생활비도 만만치 않게 들어간다. 앞으로 본인들의 건강은 물론 부모님들에게 들어갈 의료비 등도 만만치 않을 예정이다.

해결 방법은 스스로 일자리를 만드는 방법(창업)밖에 없어 보인다. 언젠가는, 어쩔 수 없이, 적게든 크게든, 창업을 할 수밖에 없는 상황이 될 것이다. 자연스럽게 흔히 이야기하는 자영업자, 소상공인이 된다.

그중에서 가장 먼저 생각하게 되는 것은 소자본 창업일 듯하다. 창업을 고민을 해 본 사람이라면 이런 생각을 한 번쯤 해 보았을 것이다. '돈 많이 안 들어가고 할 만한 괜찮은 사업거리 없을까?', '요즘 유행하는 괜찮은 아이템 없나?' 등이다. 가장 좋지 않은 상황은 일자리를 찾다가 어쩔 수 없이 등 떠밀려 창업을 하게 되는 경우이다. 원하지 않는 창업을 어쩔 수 없이 하게 되면 실패할 확률이 훨씬 높아지게 된다.

현재 창업하기 좋은 상황인가? 안타깝게도 전혀 그렇지 않다. 오히려 창업하기에 가장 좋지 않은 상황이다. 그럼에도 불구하고 창업을 해야 한다면? 최대한 위험요소를 줄여나가야 한다.

이 책의 목적은 여러분을 대박 성공한 창업자를 만드는 것이 아니다. 정글 같은 시장에서 현실적으로 생존할 수 있도록 만드는 것이다. 적어도 남아 있는 생존자금을 모두 날리는 일을 피하게 하고 싶다.

우선 현재 상황을 정확하게 파악을 하자.

나는 창업을 꼭 해야만 하는가?
다른 대안은 없는가?
창업을 해야만 한다면 어떤 창업을 해야 하는 것이 좋을까?
내가 잘하는 분야는 무엇인가?

창업을 할 수 있는 분야와 아이템도 너무나 다양하다. 기술창업, 제조, 외식업, 서비스, 커피숍, 택배, 운수업, 프리랜서, 앱제작 등등 어떤 선택을 해야 할지도 많은 고민이 필요하다. 남들이 모두 하고 싶어하는 분야는 오히려 피해야 한다. 나만의 차별화된 분야와 아이템이 필요하다. 또한 분야별 전문가의 조언을 들을 수 있다면 실패할 수 있는 확률을 줄일 수 있다. 시행착오를 최소화해야 한다. 한번 실패하면 재기는 쉽지 않다.

나. 비즈니스도 진화가 필요하다

요즘 유튜브와 뉴스, 영화들을 보면 지구가 머지않아 없어질 것 같은 느낌이다. 환경오염에 대한 이슈 등으로 인류가 스스로 멸종을 앞당기고 있다는 이야기들을 흔히 볼 수 있다. 세기말과 좀비, 3차 세계대전 등으로 지구가 멸망을 한 후의 영화들과 드라마는 이제 하나의 장르가 되어 버렸다.

지구도 여러 차례의 멸종을 통해서 지금의 모습이 만들어졌다고 한다. 그리고 그 여러 차례의 멸종에서 가장 적응을 잘한 '종'들만 살아남았을 것이다.

거창하게 지구문제까지는 잘 모르겠고, 당장 우리 비즈니스가 걱정이다. 코로나 유행과 금융, 부동산 위기로 많은 외부변화가 생겼고, 수많은 사업자들이 폐업을 하였다. 이런 상황에도 적응을 잘해 매출

이 많이 오른 사업도 있고, 상황이 안 좋아 극단적인 선택을 한 사람들도 있다

어떻게 해야 적응하고 살아남을 수 있을까?

어떻게 해야 급변하는 비즈니스 환경 속에서 '생존'할 수 있을까?

성공도 중요하지만 생존이 더 중요하다.

비즈니스 시장은 현재 미친 듯한 속도로 변화해 나가고 있다.

또한 앞으로 10년간 미친 듯한 변화도 이미 예정되어 있다. 대한민국은 향후 10년간 5000년이 넘는 역사에서 한 번도 겪어 보지 못한 일을 겪게 된다. 대한민국의 인구구조가 급하게 변화하기 때문이다. 인구고령화와 청년 인구 감소의 문제는 향후 10년 안에 많은 것을 변화시키게 된다.

그런데 이상하게도 아무도 큰 관심을 가지지 않는 것 같다. 당장 먹고 사는 게 더 급하고, 정치인들은 지금 이런 이야기해 봐야 자기에게 도움 될 내용이 별로 없기 때문일 듯하다.

급변하는 시장에서 잘 적응하기 위해서는 어떻게 해야 할까? 생태계에서는 몇천 년 몇만 년에 걸쳐서 진화를 하겠지만, 우리는 그럴 수 있는 시간이 없다. 최대한 빠르게 대응하고 적응해 나가야 한다.

유튜브 채널에서 보았던 내용이 있다. 예전 고생대에 삼엽충들이 먹이를 먹기 위해서 경쟁을 하고 있었다. 먹이를 먼저 먹기 위해서 모든

에너지를 사용한 삼엽충은 생존에 불리한 상황이 생길 수 있다. 그래서 최소한의 에너지를 사용해 다른 경쟁자들보다 조금만 더 빨리 움직여 먹이를 먹을 수 있게 진화를 거듭했다고 한다.[1] 내용을 보면서 진화라는 것이 생명체만이 아닌 비즈니스에도 적용이 될 수 있겠다는 생각을 하게 되었다. 급변하는 외부환경과 경쟁에서 적응하지 못하는 비즈니스는 당연히 도태를 하고 적응하는 비즈니스는 살아남게 된다.

그래서 모든 비즈니스 전략들에서 피보팅,[2] 린스타트업,[3] 애자일전략[4] 등을 강조하고 있다. 이 모든 내용들은 시장에서의 적응과 변화를 강조하고 있다. 오래전에 삼엽충이 했던 것처럼 우리도 생존을 위해 스스로 외부환경에 맞게 변화해 나가야 한다. 경쟁자보다 조금 더 빠른 반응전략은 물론 환경의 변화에서 버틸 수 있는 힘을 비축하는

---

1) 도서 《이토록 뜻밖의 뇌과학》(더퀘스트, 2021년 출간)이라는 책의 내용을 유튜브 채널 '북툰'에서 '캄브리아기 바다 밑에서 일어난 일[북툰 과학다큐]'에서 소개.

2) 기존 사업 아이템이나 모델을 바탕으로 사업의 방향을 다른 쪽으로 전환하는 것을 말한다. [네이버 지식백과]

3) 아이디어를 빠르게 최소요건제품(시제품)으로 제조한 뒤 시장의 반응을 통해 다음 제품 개선에 반영하는 전략. [네이버 지식백과]

4) 애자일이란 '날렵한', '민첩한'이란 뜻을 가진 단어로 정해진 계획만 따르기보다, 개발 주기 혹은 소프트웨어 개발 환경에 따라 유연하게 대처하는 방식을 말한다.

효율적인 생존전략이 필요하다.

예전에 보았던 글 중에 '한국의 대충주의가 일본의 완벽주의를 넘었다'는 내용이 있었다. 부정적이던 한국의 '대충대충 빨리빨리' 문화가 시장에서 날렵하게 움직일 수 있어 오히려 성공의 요인이 되었다는 이야기였다. 일본은 제품 하나하나에 최선을 다해 만들었는데 시장트렌드는 지나가고, 지나치게 오버스펙으로 소비자들이 외면한다는 내용이다. 최근의 비즈니스 트렌드도 비슷하다. 대충 만들어 세상에 내놓고 시장의 반응을 보면서 수정 보완해 나가는 전략이 필요하다. 시장에서 생존하기 위해서 최대한 빠른 반응과 변화가 필요한 이유이다.

다. 창업 / 사업 / 비즈니스 / 무엇이든 팔 수 있다

개인적으로 '창업'이라는 단어가 부담스럽게 느껴진다. 뭔가 거창하게 일을 시작하는 느낌이 들기 때문이다. 왠지 커다란 매장을 오픈하면서 바깥에 축하 화환이 잔뜩 와 있고, 고사를 지내야 할 것 같은 느낌이 든다. 그래서 어느 순간인가부터 '비즈니스'라는 단어가 부담 없이 사용할 수 있어 좋아졌다.

'비즈니스'라는 단어도 정의가 다양하지만 필자가 좋아하는 정의는 **'거래를 통해서 수익을 만들어 내는 일'**이다. 가벼운 마음으로 돈 되는 것들(상품이나 서비스)을 판매하고 거기에서 수익을 만들어 내면 된다. 무엇이든지 팔 수 있다는 마음이 중요하다.

'창업'을 한다는 마음보다는 가벼운 마음으로 '비즈니스'를 준비해 보자. 보다 유연하게 창의적인 아이디어를 만들어 낼 수 있다. 그래서 이 책에서는 창업, 사업, 비즈니스라는 단어가 섞여서 나오고 있다. 다 비슷한 용어라고 생각하고 읽어 주기 바란다.

'무엇이든 팔 수 있다'는 마인드가 중요하다.

나는 무엇을 팔 수 있을까?

내가 판매할 수 있는 것들을 모두 다 적어 보도록 하자.
(기술, 상품, 아이디어, 중고거래 등 무엇이든 괜찮다.)

전 세계에서 가장 유명한 오픈마켓인 이베이라는 쇼핑몰이 있다. 이곳에서는 다양한 중고거래 및 말도 안 되는 상품들도 판매가 되고는 하는데 전설적인 상품들이 있다.

- 스칼렛 요한슨이 방송에서 코 푼 휴지를 경매로 판매
- 자신의 얼굴을 광고판으로 판매
- 소녀시대 사진이 들어가 있는 비타500 빈 병을 판매
- 5만 원권 지폐를 55,000원에 판매 등등이다.

수요만 있다면 세상에 팔 수 있는 상품은 무궁무진하다.

요즘은 '당근마켓'과 다양한 모바일 플랫폼에서 시간 단위로 노동력을 판매하거나, 자신의 재능을 판매하는 경우도 흔하게 있다. 마인드를 오픈하고 창의적인 '돌아이'가 되어 보는 것도 좋겠다.

라. 정보수집 – 창업 관련 지원기관 및 기타

새로운 비즈니스를 준비하고자 한다면 우선 가장 먼저 해야 할 일은 '정보'를 수집하는 일이다. 주변에 있는 모든 정보들을 수집해 보자. 가깝게는 사업을 하고 있는 친구들이나, 친인척, 선후배들의 인적 자원들을 정리해 보고, 기존에 만났던 다양한 사람들의 명함들도 다시 한번 정리해 보자. 그리고 도움이 될 만한 정보를 가지고 있는 사람들을 찾아보자.

다음으로는 지원사업들을 찾아보면 좋을 것 같다. 나의 비즈니스를 도와줄 수 있는 기관들과 사업들이 많다. 지원기관들에서 어떤 도움을 받을 수 있는지 확인해 보자. 주의할 점은 **'성급하게 결정하지 말자'**이다. 조금 더 신중하게 다양한 정보들을 파악하는 것이 중요하다.

지원사업을 활용할 수 있는 사람과 그렇지 못한 사람의 차이는 매우 크다. 조금만 찾아보면 정부자금으로 사업을 할 수 있는 기회가 많다. 때문에 적극적인 정보수집 및 활용 마인드가 필요하다. 자세한 내용은 마지막 챕터를 참고하기로 하고 중요한 몇 가지 사업과 참고

사이트를 간략하게 보도록 하자.

먼저 확인해 봐야 하는 사이트는 www.k-startup.go.kr이다. 중소벤처기업부 산하에서 운영되는 가장 영향력 있는 창업지원사이트이다. 매년 초 당해 연도 전체 창업지원사업의 사업을 정리하여 소개하고 있는데 그 규모가 어마어마하다.

2022년 기준 대상 기관과 사업이 94개 기관과 378개 사업으로 예산 규모가 3조 6,668억 원에 이른다. (중앙부처 - 14개 부처 100개 사업 / 지자체 - 80개 광역·기초지자체, 278개)

모든 사업이 연초에 발표가 되고 집행이 6월 전에 대부분 정리가 되기 때문에 가능하면 미리 파악을 하고 있어야 한다.

그다음으로는 '소상공인시장진흥공단'이다. www.semas.or.kr 이나, www.sbiz.or.kr 사이트를 참고하면 된다. 소상공인시장진흥공단은 말 그대로 소상공인들과 시장에 관련된 다양한 사업을 진행하는 곳으로 가장 많은 예산과 전국적인 조직을 가지고 있다. 창업과 소상공인들의 사업활성화를 위한 다양한 정보를 찾을 수 있다.

창업지원사업 통합공고

매년 초 연도별 창업지원사업 통합공고를 중소벤처기업부에서 공고하고 있다. '창업지원사업 통합공고'를 통해서 전체 기관에서 진행되는 3조 6,607억 원에 대한 지원사업 개요를 볼 수 있다. (2023년 기준) 해당되는 사업의 자세한 내용을 살펴보고 최대한 활용할 수 있는 방법을 찾아보도록 하자.

기관 홈페이지 공지사항에 사업별로 자세하게 설명해 놓은 책자가 별도로 있으니 참조하도록 하자.

첨부한 QR코드를 통해서 직접 확인해 보도록 하자. (k-startup.go.kr이나 창업 관련 사이트에서 어렵지 않게 찾을 수 있다.)

창업지원사업통합공고

구분	중앙부처			지자체(광역)			지자체(기초)		
	기관명	사업수	예산	기관명	사업수	예산	기관명	사업수	예산
1	중기부	50	32,914.4	서울	8	362.1	서울(12)	24	34.3
2	고용부	1	589.0	경기	22	186.5	경기(8)	24	65.3
3	문체부	13	516.0	부산	15	104.1	부산(3)	9	3.7
4	농림부	8	280.8	전남	9	94.6	전남(7)	9	19.2
5	교육부	2	168.0	충북	19	75.5	인천(2)	3	6.8
6	환경부	4	166.5	인천	19	60.4	대전(1)	1	1
7	과기부	6	141.6	대전	8	58.8	광주(3)	4	2.5
8	특허청	4	142.7	광주	5	57.5	경남(6)	21	40.9
9	해수부	3	90.9	경남	15	42.6	대구(0)	-	-
10	농진청	1	30.6	대구	11	40.9	충북(1)	1	-
11	복지부	4	23.5	제주	16	38.4	제주(2)	3	23.4
12	법무부	1	8.4	경북	3	38.0	경북(7)	8	6.7
13	산림청	2	4.5	전북	9	33.7	전북(8)	20	47
14	국토부	3	0.8	강원	5	22.5	강원(9)	15	23.8
15				울산	3	11.5	울산(2)	5	11
16				세종	7	9.3	세종(0)	-	-
17				충남	2	7.2	충남(1)	1	0.3
계	14	102	35,078	17	176	1,243	72	148	286
전체 : 103개 기관 / 426개 사업 / 36,607억원									

〈2023년 창업지원사업 현황 (단위: 개, 억 원)〉

지원사업의 유형은 융자(2.01조 원, 54.8%), 사업화(0.82조 원, 22.3%), 기술개발(0.4조 원, 12.4%), 시설·보육(1,568억 원, 4.3%) 순으로 구성되어 있다.

정부 보조금의 경우 보통 '바우처' 형식으로 제공되기 때문에 현금 지원이 아닌, 개발비나 마케팅 비용 등을 업체로 바로 보내주는 형식을 취하고 있다. 서류들도 매우 까다롭기 때문에 세금계산서, 입금확인증, 구매 내역 증빙 사진 등 실제 상품이나 서비스에 사용되었는지를 매우 깐깐하게 확인을 하는 절차를 거친다.

마. 효율적인 자금조달 / 대출 / 마이크로 크레딧

기술사업화를 통해서 지원을 받을 경우 개발비 등의 사업비 등을 지원받을 수 있지만 이때도 '자산화'할 수 있는 항목은 거의 제외가 된다. 이를테면 권리금, 보증금, 장비구매 등의 비용은 지원해 주지 않는다. 이런 비용들은 자기 자금이나 대출을 통해서 처리를 해야 한다.

강의나 컨설팅을 하다 보면 대출 관련하여 많은 문의들이 들어오는데, 대출 관련해서는 관련 기관에 가 보라고 하는 것 외에는 별다른 방법이 없다. 워낙 프로그램도 많고 조건이 계속 바뀌기 때문에 직접 확인하고 상담해 보는 것이 정답이다. 중간에 지원프로그램 정보를 가지고 대출 알선을 하는 '브로커'들도 있으니 유의해야 한다.

자금 조달과 대출 관련해서 대표와 기업의 신용도 및 현재 소득수준 및 매출이 매우 중요하다. 당연히 신용도가 높을수록, 소득수준 및 매출이 높을수록 자금을 운용하기 쉬워진다. 때문에 개인신용관리와 부가가치세, 소득세 신고를 철저하게, 효과적으로 하는 것이 중요하다. 세금을 무조건 적게 낸다고 좋은 것은 아니다.

코로나 유행으로 경기가 안 좋아져 저신용자들을 위한 대출프로그램들이 생겨나 오히려 높은 신용등급이 대출에 불리해지는 경우들도 가끔 있다. 또한 사업자대출은 사업자의 매출을 기반으로 금액이 정해지는 경우가 많아 초기창업자의 경우에는 대출이 어려운 경우가 많다. 그래서 은행이나, 신용보증재단 등에서 창업자대출이 안 되는 경우들도 있다. 안타까운 경우는 대출이 필요하지 않은 사람들은 손쉽게 더 많은 대출이 가능하고 실제로 대출이 필요한 사람들은 대출이 어렵다는 점이다. (시장의 논리로 생각해 보면 당연한 일이기도 하다.)

자금조달을 위해서 관련 기관들과 프로그램들을 미리 확인해 보도록 하자. 자금이 필요할 때 임박해서 확인하기보다는 미리미리 조달 가능한 자금을 확인해 보는 것이 좋다. 또한 정책자금은 상황에 따라서 변화가 많기 때문에 미리 확인하고 알아봐야 한다.

도움을 받을 수 있는 다양한 기관들은 홈페이지를 통해서 기본 정보 습득을 하고, 기회가 닿는다면 직접 방문해 보기를 권한다. 가능하면 담당자와 명함이라도 교환할 수 있으면 더 좋겠다. 보다 현실적으로 사업을 느낄 수 있으며, 새로운 정보를 얻을 수 있는 가능성도 높아진다. (방문 시 게시판과 공고문, 포스터 등을 유심히 확인해 보자.)

1) 주거래 은행

우선 주거래 은행에서 현재 대출이 가능한지 어떤 프로그램들이 있는지, 내가 필요한 자금이 대출이 가능한지 등을 확인해 보자. 현재 상황을 파악할 수 있는 가장 좋은 방법이다.

2) 소상공인시장진흥공단 www.semas.or.kr

'소상공인시장진흥공단'에 소상공인 정책자금 사이트가 별도로 있다.[5] 주로 기존 사업자들을 위한 자금들이 대부분이다. 창업을 위한 대출프로그램은 많지 않다. 소상공인시장진흥공단은 은행은 아니지만 직접적으로 대출을 진행하기도 하는데 이를 '직접대출'이라고 한다. 정부시책으로 운영되는 자금이 많기 때문에 정책의 변화에 따라서 다양한 프로그램들이 운영된다.

3) 지역 신용보증재단

지역 신용보증기금은 담보력이 부족한 지역 내 소기업, 소상공인 등과 개인의 채무를 보증하는 기관이다. 원활한 자금융통과 지역경제 활성화, 서민의 복리 증진에 이바지함을 목적으로 운영되고 있다. 본인이 속한 지역의 신용보증재단을 찾아가 자신의 신용도를 기반으

---

5) https://ols.sbiz.or.kr/

로 대출이 얼마나 가능한지 확인할 수 있다. 또한 신용보증재단에서 창업자대출도 대부분 운영하고 있으며, 대출 외에도 교육, 컨설팅 사업들도 진행하고 있으니 참고하도록 하자.

4) 신용보증기금, 기술보증기금

신용보증기금(www.kodit.co.kr)과 기술보증기금(www.kibo.or.kr)은 중소기업의 신용과 기술을 보증하여 자금을 조달할 수 있는 기관으로 다음과 같은 역할을 한다.

- 담보문제 해소: 은행으로부터 대출, 거래처로부터 물품공급 등을 받는 데 부족한 담보 제공.
- 비용절감: 은행은 신용보증서 대출에 대해 우대 금리 적용, 부동산 대출에 따른 비용이 절감되고 민간 보증회사보다 보증료 저렴.
- 대외신용도 제고: 우수기업에게 선별적으로 지원됨으로써 보증받은 기업의 신용도 제고 효과.
- 기업경영 부담 완화: 법인기업의 채무에 대하여 대표자 개인의 연대보증 면제 등의 장점을 가지고 있다.[6]

---

6) 신용보증기금 홈페이지 참고.

> ### 마이크로 크레딧
>
> 제도권 금융회사와 거래하기 어려운 저소득층에 대한 무담보 소액대출을 이야기
> 한다. 상식적으로 돈을 갚기 어려운 사람들에게 무담보로 대출을 해 준다는 내용
> 이 잘 이해가 안 될 수 있다. 실제 상담을 하다 보면 이상한 사기업체로 인식하는
> 경우도 많다.
> 마이크로 크레딧은 2006년 노벨평화상을 수상한 방글라데시 경제학자 무하마드
> 유누스가 1976년 빈민구제 목적으로 설립한 소액대출 은행에서 시작이 되었다.
> 당시 고리대금업자의 횡포에 시달리던 마을 여성 42명에게 27달러를 빌려준 게
> 계기가 되었으며, 현재 40여 개국에 진출 7백만 명의 빈민에게 65억 달러를 빌려
> 주고 있다.[7]
> 우리나라에서는 대표적으로 '미소금융'이라는 이름으로 사업을 하고 있으며 그 외
> 다양한 기관에서 마이크로 크레딧 사업이 진행 중에 있다.

5) 서민금융진흥원 www.kinfa.or.kr/ 마이크로 크레딧

서민의 금융생활 및 경제적 자립지원을 통해 경제 사회의 균형 있
는 발전에 기여한다는 목적으로 설립된 정부기관이다. 대표적인 프
로그램은 '미소금융'과 '햇살론' 등으로 주로 저신용자들을 위한 대출
프로그램을 운영 중에 있다.

창업운영자금, 햇살론 창업운영자금, 생계주거자금, 고금리 대안자
금, 사회적금융 등을 운영하고 있다. 점점 지원프로그램들과 서비스
가 늘어나고 있어 눈여겨봐야 할 기관이다.

전국적으로 상담이 가능한 센터들과 지점들이 운영 중에 있어 직접

---

7) [네이버 지식백과] 그라민뱅크[Grameen bank](한경 경제용어사전)

방문하여 상담을 해 보는 것도 좋으며, 홈페이지에서 직접 관련된 프로그램들을 확인해 보도록 하자.

6) 서민금융진흥원 / 대출상품 한눈에

서민금융진흥원에서 운영 중인 가장 눈여겨봐야 하는 서비스이다. 전국은행과 관련 기관에 있는 대출프로그램들을 조건에 맞춰서 검색할 수 있는 서비스이다.

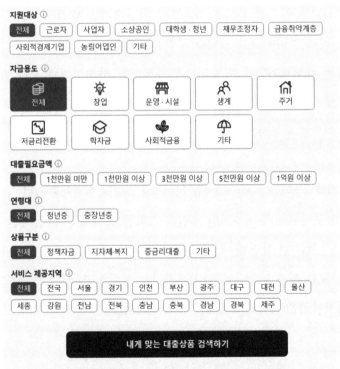

〈서민금융진흥원 대출상품 한눈에 검색화면〉

7) 사회연대은행 www.bss.or.kr/ 마이크로 크레딧, 취약계층 지원

대안금융을 통해서 저소득층의 창업지원, 사회적경제, 청년과 시니어 등을 지원하고 있는 기관으로 서민금융진흥원과 비슷하게 대출과 다양한 지원프로그램을 운영하고 있다. 특히 한부모 여성가장 창업지원사업 등 소외된 계층을 위한 지원 프로그램들이 활성화되어 있다.

8) 신나는 조합 joyfulunion.or.kr/ 마이크로 크레딧 및 사회적경제 지원

2000년부터 우리의 삶을 자본주의 시장에게만 맡길 수 없다는 것을 인식하고 마이크로 크레딧 사업을 시작한 사회적경제조직. 2012년에는 사회적기업과 협동조합을 지원하는 사회적경제 중간지원조직으로서 영역을 확장하여 대한민국의 대표적인 사회적경제 중간지원조직으로 활동하고 있다.[8]

9) 열매나눔재단 merryyear.org/ 마이크로 크레딧, 취약계층 지원

사회구성원에게 지속적인 자립의 기회를 열어 주는 자립지원 전문 NGO.[9] 2007년 설립돼 저소득 취약계층과 북한 이탈주민의 자립, 자활을 돕기 위해 직접 5개 사회적기업을 설립하고, 개인 창업가게와 사회적기업을 지원하고 있다.

---

8) 신나는조합 홈페이지 참고.
9) 정부기관이나 정부와 관련된 단체가 아니라 순수한 민간조직을 총칭하는 말.

취약계층, 저신용자 마이크로크레딧 대출 사례

개인회생 중이던 대표가 있었다. 신규 창업을 해야 하는 상황이었는데 일반적인 대출은 거의 불가능한 상황이었다. 사회연대은행을 통해서 2천만 원 대출, 소상공인시장진흥공단의 생활혁신형 창업(지원사업종료)으로 2천만 원, 이후 미소금융에서 1천만 원 등 총 5천만 원을 대출받아 식당을 인수하여 운영할 수 있었다. 현재 혹시 어려운 상황에 처해 있다고 하더라도 도움을 받을 수 있는 프로그램들을 적극적으로 찾아보도록 하자.

바. 자영업자 / 소상공인 / 소기업

자영업자, 소상공인, 소기업, 중소기업 등 용어들의 구분이 어려운 경우들이 많다. 뉴스에서도 자영업자와 소상공인들에 대한 구분을 정확하게 하지 않는 경우가 많다. 가장 기본적이고 중요한 개념을 먼저 알고 넘어가자. 특히 소상공인 관련 지원이 많아, 직원 수 차이로 지원을 받지 못하는 경우가 생길 수 있다.

1) 소상공인의 개념

소상공인은 일반 서비스, 음식업의 경우 직원 수 5인 미만, 제조업의 경우 직원 수 10인 미만의 사업장을 이야기한다.[10]

정확하게는 『소상공인 보호 및 지원에 관한 법률』에서 소상공인은

---

10) 광업·제조업·건설업 및 운수업은 10명 미만, 이외의 업종: 5명 미만.

「중소기업기본법」 제2조 제2항에 따른 소기업 중 상시 근로자가 10명 미만인 사업자로서 업종별 상시 근로자 수 등이 대통령령으로 정하는 기준에 해당하는 자"를 이야기하는데 매출액으로는 숙박, 음식, 교육서비스업 10억 원, 부동산 30억 원, 도소매, 정보서비스업 50억 원으로 초기창업자가 소기업, 소상공인을 넘어서기는 다소 시간이 걸린다.

처음에는 대부분 소상공인이면서, 동시에 소기업이라고 생각하면 된다.

〈간단하게 파악하는 소상공인, 소기업〉

구분	중소기업		
	소기업		중기업
	소상공인	소기업	
매출액	숙박, 음식, 교육서비스업 10억 원, 부동산 30억 원, 도소매, 정보서비스업 50억 원 이하		중기업
상시근로자	10명 미만 5명 미만[11]	50명 미만	

이 표는 가장 기본적인 구분만 해 놓았으니, 자세한 내용은 관련 확인시스템에서 확인해 보도록 하자. 소상공인, 중소기업 구분은 업종과 매출액에 따라서 다소 복잡하니 자세한 내용은 **소상공인확인서**

---

11) 광업·제조업·건설업 및 운수업은 10명 미만, 이외의 업종: 5명 미만.

발급시스템[12]과 **중소기업 현황정보 시스템**[13]에서 자세한 내용을 확인해 보도록 한다.

2) 자영업자: 일반적인 소상공인 사장님들을 칭하는 말

'영리를 목적으로 하는 각종 산업을 독립적으로 영위하는 사람을 말하며 개인이나 법인을 망라한다. 스스로의 권한과 책임으로 사업을 하고 수익을 얻는 게 특징이다. 우리나라에서는 대부분이 도매 소매업 및 음식 숙박업에 몸담고 있다.'[14]고 자영업자를 설명하고 있다.

쉽게 일반적인 소상공인을 이야기하는데, 용어가 함께 사용되다 보니 구분에 어려움이 있다. 법적으로는 사용되는 용어가 아닌 일반적인 사업자, 사장 등을 포괄적으로 말하는 용어라고 생각하자. 소상공인이 법적으로 사용되는 용어이다.

3) 창업기업 / 창업자

창업기업이라고 하면 창업을 준비하고 있는 기업이라고 생각하기 쉬울 수 있으나, 창업기업은 중소기업 법령에서 창업을 한 지 7년이 되지 아니한 기업을 이야기한다. 창업을 준비하는 사람들은 '예비창업자'라고 말한다.

창업기업 지원사업이 많이 있어서 창업기업 관련된 확인이 필요하

---

12) https://www.sbiz.or.kr/cose/main.do
13) https://sminfo.mss.go.kr/
14) 네이버 지식백과 - 한경 경제용어사전

며, 관련해서 자세한 내용은 '중소벤처기업부 창업기업 확인시스템'[15]을 확인해 보도록 하자.

> 「중소기업창업 지원법」제2조 제2호에 따라 사업개시일로부터 7년이 지나면 창업기업으로 인정되지 않는다. '창업자'란 중소기업을 창업하는 자와 중소기업을 창업하여 사업을 개시한 날부터 7년이 지나지 아니한 자를 말한다.

4) 여성기업

모든 공공기관은 여성기업 제품을 물품, 용역의 경우 각 구매총액의 5% 공사의 경우 공사 구매총액의 3%를 구매하도록 의무화되어 있다.[16] 때문에 여성기업확인을 통해서 도움을 받을 수 있다. 여성기업정보종합 포털 사이트에서 관련된 내용을 확인해 보도록 하자.[17] 또한 여성창업자라면 여성창업을 지원해 주는 기관들이 별도로 있다.

서울우먼업, 서울여성발전센터, 경기도 여성창업플랫폼, 여성벤처협회, 여성인력개발원, 여성능력개발센터 등 전국적으로 각 지자체마다 운영을 하고 있다. 다양한 프로그램들이 운영 중에 있으니 꼭 기억해서 참고해 보자. (뒤편 지원기관소개 참고.)

---

15) https://cert.k-startup.go.kr/index.do
16) 여성기업지원에 관한 법률.
17) http://www.wbiz.or.kr/index.do

사. 사업자는 가능하면 천천히

사업자를 별생각 없이 쉽게 만드는 경우가 많이 있다. 사업자 관련 교육을 받기 위해서 사업자를 만드는 경우도 있었고, 사업을 하겠다고 일단 사업자를 먼저 만드는 경우도 보았다.

사업자는 가능하면 늦게 만드는 것이 유리하다.

왜냐하면 사업자가 없는 상태에서 창업을 지원해 주는 사업들이 많이 있기 때문이다. 사업자가 없는 예비창업자를 모집하여 창업을 시키면 창업성공률이 올라가기 때문에 기관에서도 사업자가 없는 경우를 더 선호하는 경우도 있다. 최대한 예비창업자 지원사업의 혜택을 모두 받은 후에 사업자를 만들어도 늦지 않다. 가끔 지원사업을 너무 악용하는 거 아니냐는 사람도 있는데 우리는 '악용'이 아니고 최대한 '활용'을 해야 한다.

사업자도 '일반사업자', '간이사업자', '면세사업자', '법인'이 있으며, 그 외 협동조합, 비영리단체 등 다양한 구분이 가능하다.

국세청 사업자등록

보통은 일반사업자나 간이사업자로 시작을 한다. 사업자의 유형과 세금 관련해서는 내용이 복잡하고, 정보가 너무 많아서 별도로 설명하지 않겠다. 국세청 홈텍스[18]에서 제공하는 자료가 가장 공신력 있으니 참고하자.

사업자등록, 세금 관련해서 많은 사람들이 머리 아파하는 경우가 많다. 사업을 하게 되면 평생 같이 고민을 해야 하는 내용이기 때문에 두려워하지 말고 하나씩 배워 나간다는 생각을 가져야 한다.

아. 기술기반으로 창업할 아이템이 있다면

직장생활을 할 때 기술기반, 제조기반으로 업무를 했거나, 대학에서 이공계 전공을 했거나, 제조를 통해서 상품을 만들 계획이거나, 앱이나, 플랫폼을 만들 수 있는 아이템이 있거나, 특허를 이미 가지고 있다면 창업진흥원의 k-startup.go.kr 사이트를 확인해 보자.

'k-startup.go.kr'은 중소벤처기업부와 창업진흥원이 운영하는 대표적인 창업지원 포털 사이트이다. 가장 인기 있는 사업은 예비창업자를 위한 '예비창업패키지'이다. 최대 1억 원까지 지원을 하고 있으며 기술을 가지고 있는 예비창업자들의 가장 이상적인 창업코스로 인식되고 있다. 단계별로 예비창업자, 초기창업기업(3년 미만) 그리고 3년 이상~7년 미만의 창업기업으로 구분을 하여 지원을 하게 된다. 선정이 되기 위해서는 아이템이 가장 중요하며, 사업성과 기술성을 기반으로 한 사업계획서 작성이 필요하다. 지적재산권(특허 등)이 있으면 당연히 유리하다. 경쟁이 치열하고, 사업 진행의 난이도가 높아 미

---

18) https://www.nts.go.kr/

리 준비를 하는 것이 좋다. 보통 연초에 사업이 시작되기 때문에 관심이 있다면 연말부터 미리 준비를 하는 것이 좋겠다.

기술기반의 사업은 시간이 많이 소요 되며, 초기 투자 금액이 많이 들어가게 된다. 실패 확률도 높아서 본인 자금으로 사업을 하게 될 경우 큰 손실로 이어질 수 있다.

준비되지 않은 기술창업

기술기반으로 창업을 할 때 가장 안타까운 경우는 준비되지 않은 창업자가 지원사업에 선정되는 경우이다.

사업비가 생겼으니 아이템을 개발하고 사업을 해야 하는데 사업 아이템이 전혀 현실에 맞지 않는 경우들이다. 실현하기 어렵거나, 전혀 시장성이 없는 경우들이다. 그렇다고 사업을 포기하기도 어렵다. 이럴 경우 사업 진행에 소요되는 약 1년 정도의 시간을 허비하게 되는 경우가 생긴다. 연습이라고 생각하기에는 너무나 많은 시간낭비가 생기게 된다. 특히 나이가 있는 창업자라면 가족들과 주변 사람들까지 같이 고생하는 경우가 생긴다. 보다 신중한 사업 준비가 필요하다.

자. 사업 아이템은 최대한 여유를 가지고 선택한다

퇴직과 창업을 고려 중이라면 가장 고민스러운 일은 '어떤 아이템으로 사업을 할 것인가?'일 것이다. 사실 아이템만 확실하면 모든 고민이 해결된다. 아이템이 경쟁력이 없어서 가장 고민이다. 필자도 직장생활을 하는 내내 퇴직 이후 사업 아이템을 고민한 적이 있다. 그러나 부질없는 고민이었다. 지금 생각해 보면 전혀 추천해 주고 싶지 않은 사업 아이템들이 대부분이었기 때문이다. 그 당시 수준으로 생각해 낼 수 있는 아이템들의 한계가 있었을 테지만 대부분 현실성이 없는 아이템들이었다.

사람들은 자신이 경험해 본 것만큼 고민하고, 생각하게 된다. 보다 좋은 아이템을 고민하기 위해서는 보다 많은 경험과 고민이 필요하다. 나의 경험일 수도 있고, 다른 사람들의 경험일 수도 있다. 많이 고민하고 경험하는 만큼 좋은 아이템을 만날 수 있다. 책과 유튜브 같은 다양한 매체를 통한 간접경험도 많은 도움이 된다.

또한 급하게 아이템을 선택하지 말자. 처음으로 창업을 한다면 여러분들의 모습은 맨몸으로 정글에 뛰쳐나온 어린아이와 같다. 수많은 포식자들이 여러분을 보며 군침을 흘리고 있을 것이다. 사기꾼(?)들이 가장 선호하는 사람이 빨리 수익을 올리고 싶은 조급한 마음의 창업자이다. 먼저 낚아채는 게 임자일 정도다. 빨리 창업을 해서 빨리 생활비를 마련하고 싶은 마음은 이해하지만, 최대한 마음의 여유를 가지고 진행을 해야 한다.

특히 퇴직을 하게 되어 당장 다음 달 생활비를 위해 빠른 시간 내로 수익을 만들어야 하는 상황이 생길 수 있다. 이럴 때 더욱더 천천히 진행하기를 권한다. 이런 경우가 가장 잘못된 선택을 할 가능성이 높아진다.

예전에 만났던 사기꾼 기질이 많은 대표의 말에 의하면 지방에 있는 퇴직한 선생님들이 가장 좋은 먹잇감이라고 한다.

돈도 좀 있고, 세상 물정은 모르는데, 네트워크가 빵빵해서 한 사람만 잘 낚으면 주변의 지인들까지 줄줄이 엮인다고 한다. 그 대표는 당시 가상화폐 관련 사업을 하고 있었는데 퇴직한 교장 선생님을 한 명 사업에 참여시켰더니, 주변에 있는 친인척과 동료 퇴직 선생님들까지 고구마 줄기처럼 줄줄이 엮을 수 있었다고 좋아했다. 조심해야 한다.

여유 시간을 만들면 정보를 찾고, 공부를 조금 더 하자. 나의 일을 도와줄 수 있는 강의를 듣고, 컨설턴트를 만나고, 책을 읽자. 유튜브 창업강의도 들어 볼 만하다. 도움이 많이 된다.

찾아보면 외부 오프라인 교육도 많이 있고, 온라인 강의도 활성화 되어 있다. 온라인 강의도 최근 코로나 덕분에 매우 퀄리티가 높아졌다. 관련해서 마지막 장에 관련된 교육기관 정보를 넣어 놨으니 참고하도록 하자.

유튜브에 창업 관련 채널들이 많이 운영되고 있고, 다양한 정보를 얻을 수 있다. 장사권프로, 창플TV 등 수많은 자영업 관련 채널들과 기술사업화, 사업계획서, 상권정보 등 다양한 이야기를 들을 수 있다.

주의할 점은 검증되지 않은 정보들도 많다는 것이다(특히 투자 관련 정보들). 적당히 걸러서 듣도록 하자. 항상 이야기하지만 '정답은 없다'.

차. 책을 통한 간접 경험 쌓기

창업과 마케팅 관련 책들을 서점에서 쉽게 만날 수 있지만, 내용이 어렵거나 현실적이지 않은 책들도 많다. 그럼에도 불구하고 다양한 책들을 많이 읽는다는 것은 간접적인 경험을 늘려 줄 수 있다. 책을 너무 많이 사서 보는 것도 부담스러울 수 있으니, '밀리의 서재'[19]라는 책 읽는 앱을 활용해 보자. 월 1만 원도 안 되는 비용으로 수많은 책들을 만날 수 있다. 창업과 마케팅 관련된 책들이 구지 베스트셀러일 필요는 없으며, 한두 권을 집중해서 읽는 것보다 여러 가지 책들을 대충 읽는 편이 훨씬 낫다.

개인적으로 1년을 기다리면서 보는 책이 한 권 있는데, 김난도 교수의 《트렌드 코리아》이다. 소비자들을 이해하는 데 큰 도움을 받을 수 있다. 2007년부터 출간된 이 《트렌드 코리아》는 내년도 트렌드를 미리 알려 준다는 데 큰 의의를 가지고 있다. 심지어 내년도 트렌드를 알려 주는 데 그치지 않고 그 트렌드를 끌고 가고 있는 책이기도 하다. 왜냐하면 책이 나오면 가장 먼저 방송국 작가, PD, 마케터 등이 읽고 내용을 반영하여 새로운 프로그램과 트렌드를 만드는 경우들이 많기 때문이다. 트렌드를 예측해 주는 책이 오히려 트렌드를 만들어 나간다.

이 책은 두껍고 내용도 많다. 그래서 먼저 유튜브를 먼저 보는 것을 추천한다. 유튜브에서 트렌드코리아를 검색을 하면 가장 먼저 나

---

19) www.millie.co.kr

오는 '공백의 책단장'이라는 유튜브 채널이 있다. 개인적으로 가장 책 소개를 잘하는 것 같다. 20분 정도의 시간에 책 한 권을 요점정리 해서 들을 수 있다. 《트렌드 코리아》 2023년, 2022년, 2021년, 2020년 내용이 있으니 3년 치 정도를 유튜브로 보고 나면 최근 소비자 트렌드가 대략 머리에 들어올 것이다. 이것만으로도 사실 꽤 성공적이다. 그 이후 책을 사서 읽으면 더욱더 잘 이해할 수 있다.

책을 조금 더 효율적으로 읽는 요령

소설책이나, 수필, 시를 읽을 것이 아니면 이런 자기계발 서적은 목표가 확실할수록 좋다. 정독하고 음미하면서 읽는 책이 아니다. **목표는 '내가 원하는 정보를 찾아내는 것'**이다.

책을 보면서 내가 원하는 정보, 키워드를 뽑아낸다고 생각하면서 **'키워드 사냥'**을 한다는 생각으로 책을 읽어 보자.

가장 먼저 목차를 쭉 읽는다. 각각의 챕터의 요점정리가 있으면 챕터별 요점정리를 먼저 읽는다. 나와 가장 연관이 있는 부분을 먼저 읽는다. 내용을 완전히 숙지하기보다는 대략 어디에 어떤 내용이 있는지만 파악한다. 전체적으로 한 번 대략 보고, 다시 중요한 내용을 찾아서 읽는다.

두꺼운 책은 제대로 읽으려면 한 달 이상 걸릴 수도 있다. 책 읽다가 지쳐서 포기하게 된다. 단순히 책을 읽는 것이 목적이 아니라면 명확하게 내가 필요한 정보만 뽑는다고 생각하면서 책을 읽으면 훨씬 더 빨리 필요한 내용만 파악할 수 있다.

지금 이 책도 마찬가지이다. 페이지가 너무 많아 처음부터 음미해서 읽어 주기를 원하는 책이 아니다. 필요한 내용을 찾아서 읽어 주기 바란다.

가. 생존전략 / 시장(마켓)을 파악하자 / 마케팅

많은 책들과 채널들에서 '성공'을 이야기한다. 재테크, 주식, 부동산, 사업에 성공하는 법 등등 모두 성공에 대한 간절함을 이야기한다. 그런데 미안하게도 이 책은 '성공'을 이야기하기보다 '생존'에 대해서 이야기하고 싶다.

살아남아야 성공도 할 수 있고, 실제 살아만 남아도 성공이다.

창업의 목표는 성공?
창업의 목표는 성공보다는 생존이 먼저다.

생존을 위해서 필요한 것은 무엇일까? 제니퍼로렌스[20]의 영화 〈헝거게임〉[21]처럼 생존을 위한 게임이 투입되었다고 가정해 보자. 이때 가장 필요한 생존전략은 무엇일까? 가장 중요한 것은 정보일 것이다.

---

20) 미국에서 가장 영향력 있는 여배우 중에 하나로 〈헝거게임〉으로 세계적으로 주목받는 스타로 단숨에 올라왔다.
21) 2015년에 개봉된 영화로 12개 구역에서 선발된 24명이 마지막 한 명이 살아남을 때까지 서로 죽이게 하는 살인시합(헝거게임)을 벌이게 된다.

이곳은 어딘지, 적들은 누구인지, 왜 싸우고 있는지, 누가 적군인지 아군인지, 상대방은 어떤 무기를 사용하고 있는지, 나는 지금 가진 무기가 어떤 것이 있는지 등에 대한 정확한 정보이다. 그중에서도 지도가 가장 먼저 필요할 것 같다. 내가 현재 있는 위치는 어딘

지? 어디에 어떤 지형지물이 있는지, 숨을 곳은 어디에 있는지? 정확하게 알면 알수록 좋다.

다음으로는 적군(경쟁자)에 대한 구체적인 정보일 것 같다. 몇 명이나 있는지? 어떤 무기를 가지고 있는지? 얼마나 강한지? 등을 알아야 한다.

뻔한 이야기를 한다고 이야기할 수 있다. 그런데 실제 창업 현장에서 아무런 준비가 안 된 상태로 완전 무장한 최정예 경쟁업체에 무모하게 뛰어가는 경우를 많이 보았다. 자살행위이다. 평생 운동 한번 안 해 본 사람이 격투기 최고 선수에게 무기도 없이 달려가는 모습이다. 평범한 동네 아저씨와 격투기선수 추성훈과의 싸움을 상상해 보자. 10초면 게임이 끝날 것이다. 나 혼자 피해를 입는 건 괜찮은데 가족들과 주변 모든 사람들에게 어마어마한 민폐를 끼치게 된다.

전쟁에서 가장 무서운 적은 **'어리석은 아군 장수'**라고 한다.

장수가 작전에 실패하면 부하들이 모두 목숨을 잃게 된다. 대표가 어리석으면 직원들과 가족들 등 딸린 식구들이 모두 피해를 입는다. 그리고 그 피해는 복구되기 어렵다.

마케팅을 공부하게 되면 가장 먼저 나오는 내용이 '환경분석'이다. 말 그대로 현재 환경을 분석하는 일이 가장 먼저라는 이야기다. 시장 환경분석이 가장 중요하다.

$$MARKETING = MARKET + ING$$

마케팅을 영어로 쓰면 marketing인데 자세히 보면 market과 ing로 되어 있다. 시장(market)에 현재 진행형 ing가 붙어서 **'시장의 현재 진행 사항을 파악한다'**는 의미라고 생각해 보자. (물론 마케팅의 정의는 매우 다양하다.) 지금 현재 여러분들의 시장, 마켓은 어떻게 진행이 되고 있는지 정확하게 파악을 하는 것이 중요하다.

호두파이 사장님의 창업사례

몇 년 전에 강남 지역에 호두파이 전문점을 오픈한 사장님이 있었다. 매장이 1층이었는데 임대료가 600만 원 정도 나가는 매장이었다. 직원 2명까지 하면 한 달에 고정비가 1,100만 원 이상이 나가고 있었다. 커피도 없이, 호두파이 하나만으로 매장을 운영하고 있었는데, 역시 매출은 많이 부족했다. 호두파이라는 아이템을 선택하게 된 이유를 물으니 지인인 본사 사장님의 권유로 오픈하게 되었다고 한다. 시장조사나 아이템이 먹힐지 등은 고민도 안 해 봤다고 한다. 1년여 운영기간 동안 매달 몇백만 원씩 마이너스가 나다가 간신히 매장을 빼고 나가기는 했지만, 손해가 이만저만이 아니었다.

조금만 아이템과 시장조사를 해봤어도 오픈하지 않았을 매장이고, 조금만 남의 제안을 신중하게 검토했어도 오픈하지 않았을 아이템이었을 것 같다. 물론 안 좋은 결과만 보고 할 수 있는 이야기이긴 하다. 사업이 잘되었을 수도 있지만, 모든 과정을 남의 말만 믿고 시작했다는 건 조금 아쉬움이 남을 수밖에 없었다.

타. 나의 필살기는? 나의 핵심무기는 무엇인가?

'필살기'라는 무시무시한 단어가 있다.

'상대방을 확실히 죽이는 기술', 조금 더 부드럽게 이야기하면 '반드시 이기는 기술'이다. 시장에서 경쟁자들에게 밀리지 않는 나만의 필살기(경쟁우위)가 있어야 한다. 나의 필살기는 '여유자금'일 수도 있고, '인맥'일 수도 있고, '자격증'일 수도, '나만의 노하우'일 수도 있다. 남들이 가지지 못한 확실한 기술일수록 잘 먹힌다. 확실한 기술 한두 가지만 가지고도 2~3년은 버틸 수 있다.

지인 중에 중국어를 능숙하게 하고, 중국 관련 유통에 대한 노하우를 가지고 있는 대표가 있다. 한동안 동대문에 의류 관련 수출입과 보따리상들을 대상으로 일을 하다가 지금은 아예 직접 중국에서 상품들을 수입해 와서 의류매장을 운영하고 있다. 직접 수입을 해서 가지고 오니 가격경쟁력이 있고, 직접 중국 업체와 커뮤니케이션을 하고 있어 업무도 매우 원활하게 돌아가고 있다. 중국어와 관련 네트워크가 그 대표의 가장 큰 경쟁력(필살기, 핵심무기)인 것이다.

고객과 마케팅을 차별화하는 경우도 있다. 한 유통업체 대표는 마케팅에 뛰어난 소질을 가지고 있어, 혼자서 광고와 마케팅을 모두 처리하고 있었다. 오랜 경험으로 매출이 나오는 채널과 자신만의 마케팅 노하우를 가지고 있었는데, 어떤 상품을 만나든 쉽게 판매할 수 있다는 자신감이 가장 큰 무기였다. 수입을 대행해 주는 파트너와 함께 국내에서 유통을 하고 있다. 다른 경쟁업체보다 훨씬 홍보와 광고에 자신이 있고 마케팅 비용도 상대적으로 적게 들어가니 차별화된 경쟁력을 가질 수 있었다.

심지어 네이버 커뮤니티인 '밴드(band)'만 가지고 사업을 하는 경우도 있다. '밴드'에서 아웃도어만 판매하고 있는데 기본 회원들이 확보가 되고 나니 '밴드'로만 상품을 홍보하고 판매하고 있다. 다른 채널들보다 싸게 판매를 하고 심지어 회원전용으로만 운영이 되다 보니 가격정책에 민감한 브랜드 제품들을 싸게 판매하기도 하면서 고정적인 고객들을 확보하고 있다. 수산물을 판매하는 '밴드'도 본 적이 있다. 제주도에서 당일 잡힌 수산물들을 재고만큼만 '밴드'를 통해서 당일 처분하고 있는 분이었는데 상품이 신선하고 믿을 수 있어 고정적인 고객들이 상당히 많이 운영되고 있었다.

그 외 남들이 모르는 자신만의 노하우로 수익을 만들어 가는 사람들은 주변에 많이 있을 것이다. 단지 우리가 모르고 있을 뿐이다.

남들이 가지지 못한 나만의 필살기는 무엇이 있을까?

앞으로 어떤 아이템을 장착하는 것이 생존에 가장 유리할까?

정글(시장)에서 생존을 하기 위해서 나는 무엇을 준비해야 할까?

파. 전략을 짜기 위해서는 지도가 필요하다

마케팅전략, 경영전략 등 일생생활 에서도 '**전략**'[22]이라는 단어를 쉽게 만날 수 있다. 전략은 말 그대로 전쟁에서의 작전을 의미한다. 전쟁에서 전략을 짜기 위해서 가장 필요한 것은 앞서 이야기했던 '지도'와 '정보'이다. 전황이 어떠한지? 적군은 어디에 있는지? 나의 군사는 얼마나 있는지? 나의 파트너는 어떠한지 등등 모든 나의 상황과 상대방의 상황을 정확하게 파악하는 일이다. (지도는 시장분석, 환경분석 등을 의미한다.)

사업 진행에서도 내가 진행하고자 하는 업종의 정확한 현황 파악이 필요하다. 나의 강점과 단점을 파악하고 외부적인 환경분석을 통해서 기회와 위협을 찾아 나가야 한다. 이후 나의 강점과 기회를 연결시킨 SO전략[23]이 필요하다.

우선 업종의 현재 상황과 경쟁업체 수, 가장 강력한 경쟁업체, 상품과 서비스, 가격 등을 명확하게 파악해야 한다.

그렇다면 어디서 지도를 구하면 좋을까?

답은 모든 수단을 동원해서 지도(정보)를 얻는 것이다. 오프라인 매장에서는 실제 지도가 전략을 짜는 데 많은 도움이 된다. 만약에 공

---

22) 전략: 전쟁을 전반적으로 이끌어 가는 방법이나 책략. 전술보다 상위의 개념.

23) SO전략: Strength(강점)과 Opportunity(기회)가 만나서 만드는 기회 강점 전략 SWOT분석 중에서 가장 중요한 전략수립이다.

인중개사 사무실을 오픈하고자 한다면 네이버나 다음카카오, 구글 지도에서 '부동산'을 검색해 보자. 수많은 경쟁업체들을 한눈에 볼 수 있는 정보를 얻을 수 있다. 지도앱의 정보만 잘 살펴봐도 경쟁업체가 어디에 있는지 어떤 서비스를 하고 있는지, 어떤 채널을 통해서 홍보를 하고 있는지 쉽게 파악을 할 수 있다.

〈네이버지도와 다음카카오지도〉[24]

---

24) 네이버지도: map.naver.com/ 다음카카오지도: map.kakao.com에서 많은 매장의 정보를 얻을 수 있다. 위치는 물론 매장의 전화번호, 사업소개, 홈페이지 주소, 메뉴, 가격 등 등을 손쉽게 얻을 수 있다.

지도를 펼쳐 놓고 이제 어디에서 어떻게 어떤 무기로 누구와 싸워야 할지 파악을 해야 한다.

삼국지의 유명한 적벽대전에서 제갈량에게 날씨와 지역에 대한 정보가 없었다면 중국의 역사가 바뀌었을 것이다.[25]

업체 미팅을 하면서 태블릿으로 지도앱을 펼쳐 인근에 있는 경쟁업체들을 보여 주면 "이렇게 경쟁업체가 많냐?"고 오히려 필자에게 물어보는 경우가 있다. 1분이면 검색해서 파악할 수 있는데 경쟁업체에 관심이 없는 경우가 많다. 경쟁업체들이 어디에서 어떻게 움직이고 있는지 파악하는 건 기본 중의 기본이다. 물론 경쟁할 필요가 없는 상황을 만들 수 있다면 더욱더 좋을 것 같다.

---

25) 이미지 출처: [삼국지 100년 도감] 조조가 손권과 유비에게 패한 후 삼국정립 시작한 적벽대전 / 교보문고

하. 마케팅 지도 만들기 / 포지셔닝 맵

그렇다면 마케팅을 위한 지도를 만들어 보자. 마케팅에는 4P[26]라는 개념이 있고, 그중에 Positioning이라는 개념이 있다. 포지셔닝은 일반적으로 포지셔닝맵으로 표현이 된다. 간단하게 화살표 2개로 4분면을 그려 보자. 그리고 상하와 좌우로 자유롭게 구분을 한다. 가격이나, 분위기, 접근성, 메뉴 구성 등 지금 준비하고자 하는 사업 아이템의 특성을 대략 2가지로 구분해 본다.

음식점이라면 쉽게 가격과 내부 인테리어(분위기)로 구분해 본다. 그리고 모든 경쟁업체들을 찾아서 넣는다. 가격대가 높은 업체와 인테리어가 괜찮은 업체 등등이다. 그러고 나서 나의 사업 아이템이 들어가야 할 위치와 자리를 잡아 보자.

그리고 혹시 비어 있는 공간이 있으면 왜 비어 있는지 확인해 보자. 보통은 가격은 저렴한데 분위기가 좋은 부분들이거나, 가격은 비싼데 분위기가 별로인 10시 방향과 4시 방향이 비게 된다. 효율이 잘 나오지 않기 때문이다. 오히려 이곳을 전략적으로 집중하는 것도 방법이 될 수 있다.

포지셔닝맵은 2차원 평면으로 분석을 하기 때문에 단순히 2가지 요소로만 경쟁업체들을 파악하게 되며, 다른 요소들을 파악하기 어렵다. 보다 세밀하게 경쟁업체 분석표를 만들어 파악할 필요가 있다.

---

26) product / price / place / promotion의 4개의 P를 이야기한다. 상품전략, 가격전략, 유통전략, 프로모션 전략을 말한다.

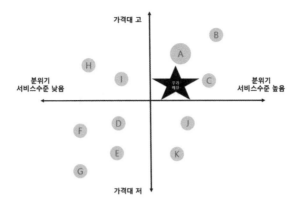

〈포지셔닝맵 이미지〉

업체 이름			
가격대			
매장 넓이			
직원 수			
주차장 유무			
예상 매출액			
메뉴 구성			
홍보진행			
기타			
기타			
기타			

　간단하게 표를 만들어 보았다. 경쟁업체들의 전반적인 파악을 해 보고 홈페이지 유무, 광고 진행현황, 홍보현황, 리뷰 개수 등등 모든 면을 꼼꼼하게 파악해 보도록 하자. 그리고 우리 매장과의 차이점, 경

쟁력, 약점, 강점 등을 확인하고 어떻게 대응해 나갈지 고민해 보자.

거. 효율적인 여성창업 진행하기

여성들의 창업은 일반적인 창업과는 다른 점이 많다. 육아와 살림을 함께 해야 하는 경우들이 많기 때문인데, 우리 사회가 해결해 나가야 하는 가장 큰 문제점이기도 하다. 결혼 후 아이를 갖게 되면서 자연스럽게 육아와 직장생활을 해야 하는 워킹맘이 되고 이후 경력단절로 이어지는 경우가 많다.

경력단절 이후 재취업이 어려워 어쩔 수 없이 창업을 하게 되면 상대적으로 부족한 경력과 자금으로 어려움을 겪게 되는 경우가 많다. 업종도 여성들이 쉽게 접근할 수 있는 분야들이 있다. 필자가 만난 여성 대표들은 주로 음식점, 카페, 베이커리, 미용실, 공방, 편의점, 학원 - 교습소, 피부관리실, 네일샵, 인터넷 쇼핑몰, 프리랜서 등으로 주로 외식업과 서비스 분야에서 많이 종사를 하고 있었다.

여성기업으로 비즈니스를 시작한다면 여성창업을 지원해 주는 기관들을 적극적으로 활용해 보자. 여성들의 상황에 맞게 아이들의 보육시설을 지원해 주는 경우도 있고, 여성들을 위한 창업자금을 별도로 운영 중인 곳들도 있다. 전국적인 규모의 지원기관도 있으며, 지역별로 여성창업, 여성기업을 지원해 주는 기관이 별도로 운영되고 있다. (뒤편 여성창업 지원기관 참고)

여성창업으로 사업을 준비 중이라면

- 보다 철저한 사업 준비

영세하고 경쟁이 심한 업종에서 생계형 창업을 하는 경우들이 많기 때문에 사업계획 수립에 보다 신중한 접근이 필요하다. 생각보다 준비 없이 창업을 하고 쉽게 폐업을 하는 경우를 많이 보았다.

- 비즈니스 마인드 강화

많은 여성대표들이 사업 관련 세금이나, 손익계산, 원가계산 등 숫자에 약한 경우가 많다. 심지어 매출이 많다고 생각했는데 나중에 계산해 보니 수익이 거의 없는 경우도 많다. (이 부분은 여성기업들뿐 아닌 많은 소상공인들이 가지고 있는 문제이기도 하다.) 보다 수치적인 부분과 세금, 마케팅 등에 적극적인 관심이 필요하다.

- 차별화되고 경쟁력 있는 아이템 확보

과밀된 업종에 진입하여 수익이 없는 경우가 많아 보다 차별화되고 수익성이 있는 아이템을 선정하고 개발해 나가야 할 필요가 있다. 차별화된 아이템을 준비하기 위한 보다 구체적인 노력과 사전준비가 필요하다.

- 전문적인 지식이나 기술력 확보

오랜 경력을 기반으로 한 창업이나, 자격증 기반 창업보다는 서비스 업종이 많다 보니 경쟁에 취약해지는 경우가 많다. 경쟁력 확보를 위해 지속적인 기술개발과 전문성 확보가 필요하다.

- 고부가가치 아이템 확보

디자인제품 제작, 수작업공방, 체험서비스 등에서 저렴한 가격으로 본인의 인건비도 나오지 않는 사업을 하는 경우도 많이 보았다. 부가가치를 높일 수 있는 방법을 모색해 나가야 한다. 저가 상품과 서비스로는 사업을 계속 운영하기 어려워진다. 스스로 가치를 높여 나가는 전략이 필요하다. (물론 쉬운 일이 아니다.)

- 육아와 함께할 수 있는 시스템, 환경 마련

가장 어려운 육아 문제는 잘 해결이 되지 않는다. 일을 하다가 아이들의 등하교, 병원 등 육아 관련된 이슈로 업무에 지장이 많이 생길 수밖에 없다. 적극적으로 육아와 사업을 함께할 수 있는 시스템을 마련해야 한다. 집과 학교에서 가까운 사무실을 얻거나, 재택으로도 처리할 수 있는 시스템, 원격서비스 등을 적극적으로 활용해 나가야 한다.

- 지원기관을 적극적으로 활용(멘토링, 컨설팅)

여성기업들을 지원해 주는 정부지원사업을 적극적으로 활용하자. 사무실지원, 마케팅지원 등 다양한 사업이 있다. (마지막 장에 여성기업 지원정보들을 넣어 놨으니 참고해 보도록 하자. 그리고 계속 정책은 바뀌고 있으니, 본인이 직접 적극적으로 찾아봐야 한다.)

> ### 한부모 여성가장 지원사업
>
> 여성기업가들 중에서 가장 어려운 분들이 '한부모 여성가장'들이다. 여러 가지 이유로 혼자서 아이를 키우며 사업을 하고 있는 대표들이다.
>
> 이런 '한부모 여성가장'을 도와주는 사업들이 있다. 대표적인 기관이 '사회연대은행'[27]과 '열매나눔재단'[28]이다. 창업자금 대출과 각종 보조금 지원사업들을 운영 중에 있는데 자금이 유동적이라서 예산이 확보가 되면 진행이 되는 방식이다. 관련하여 도움이 필요하다면 적극적으로 해당 기관들에 문의를 해 보도록 하자.

너. '세컨더리 비즈니스'에 집중해 보자

예전 19세기 미국의 골드러시 시대에 수많은 사람들이 금을 캐기 위해서 미국 서부로 달려갔다. 그때 금을 캐서 돈을 벌었다는 사람은 우리가 기억하는 사람은 아무도 없지만 금 캐러 갔던 사람들한테 청바지를 판매했던 사람은 우리를 기억하고 있다. 리바이스 청바지가 지금도 판매되고 있기 때문이다.

최근 10년 사이에 전국적으로 커피숍은 최소 2배 이상은 늘어난 것 같다. 커피숍들이 많아졌는데 커피숍을 통해서 돈을 벌었다는 사람

---

27) https://www.bss.or.kr/ 사회연대은행
28) https://merryyear.org/ 열매나눔재단

을 본 적이 별로 없다. 물론 돈 벌었다고 여기저기 자랑을 하지는 않을 것이다. 그런데 잘 살펴보니 커피숍을 하는 사장보다 커피원두를 판매하고, 커피교육, 커피숍 인테리어, 에스프레소 머신을 팔았던 사람들이 돈을 더 많이 벌었을 것 같다.

커피숍 사장님들의 애환

컨설팅을 통해서 만난 많은 소규모 커피숍 사장님들의 이야기는 모두 비슷하다. 너무 힘들다는 것이다.

한 달에 300~400 정도 벌어 가기 위해서는 매출이 1000만 원 정도는 필요하고 1000만 원이면 하루에 40만 원 정도의 평균 매출이 필요하다. 하루 40만 원이면 2500원짜리 커피를 160잔을 팔아야 한다. 우아하게 음악 들으면서 커피숍을 운영하는 것은 애시당초 글렀다. 직원이 있으면 좋겠지만 인건비 주고 나면 남는 게 별로 없는 경우가 많아 사장이 더 많이 일을 할 수밖에 없다.

더 심각한 문제는 하루에 40만 원 매출이 나오느냐? 하는 문제다. 바빠서 힘든 건 그나마 나은데 매출이 안 나와서 힘든 건 더 지치고 의욕이 사라지게 만든다.

골드러시시대에 청바지를 팔았던 리바이스와 커피숍 창업 붐 시대에 커피기계를 팔았던 사람들과의 공통점은 바로 '**세컨더리 비즈니스**'에 집중했다는 점이다.

비즈니스의 최전선에서 소비자들과 대면하는 '프라이머리 비즈니스'(최전방에서 이루어지는 비즈니스)가 아닌 후방에서 지원해 주는 '후방비즈니스'이다. 필자는 이를 '**세컨더리 비즈니스**'라고 부르기로 했다.

이러한 사례는 너무도 많다. 어떤 큰 유행이 생기면 거기에서 다양한 부가이익이 생기기 때문이다. 2021년 공인중개사 시험응시생이 약 30만 명이었다고 하고 2022년에는 40만 명에 육박했다고 한다.[29][30] 시험으로 가장 많은 이익을 얻은 업체는 어디였을까? '에듀윌'과 같은 교육회사가 아니었을까? '공인중개사 합격은 에듀윌' 전 국민이 아는 로고송이다. 그 외 다양한 온라인 교육 회사들과 자격증학원, 출판사들도 많은 돈을 벌었을 것 같다.

그동안 엄청난 붐이었던 치킨집도, 동네에 수도 없이 많은 미용실도, 주변에 PC방도, 스터디카페도, 편의점도 실제로 돈을 번 사람은 뒤에 있을 수 있다. 프랜차이즈 본사와 시스템업체, 인테리어업체 등이다.

그런데 앞으로 10년 동안 예전에 일었던 창업 붐이 다시 일어날 것 같은 분위기이다. 조만간 40대~50대 분들이 창업을 위해 시장에 쏟아져 나올 것이기 때문이다. 창업은 내가 하는데 돈은 다른 누군가가 벌어 갈 수도 있다. 내가 그 누군가가 될 수는 없을까?

정리해 보면 다음과 같다. 사업을 실질적으로 운영하고 고객들을 대면하는 '프라이머리 비즈니스'는 유행도 많이 타고 사람들이 몰리게 된다. 후방에서 지원을 하는 '세컨더리 비즈니스'는 리스크도 적고 안정적으로 사업이 운영될 수 있다.

---

29) 파이낸셜뉴스 2022년 11월 03일 '공인중개사 응시자 40만 명 시대'
30) 2022년 기준 1차 응시 대상자 238,779명 2차 응시 대상자 149,059명(한국산업인력관리공단 발표)으로 정확히는 1차 2차 응시 대상자 수를 합한 숫자가 387,838명 정도 된다.

그렇다면 '세컨더리 비즈니스'의 기회는 어떻게 잡아야 할까?

첫 번째, 대중에 휩쓸리지 말자.

모두가 yes라고 외치고 있을 때 no라고 외칠 수 있어야 할 것 같다. 모두가 한 방향으로 가고 있을 때 조금만 뒤로 물러나 보자. 혹시 내가 이 비즈니스의 희생자가 아닌지 다른 기회가 없을지 확인해 보자.

두 번째, 휩쓸려 움직이는 대중을 대상으로 할 수 있는 비즈니스를 찾아보자.

조금만 뒤로 물러서서 시장을 객관적으로 바라보자. 그리고 시장이 어디로 움직이고 있는지 확인해 보자. 그리고 시장이 움직이는 방향에서 비즈니스를 찾아보자. 사업자를 대상으로 할 수 있는 B2B 비즈니스와 교육사업, 프랜차이즈 가맹점사업, 상품공급, 간판 및 인테리어, 마케팅 대행 등 다양한 사업이 있다.

세 번째, 전문성과 사업기반등 사전준비가 필요하다.

세컨더리 비즈니스는 갑자기 할 수 있는 비즈니스가 아니다. 사전에 미리 준비하고 있어야 한다. 최소 3년 이후를 파악하고 미래를 준비할 수 있어야 한다. 관련된 자격증과 인허가가 필요할 수도 있으며, 시장에서 이미 경험을 해 보았거나, 시장을 보다 더 정확하게 바라볼 수 있어야 한다. 시장의 변화와 기회에 따른 세컨더리 비즈니스를 계속 파악하고 찾아보도록 하자.

변화와 기회	프라이머리 비즈니스 1차 전략	세컨더리 비즈니스 2차 전략
40~50대의 퇴직	창업 붐 재취업 프랜차이즈 창업 소자본 창업	교육 비즈니스 재교육시장 직업 교육학원 프랜차이즈 본사(사업) 리크루팅 / 헤드헌팅
인구 고령화	요양보호사 실버타운 운영 장례 비즈니스	요양보호사 교육 실버타운 매니저 장례지도사 교육 관련 물품유통 관련 지원인력양성 플랫폼서비스
지방 소멸		
1인 가구		
한류 콘텐츠		
코로나 이후 관광사업 활성화		
ESG		
대학가 주변 상권 악화		
생산가능 인구 감소		
기타		

간단하게 표를 만들어 보았는데 앞으로 생겨날 다양한 변화에 대응하는 1차 전략과 2차 전략을 계속 고민해 볼 필요가 있다. 표의 빈칸과 이후 생겨날 다양한 변화와 기회는 어떤 것들이 있을지 생각해 보자. 앞으로 생겨날 다양한 이슈와 프리이머리 비즈니스 그리고 세컨더리 비즈니스를 찾아보면서 새로운 기회를 포착해 보자. 고민하는 만큼 새로운 비즈니스를 접할 수 있는 기회는 많아질 것이다.

2

인구변화와 미래예측
- 시장 소비자의 변화

미래를 예측할 수 있다면?
모든 일을 너무도 쉽게 처리할 수 있을 것 같다.

다음 주 로또 당첨번호를 알 수는 없지만, 조금만 찾아보면 미래를 예측하는 건 그리 어렵지 않은 일이다.

기술적으로 변화하는 미래까지는 아니더라도, 간단하게 인구통계만 보아도 미래 예측이 가능하다.

생각해 보자. 3년 뒤에, 5년 뒤에, 10년 뒤에 대한민국이라는 시장은 어떻게 변화되어 있을까?

가. 돈과 물고기의 공통점

돈과 물고기가 공통점이 있다고 한다.

첫 번째, '잡으려고 하면 도망간다'고 하고
두 번째, '떼로 몰려다닌다'고 한다.
세 번째는 '길목을 지키면 잡기가 쉽다'라고 한다.
우스갯소리이기는 하지만 시사하는 바가 많다.

혹시 지금 물고기 꼬리만 열심히 쫓아다니고 있는 건 아닌지 생각해 볼 때다. 어떤 아이템이 유행한다고 하면 떼로 몰려서 결국에는 프랜차이즈 본사만 배불려 주는 일들이 허다하다. 상투에서 아이템을 잡고 지속적으로 하락국면에 빠져 있는 일들도 많다.

돈, 물고기의 의미는 시장과 마켓, 소비자의 의미와 비슷하다. 물고기를 잡기 위해서는 물고기(시장)를 따라가기보다는 물고기(시장)가 어디로 움직이는지 파악을 해야 한다.

돈 ≒ 물고기 ≒ 시장 ≒ 마켓 ≒ 사람 ≒ 소비자

물고기, 돈, 사람, 소비자, 시장, 마켓 모두 같은 의미이다. 시장이 어디로 흘러가는지 알아야 돈을 벌기 쉬워진다.

물고기(시장)가 어디로 가는지 파악한다는 것은 미래를 파악한다는 의미이다. 먼 미래를 봐야 하는 것도 아니다. 그냥 1년, 3년, 5년 정도면 충분하다. 5년 이상의 먼 미래도 고민해야 하지만 우선은 단기적인 시장의 방향성이 중요하다. 미래를 어떻게 아냐, 말도 안 된다고 생각하겠지만 생각보다 단기적인 미래를 알 수 있는 방법들이 많이 있다.

주식이나, 경제전문가는 아니지만, 단순하게만 생각해 봐도 '국제적인 금리 인상 → 대한민국의 금리 인상 → 경기 위축 → 주가 하락 → 부동산경기 하락' 등을 대략적으로 예측할 수 있다. 돈이 너무 많이 풀려서 인플레이션이 되었고, 돈줄을 막을 수밖에 없으니 경기는 한동안 위축될 수밖에 없을 것 같다. 물론 이렇게 단순히 흘러가지는 않겠지만, 큰 흐름은 파악할 수 있다. 이제는 글로벌한 경제 이슈까지도 흐름을 파악하고 있어야 하는 복잡한 세상이 되었다.

조금 더 쉬운 방법은 인구변화를 통한 미래예측이다. 인구가 어떻게 변화하는지를 보면 가장 쉽고 간단하게 미래예측이 가능해진다. 통계청 등의 자료를 통해서 쉽게 파악이 가능하다. 뒤에서 다시 자세하게 이야기해 보도록 하겠다.

고민해 보자!
지금 돈, 소비자, 시장은 어디로 움직이고 있는가?

시장의 흐름을 파악하고 미리 선점할 수 있는 방법을 고민해 보자. 절대 물고기(시장)를 뒤에서 따라가기만 하면 안 된다.

나. 물고기의 흐름 파악하기 / 정책자금 흐름 파악

돈의 흐름을 쉽게 파악할 수 있는 방법 중의 하나는 국가에서 사용하는 한 해 예산이 어디에 편성이 되어 있는지를 파악하는 것이다. 어디에 어느 정도가 사용되는지 알고 있으면 대략적인 시장의 흐름을 알 수 있다. 돈이 모이는 곳에 시장이 형성이 되기 때문이다.

특히 우리가 가장 많은 관심을 가지고 있는 '소상공인'들에 대한 지원은 계속 커지고 있다. 정책자금이 어디로 흘러가고 있는지를 파악하는 것은 시장을 파악 하는 데 큰 도움이 된다. 누군가는 그 돈으로 사업을 벌이고 누군가가 혜택을 보고 있기 때문이다. 정책자금이 움직이는 곳에 자연스럽게 시장이 형성되고 활성화된다. 창업 관련하여 정책자금이 어디로 움직이는지, 정부 지원프로그램이 어떤 것들이 있는지 가장 파악하기 좋은 곳은 '기업마당' 사이트이다.

1) 기업마당 www.bizinfo.go.kr

기업마당은 '중소기업 지원사업 정보를 한눈에'라는 슬로건처럼 각종 지원사업을 한곳에 모아 놓은 사이트이다. 전국에 있는 다양한 지원기관들이 자신의 홈페이지에 글을 올려놔 봐야 볼 사람들이 많지 않을 것이기 때문에 기업마당에서 모두 모아 놓았다고 생각하면 된다. 물론 이곳에서도 노출이 안 되는 지원사업이 꽤 있으니, 직접 관련된 타 기관들도 함께 봐야 한다.

각종 창업지원사업과 기업지원금, 자금을 운영하는 관련 기관 등도 유심히 살펴봐야 한다. 특히 연초에 일 년 사업과 예산이 모두 발표가 되기 때문에 1월, 2월에 사업을 유심히 파악해야 한다. 기업마당은 다양한 정보들을 단행본으로 묶어 정리한 '지원책자', 사업계획서 계약서 기본양식을 볼 수 있는 '중소기업 업무용서식', 기업들의 컨설팅을 지원하는 '비즈니스지원단' 등 다양한 서비스들이 있다.

2) 중소벤처 24 https://www.smes.go.kr

중소벤처 24는 기업 관련 인증·증명(확인)서 발급 및 지원사업 안내·신청, 중기부 소관 민원 등 중소벤처기업부 산하 다양한 기관에 흩어져 제공되던 서비스를 한 곳에서 통합 제공하는 중소벤처7기업을 위한 포털이다.

관련 사이트에서 관심이 있는 사업 분야를 찾아보고, 예전에 나왔던 지원프로그램과 예산 등을 확인해 보자. 예산이 커지고 있는지? 그리고 어떻게 지원하고 있는지 파악해 보자.

다. 인구통계를 활용한 미래예측

가장 쉽게 시장의 흐름을 파악할 수 있는 방법은 '인구변화'를 확인하는 것이다. 그리고 대한민국 인구의 현재와 미래를 알 수 있는 가장 좋은 방법은 통계청을 확인하는 것이다.

인구통계는 통계청 사이트 www.kosis.kr에 다양한 분석자료가 있어 필자도 많이 활용하고 있다. 포털 사이트에서 '국가통계포털'이라고 검색을 해 보도록 하자.

〈국가통계포털 kosis.kr 초기화면〉

국가통계포털은 대한민국의 현재를 가장 정확하게 볼 수 있는 사이트이며, 이를 기반으로 미래를 예측할 수 있다. 그중에서도 가장 많이 활용하고 있는 정보는 '인구로 보는 대한민국'의 '인구피라미드'와 '100대 지표'이다.

인구피라미드

인구피라미드는 대한민국의 인구를 남녀와 연령대별로 구분하고 이를 연도별로 예측하게 만들어 놓았다.

다음 이미지는 대한민국의 인구 현황이다. 왼쪽이 남성, 오른쪽이 여성이며, 상하 한 칸씩이 1년 단위이다. 대한민국이라는 시장(물고기)의 현재 모습이라고 생각하면 된다.

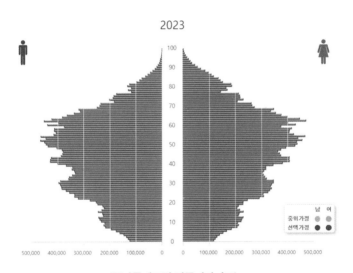

〈국가통계포털 인구피라미드〉

1) 인구가 가장 많은 연령대와 미래변화

그렇다면 가장 인구가 많은 나이는 몇 년생일까? 자료에 따라서 조금씩 다르기는 하지만 편의상 인구피라미드를 기준으로 확인해 보면 1969년생, 1971년생, 1961년생이 93만 명 전후로, 거의 비슷한 수준으로 1, 2, 3위를 차지하고 있다. 거의 비슷한 수준이라고 보면 1961

년생 분들이 실제로는 조금 더 인구가 많았었을 것이다. (인구의 자연감소가 10년 이상 되었을 것이기 때문이다.)

인구가 많다는 것은 시장규모가 크다는 의미이기 때문에 많은 시사점을 만들어 낼 수 있다. 큰 그룹으로 보면 1961년생을 전후로 한 인구 밀집지역이 '1차 베이비부머' 세대들이며, 1969년~1971년 전후로 한 그룹을 'X세대', '2차 베이비부머 세대'라고 이야기한다.

다시 아래에 불룩한 부분이 1982년생을 중심으로 40세 전후의 세대들이며, 아래에 마지막 인구 밀집지역은 1993년생들이다. 대한민국이라는 시장을 인구를 기반으로 그룹으로 만들어 보면 아래와 같을 것이다. 크게 4개 그룹으로 만들어 보았다. 세대를 나누는 구분은 다양하지만 인구피라미드에서 가장 인구가 많은 세대를 중심으로 나누어 보았으며 1993년생 이후의 10대~20대는 우선 제외하였다.

구분	특징	비고
1961년생 전후 1차 베이비부머	6.25전쟁 이후 가장 많은 인구가 태어남	은퇴 60대 초중반
1971년생 전후 2차 베이비부머	X세대, 퇴직을 앞두고 있는 중장년, 인구가 가장 많음	은퇴 예정 50대 초중반
1982년생 전후 밀레니엘 세대	정보기술(IT)에 능통 현재 시장의 중심 세대	40대 전후
1993년생 전후 Y세대	1961년생들의 자녀 세대, 부메랑 세대, 사회에 진출 후 어려운 시장상황을 온몸으로 체감 중	20대 후반

여기에서 여러분들이 현재 어디에 속해 있는지 파악해 보고, 현재 상황이 어떤지 파악해 보자.

그런데 인구 분포에서 1993년생들이 인구가 많은 이유는 무엇일까? 1993년생들이 인구가 많은 이유는 '1961년생들의 인구가 많기 때문'이다. 1993년생들은 1차 베이비부머 세대들의 자녀세대들이다. 그래서 '부메랑 세대, Y세대' 등으로 불린다.

kosis에 접속하면 간단한 조작으로 미래의 인구변화를 파악할 수 있다. 시장과 사람들은 어떻게 변화하고 있는지를 파악해 보자. 그리고 돈이 어디로 흘러가는지도 고민해 보자.

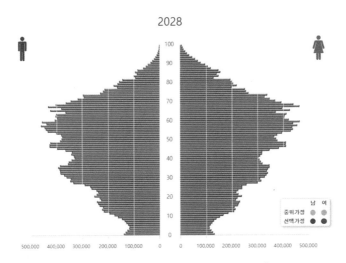

〈인구피라미드 이미지 화면 2028년 기준〉[31]

---

31) www.kosis.kr에서 쉽게 보는 통계 〉 통계시각화콘텐츠 〉 인구로 보는 대한민국 〉 인구피라미드에서 볼 수 있다.

조금 더 파악하기 쉽게 시간을 2028년으로 맞춰 보도록 하자.[32] 이제 전혀 다른 세상이 펼쳐지게 된다. 미래를 볼 수 있게 되었다. 대한민국의 미래, 시장과 소비자는 큰 전쟁이나, 재난 상황이 생기지 않는 이상 그래프와 같이 변화하게 된다. 국가통계포털 인구피라미드에서 직접 확인해 보자.

무엇이 보이는가? 가장 쉽게 보이는 것은 **인구고령화, 노령인구급증, 생산 가능 인구 감소**이다. 시간이 지나면 지날수록 더욱더 심각해질 예정이다.

2) 20대 10대 인구 감소

1993년생에서 약 75만 명으로 정점을 찍고 급격하게 하락한다. 1차 저점인 2006년생이 대략 43만 명 정도이니 1993년생을 기준으로 32만 명, 약 43%가 줄어들었다. 문제는 여기서 그치지 않는다. 2020년 출생아 수가 27만 2337명으로 다시 급격하게 줄어들고 있다. (1993년 대비 63% 하락.)

30세 이하 인구가 줄어든다는 의미는 당연히 '청년'이 줄어든다는 이야기이다. 그래서 요즘 '생산가능인구'[33]가 줄어든다는 이야기가 많이 나오고 있다.

---

32) 미래의 인구변화는 통계청에서 제공하고 있는 미래 전망치이며, 공식적인 추계인구는 출생, 사망, 국제이동이 모두 중위가정인 경우로 예측을 하고 있다.
33) 경제활동을 할 수 있는 연령의 인구를 의미. 만 15세~64세에 해당하는 인구를 말한다.

20대 인구가 줄어들면 어떤 일들이 생길까?

- 20대의 젊은 층을 대상으로 하는 모든 산업군이 어려워진다.
- 대학가 주변 상권이 축소된다.
- 청년인구 감소로 취업 문제는 저절로(?) 해결된다.
- '청년창업' 지원사업도 대폭 줄어들게 될 것이다.
- 새로 결혼을 하는 신혼부부가 급격히 줄어들게 되고 웨딩 관련 산업[34]도 초토화된다.
- 군대에 입대하는 인구가 감소하여 군인력 감소로 이어진다. (이미 심각하게 줄어들고 있다)

3) 대학생 인구 감소

20대 인구가 줄어들면서 대학생 인구도 급감하게 된다. 청년 인구 감소와는 다른 다양한 이슈가 생기게 된다. 2025년이 넘어가게 되면 대략 대학교 재학생 인구가 현재보다 15% 이상 감소한다. 대학생 인구가 15% 이상 감소하게 되면 가장 많은 타격을 입을 곳은 당연히 대학가일 것이고, 대학교 인근 지역 상권일 것이다.

예전부터 '대한민국의 대학은 벚꽃 피는 순서대로 망한다'는 유명한 이야기가 있다. 실제로 수도권에 있는 대학을 빼놓고는 현재 전국적으로 정원 모집도 어려운 상황이며, 서울에서 멀리 있을수록 더욱더

---

34) 웨딩관련 산업은 대표적으로 '스드메'를 이야기한다. 스튜디오, 드레스, 메이크샵을 이야기한다.

모집에 어려움을 겪고 있다. 1993년생 이후로 계속 인구가 줄다가 정체되는 구간이 있는데 이곳이 바로 2005년, 2006년생이다. 2023년 현재 고등학교 3학년과 2학년이다. 앞으로 대학에 진학하기까지 1년~2년이 남았는데, 그 뒤로 2007년생, 2008년생까지 대학교에 진학을 하고 난 후의 대학의 모습을 상상해 보자. 지금도 지방대학 인근 상권은 급격하게 줄어들고 있고 향후 더욱더 줄어들게 될 것이다. 당연히 서울과 수도권 대학상권도 줄어들 수밖에 없다. 혹시 대학가 인근에서 비즈니스를 준비하고 있다면 현재가 아닌 5년 후까지 상권분석을 해야 할 것이다.

대학교 주변의 풍경은 어떻게 될까?

- 전국적인 대학교 상권은 15% 이상 축소된다. 지역적으로 축소의 차이가 많이 날 수 있다.
- 학교 주변 원룸 및 부동산 수요가 급감한다.
- 학교 주변 음식점, 호프집, 편의점의 폐업이 속출하게 된다.
- 학교 주변 집값 하락으로 이어질 수 있다.
- 가장 타격이 심한 지역은 지역의 대학교들이 많은 교육도시들이다. 대구, 천안, 청주, 대전, 부산, 전주, 광주, 춘천 등 대학들이 많은 지역들은 더 타격이 심해질 수 있다.
- 수도권은 상대적으로 영향력이 약할 수 있지만, 지속적으로 상권이 약화된다. 당연히 서울보다는 경기도가 더 약화된다. 경기도,

인천에 위치한 대학교 인근 상권의 변화에 주목하자.

- 서울 지역은 대학가와 인근 부동산 상권이 어려워질 수 있다. 대
표적으로 관악구 신림동 인근지역이 1인 가구가 많기로 유명한
지역이며, 이대, 신촌, 홍대, 건대, 서울대입구 등 2호선 대학교 주
변 지역이 어려워질 가능성이 높다.

서울 대학가 신촌에서 폐업하고 천안으로 이전한 사장님

최근 신촌에서 폐업을 하고 아예 천안으로 이사를 간 사장님과 미팅을 했다. 천안
에서 다시 음식점 창업을 준비하겠다고 한다. 인구변화에 대한 이야기를 하면서
천안도 대학교가 많아서 변화가 심할 것이라고 이야기를 했다. 원래는 대학가 근
처를 고려 중이었는데 다시 한번 철저하게 상권분석을 해 보기로 했다. 실제 인구
수와 학생 수의 변화, 최근 3년간의 임대료 변화, 상가수의 변화 등 구체적인 상권
분석자료가 필요한 상황이었다. 대학가 주변은 최근 10년 동안 많은 변화가 있었
지만, 앞으로의 변화도 만만치 않을 것 같다. 예의주시할 필요가 있다.

---

4) 학원가와 사교육시장

학생 수가 줄어들게 되면 당연히 입시제도도 바뀌게 될 것이다. 다
음으로 타격을 입은 곳이 바로 학원가와 교육시장이다. 학원가는 이
미 학생 수가 많이 줄어들어 어려움을 겪고 있으며, 최근 코로나 유행
으로 또 한 번 심각한 타격을 입은 곳이기도 하다. 이미 많은 변화를
겪은 교육시장이지만, 또 다시 학생 인구 감소로 중학교, 초등학교의
교육시장이 어려워질 전망이다. 8세미만 인구가 다시 급격하게 줄어

들었기 때문이다.

이런 학생 인구의 감소로 향후 대학교 입학도 더 쉬워질 것이고, 대학교 졸업 이후 취업도 지금처럼 어렵지는 않을 것 같다. 아니 오히려 신입사원을 구하기가 어려운 시대가 될 전망이다. 대학 졸업생 수가 적어지게 되면 중소기업에서는 더욱 더 신입사원을 구하기 힘들어질 것이다. 지금도 사람 구하기가 힘들다는데 향후 더욱더 인력난이 심화될 것이다. 이를 해결하기 위해 외국인노동자 유입과 대체인력을 확보를 위한 다양한 솔루션들이 나올 수밖에 없다.

3년 전 목동에서 학원을 하다가 정리를 하고 김포 신도시로 이전을 한 학원 원장님을 만난 적이 있다. 유명한 목동 학원가에서 왜 이쪽으로 오셨냐고 물어보니 대답은 심플했다. 학원가 시장상황이 많이 바뀌었고 신도시에 젊은 엄마들과 교육수요가 많아 이전했다고 한다. 목동에서도 학생 수가 줄어들어 학원 운영하기 어려워 신도시로 이전을 하게 된 것이다.

교육사업에 종사하거나 고민을 하고 있다면 급변하는 교육시장 환경과 정책변화에 예의주시하고 있어야 하겠다.

5) 1969년생과 X세대

현재 대한민국에서 가장 많은 인구를 가지고 있는 나이가 바로 1969년생과 1971년생이다.[35] 대략 1년에 94만 명 정도가 활동을 하고

---

35) 1961년생도 인구가 비슷하나 여기서는 제외하였다.

있다. 1969년생을 전후로 하여 대략 적게는 500만 명 많게는 800만 명 정도의 2차 베이비부머가 활동을 하고 있으며, 나이는 40대 중반 ~50대 중반이다. 대략 1966년생~1975년생[36) 정도이다. 현재 가장 많은 인구수를 가지고 있으면서 가장 소비력을 가지고 있는 세대들이기도 하며 또한 현재 퇴직을 고민하고 있는 필자의 세대들이기도 하다.

50대 중반으로 달려가고 있는 1969년생 선두주자들이 이제 퇴직을 시작하고 있다. 이 세대들이 향후 가장 큰 사회적인 변화를 만들어 낼 세대들이다. 인구는 가장 많고, 새로운 변화(은퇴와 새로운 인생)을 준비해야 하기 때문이다.

이 50대의 세대들의 이슈는 무엇이 있을까?

- 지속적인 퇴직인구 증가.
- 퇴직 이후 재취업 교육시장 확대.
- 소자본 창업 아이템의 인기상승.
- 자격증 취득을 위한 교육시장 확대.
- 시니어창업, 장년창업센터 등 정부지원 프로그램 강화.

50대의 X세대들은 인구가 매우 많아 비슷하게 퇴직을 하게 될 경우 큰 사회적인 문제가 생길 수 있다. 이들을 위한 다양한 정책과 지원프로그램들이 많이 나올 수밖에 없다.

---

36) X세대를 넓게 잡기도 하나 편의상 본 책에서는 대략 1966~1975년생 정도로 잡아 보았다.

한때 문화의 중심이었던 1969, 1970, 1971년생

인구가 워낙 많다 보니 이 세대들을 타깃으로 한 많은 드라마들이 제작이 되었다. 많은 인기를 끌었던 〈응답하라 1998〉이 대표적이다. 극 중 주인공인 덕선이가 1971년생이고, 언니인 보라가 1968년생이다. 당시의 다양한 시대상을 엿볼 수 있어 같은 시대를 살았던 시청자들에게 큰 인기를 끌었다.

한동안 1990년대에 대한 동경으로 '레트로' 트렌드가 유행이었는데 가장 많은 인구를 가지고 있는 X세대들을 타깃으로 한 마케팅이라고 생각하면 이해가 쉬워진다. 그리고 그러한 문화트렌드는 다음 세대로 인구가 많은 1982년생으로 넘어가는 분위기이다.

레트로 트렌드와 1989년 세계여행자유화
왜 1990년대에 대한 레트로[37]가 유행을 할까?

한동안 1990년대에 대한 레트로가 유행을 했고, 이후로도 계속될 것 같다. 이유가 무엇일까? 1990년대에 살기가 좋았기 때문이기도 하고 경기도 좋았던 것도 있다. 시대적인 흐름을 파악하면 쉽게 이해가 가능하다. 1987년 민주화 운동 이후 1988년에 서울 올림픽이 열렸다. 이후 1989년 1월 1일에 세계여행이 전면 자유화되었다. 그 이전에는 해외여행은 공무 등 확실한 사유가 있어야만 가능했다. 1989년에 해외여행을 다녀올 수 있었던 사람들은 주로 여유가 있는 중산층 이상이었을 것이다.

1990년대 초반에 서태지가 나타나고, 힙합이 유행을 하고, 압구정동에 오렌지족들이 나타난 이유들이 이제 설명이 된다. 1980년대의 암울했던 시대와는 전혀 다른 새로운 활력이 넘치는 시대가 막을 열었다. 1997년 IMF로 거품이 꺼지기 전까지 대한민국은 활력과 생동감과 문화적인 자유로움이 넘치던 시대였다. 모두가 그리워하는 시대가 되었다.

---

37) 추억이라는 뜻의 영어 'Retrospect'의 준말로 과거의 추억이나 전통 등을 그리워해 그것을 본뜨려고 하는 성향을 말한다. [네이버 지식백과]

6) 50대의 은퇴와 뉴 시니어창업 붐

2010년대 초반에 전국적으로 창업 붐이 일었던 적이 있었다. 이유는 바로 1958년 개띠와 1961년생을 전후로 한 1차 베이비부머 세대들의 은퇴 때문이었다. 필자도 시니어창업스쿨이라는 교육프로그램에서 강의를 몇 년 동안 했었다.

그 당시 가장 이슈였던 아이템은 역시나 '치킨집'이었고, 많은 커피숍과 편의점 등 프랜차이즈 창업들이 붐을 이뤄 지금처럼 많아지게 되었다. 그 당시에도 치킨집이 너무 많다고 아우성이었고, 생계형 자영업 외에 새로운 대안을 만들기 위해 많은 교육프로그램이 진행되었었다.

그런데 기존의 시니어창업 붐이 새롭게 일어날 전망이다.

바로 1969년생과 1971년생을 전후로 한 X세대들의 퇴직 때문이다. 이미 퇴직은 시작되었으며, 조만간 본격적으로 새로운 창업 붐이 일어날 것이다. 1년에 90만 명이 넘어가는 인구가 50세 중반이 되어 퇴직을 하고 있다. 정부에서도 이 새로운 퇴직 세대들에 대한 고민을 할 수밖에 없으며 지원프로그램도 많이 생겨날 수밖에 없다.

그렇다면 어떻게 준비를 해야 할까?

첫 번째, **'빨리 고민하고 준비'**해야 한다.

가장 우려되는 상황은 퇴직을 하고 나서 학원이라도 다니려고 했더니 학원도 경쟁률이 심해지는 상황이다. 어중간하게 퇴직하면 평생 동안 경쟁해 온 동기들과 또다시 경쟁해야 하는 상황이 생긴다.

두 번째, **'흐름에 너무 휩쓸리지 말아야'** 한다.

모두가 가는 방향으로 가게 되면 같이 몰락하는 일이 생길 수 있다. 커피숍을 해서 돈 번 사람들보다는 커피 교육하고 커피 원두 파는 사람들이 돈을 더 벌었다. 몰려가는 사람들 사이에 껴있지 말고 한 발자국 뒤로 물러나서 판세를 보자. 이를 필자는 앞에서 **'세컨더리 비즈니스'**라고 이야기하였다.

현재 50대들은 가장 많은 인구구성을 가지고 있으며, 변화의 변곡점에 놓여 있다. 이들이 어떻게 움직이느냐에 따라 시장의 큰 변화가 생길 것이다. 그리고 그 변화에서 기회가 생긴다. 준비하는 사람이 기회를 얻을 수 있다.

7) 어려움에 빠졌던 1993년생

앞서 이야기한 1993년생들은 인구도 많은 데다(약 75만 명) 사회에 나올 즈음인 2010년 중 후반기에 경기도 좋지 않았다. 심지어 아버지 세대들인 1961년생 세대들이 은퇴를 하여 위아래로 많이 힘들었던 세대들이다.

다음 이미지는 서울시 버스정류장에 걸렸었던 광고이다. 콕 찍어서 1993년생의 내일을 서울이 연구를 하겠다고 한다. (물론 이때 다양한 다른 나이대를 위한 캠페인도 함께 진행을 했었다.)

최근 6~7년 전부터 미친 듯이 나왔던 청년지원사업들의 핵심은 바로 1993년생들이고, 1993년생들 일자리를 만들어 주기 위한 지원사업들이었다고 생각하면 대략 맞을 것 같다. 이 1993년생들이 이제 30살이 되어 사회생활에 자리를 잡아 가고 있다. 그리고 이제 결혼을 하게 될 나이가 되었다.

아직 방황하고 자리를 잡지 못한 1993년생들도 많이 있을 것이다. 최근에 창업을 하겠다고 필자와 미팅을 한 1993년생들이 몇 명 있었는데 대부분 애매한 직장과 코로나 유행으로 인한 극심한 불경기로 많은 어려움을 겪고 있었다.

> **청년 취업문제는 어떻게 될까?**
>
> 앞으로 취업문제는 시간이 해결해 줄 것 같다. 향후 청년 인구 급감으로 조만간 20대 중반의 신입사원을 찾기가 어려워질 것이기 때문이다. 문제는 공급이 줄어서 취업문제가 해결되는 것이지, 일자리가 늘어나서 해결되는 것은 아니라는 것이다. 양질의 일자리에 대한 수요는 계속 어려움이 있을 수밖에 없다

8) 1982년생들을 중심으로 개편되는 문화콘텐츠

'1982년생'들도 인구가 많다. 2022년 현재 약 84만 명 정도가 활동을 하고 있다. 〈82년생 김지영〉이라는 소설과 영화도 있었지만, 이 세대들은 기존 세대들의 올드한 감성과는 달리 10대부터 인터넷을 접한 오픈마인드의 시작점이 되는 세대들이다. 이들이 이제 40대가 되었다. 새로운 신중년이 탄생하는 시점인 것이다. 기성세대들을 제치고 조만간 비즈니스의 중심이 될 세대들이다.

2022년 방영된 드라마 2편이 있다. 바로 '김태리'가 주연인 〈스물다섯 스물하나〉와 '손예진'이 주연인 〈서른, 아홉〉이다. 극 중에서 김태리는 41세이고, 손예진은 39세이다. 1982년생 전후를 제대로 타깃으로 만든 드라마인 듯하다. 앞으로 1982년 전후 세대들을 타깃으로 한 콘텐츠들이 더 많아질 것이다. **1982년생들의 감성을 이해하는 것이 앞으로 비즈니스에 큰 도움이 될 것 같다.**

라. 100대 지표와 비즈니스 기회포착

국가통계포털 kosis.kr에 보면 '100대 지표'라는 카테고리가 있다. 인구, 사회 범죄 안전, 노동 가계, 보건 복지, 교육 문화 주거 국토, 경기 기업 임금 물가, 농림 제조 서비스, 건설 교통 과학, 국민계정 재정 무역, 환경 에너지 등
100여 개의 지표를 보기 쉽게 그래프로 만들어 놓았다.

그중에서 시장의 변화에 참고할 만한 몇 가지 내용을 살펴보도록 하자. 위에 QR코드로 직접 확인해서 본인과 관련된 분야의 통계를 찾아서 확인해 보도록 하자.

1) 전체 가구 수와 1인 가구 수의 변화

전체 가구 수는 2020년 기준 2,092만 가구가 되었다. 1인 가구 수는 2000년에 224만 가구였던 것이 2020년에 664만 가구가 되었다. 20년 만에 3배가 되었다.

전체 2,092만 가구 중에 664만 가구면 대략 1/3이 1인 가구이다. 20대에 독립을 하는 경우도 많고, 30대 이후 혼자 사는 사람들이 증가하고 있다, 돌아온 싱글(돌싱)들도 많아졌다. 최근 10년 전부터 1인 가구는 가장 뜨거운 소비시장 중의 하나였다. 1인 가구들의 의, 식, 주 라이프 스타일에 대한 고민을 통해서 새로운 비즈니스들이 끊임없이 나오고 있다. 최근에는 1인 가구의 증가가 편의점 메뉴 개선에도 많은 영향력을 끼치고 있다.

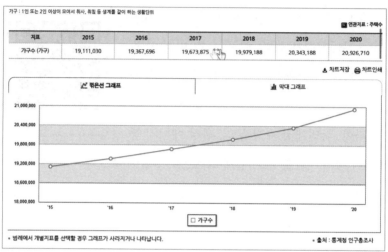

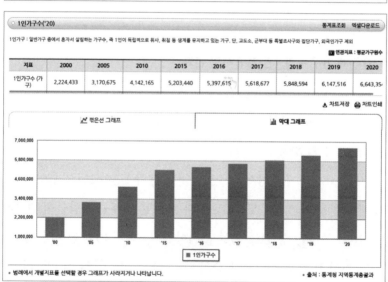

〈국가통계포털 가구 수 변화와 1인 가구 수 변화〉

1인 가구를 대상으로 한 비즈니스 전략

주변에서 1인 가구가 많이 사는 지역을 확인해 보자. 원룸이 많고, 교통이 편리한 지역, 사무실이 인근에 많은 지역, 오피스텔이 많은 지역에 1인 가구들이 많이 살고 있을 것이다. 지역의 소비성향을 파악해 보고, 편의점 수와 음식점들의 메뉴, 배달 현황, 셀프빨래방, 고시원 등 다양한 관련 비즈니스들을 확인해 보자.
지역에 부동산에 들러서 현재 분위기와 상가 매매 현황, 인근 원룸 공실들을 확인해 보는 것도 상권을 파악하는 데 많은 도움이 된다.

필자는 몇 년 동안 관악구 신림동 고시촌 인근을 유심히 보고 있는데, 지속적으로 공실이 생기고 있다는 이야기를 듣고 있다. 청년층이 줄어들면서 청년 1인 가구들이 많이 살고 있는 지역도 인구 감소와 함께 변화가 예상되고 있다.

2021년 12월 통계청에서 1인 가구 관련 통계를 수집·정리한 「**2021 통계로 보는 1인 가구**」를 작성하여 배포를 하였다. [38]

2020년 기준 1인 가구가 가장 많은 시군구를 살펴보면, 서울 관악구, 경기 화성시, 서울 강서구, 경기 부천시, 서울 송파구 등의 순서라고 한다. 역시 관악구가 생각했던 것처럼 가장 많다. 신림동 고시촌 등의 영향과 강남권 출퇴근 영향이 컸을 것으로 보인다. 그 외 다양한 1인 가구들의 통계자료들을 참고할 수 있으니, 관련 아이템을 고민하고 있다면 꼭 참고해 보도록 하자.

---

38) 통계청이나 포털 사이트에서 '2021 통계로 보는 1인 가구 보도자료'를 검색하면 찾을 수 있다.

2) 사망자 수의 변화 / 실버케어 비즈니스

2011년 한 해 사망자 수가 25만 명 정도였는데, 2020년 30만 명으로 늘어났다. 10년 사이에 20%가 늘어난 것이다. 1969년생들이 2022년 기준 54세이며, 94세 정도를 기대수명이라고 생각해보면 앞으로 40년간 사망자 수는 현재보다 3배 이상 늘어나게 된다.

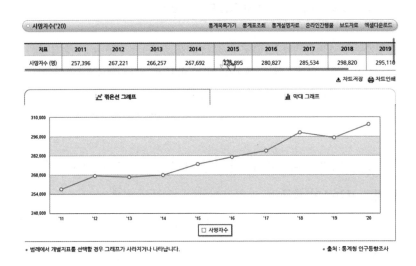

그렇게 되면 가장 떠오르는 비즈니스는 **'죽음'** 비즈니스다.

조금 피하고 싶은 주제이기는 하지만 남들이 꺼리는 비즈니스가 가장 블루오션인 경우가 많다. 요양병원, 장례식장, 납골당, 상조서비스, 장례용품 제작 및 판매유통, 호스피스, 화장터, 관련 운송업, 영정사진 등 관련 서비스와 '장례지도사' 등의 자격증도 수요가 많아질 수밖에 없을 것이다.

또한 실버세대들을 위한 실버케어 관련 비즈니스는 향후 가장 많은 수요가 예상되는 시장이기도 하고, 관련된 인력을 구하기가 어려울 정도로 심각한 사회문제가 될 가능성이 높은 시장이다.

사실 이 시장은 10년 전부터 지속적으로 많은 사람들이 관심을 가지고 있는 분야이다. 최근 요양병원 등 관련된 사업을 하겠다는 사람들도 많이 보았다. 대한민국보다 10년 이상 고령화된 일본의 사례들을 참고해 보면 다양한 아이디어가 많이 나올 수 있다. 구글에서 '일본 실버비즈니스' 등을 검색해 보면 다양한 아이디어를 얻을 수 있을 것 같다. 향후 정부에서도 가장 관심 있게 바라볼 사회문제로 다양한 정책의 변화에 예의주시하고 있어야 하겠다.

3) 다문화 가구 수와 이주노동자

2015년 다문화 가구는 29만 9천 가구였으며, 2020년 현재 36만 7천 가구가 되었다. 지속적으로 늘어나고 있는 추세이며, 향후 5년 정도 더 늘어나게 될 것이다. 왜냐하면 1993년생을 기준으로 보면 성비가 남성이 약 5만 명이 더 많기 때문이다. (남성 406,063명 여성 347,204명) 1990년대 초까지만 해도 남아선호 문화의 영향으로 상대적으로 여성 인구가 적은 상황이다. 자연스럽게 결혼이주민이 늘어날 가능성이 많다. 그 뒤로는 성비가 비슷해지고 있어서 부족한 여성으로 인한 다문화 가구 수는 점차 줄어들 것으로 보인다. 대신 글로벌한 대한민국의 문화강세로 대한민국을 찾는 외국인들이 늘어나고 있어 향후 자연스럽게 다문화 가구의 수는 늘어나게 될 것이다. 다만 기존과는 다소 다른 형태의 모습을 띠게 될 것 같다. 조만간 지역 자치단체장도 다문화가구에서 나올 확률도 높아지고 있다.

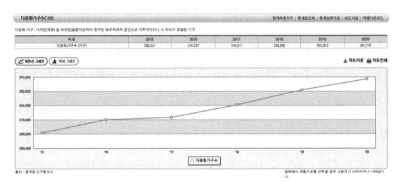

〈다문화 가구수의 변화〉

다문화 가구뿐 아니라, 청년 인구도 급격하게 줄어들어 이주노동자 인구가 늘어날 수밖에 없는 상황이다. 이주노동자들은 현재도 내국 인들이 피하는 3D 업종을 중심으로 많은 활동을 하고 있다. 주로 일 자리가 많은 공업단지를 중심으로 많이 거주하고 있으며, 일손이 부 족한 농촌에서도 많은 일을 하고 있다.

이주노동자의 수가 늘어나게 되면 관련된 의식주 이슈에 대한 비즈 니스도 함께 성장하게 된다. 거주 시설과 현지 음식들은 물론 이슬람 할랄문화 등 다양한 다문화사회로의 변화가 급격히 이루어질 것으로 보인다. 이들을 위한 의식주는 물론 다양한 체류 서비스, 항공권 등 다양한 비즈니스가 더 많이 생겨날 것이다.

홍대에서 만난 노랑머리 외국인 노동자

최근 홍대에 있는 닭갈비집에 식사를 하러 갔더니 젊은 백인 여성이 유창한 한국 말로 주문을 받고 있었다. 다소 낯선 모습이었지만, 이제 이런 모습이 점차 일상 화가 되고 있다. 외국인 노동자의 일반적인 모습인 중국인, 베트남인 등이 아닌 전 세계의 다양한 사람들이 일자리와 한류를 체험하기 위해 모여들고 있기 때문 이다. 예전에는 보기 어려웠던 국제커플들도 급격하게 늘어나고 있다.

국내 외국인 체류자를 위한 전문 비즈니스

아시는 분이 우즈베키스탄 여성과 결혼을 하여 모두의 부러움을 샀던 적이 있었 다. 이분은 직장생활을 정리하고 우즈베키스탄 및 인근 지역 전문 항공권 구매와 관련 서류 대행 등의 에이전시 업무를 하고 있다.

언어 문제는 와이프가 해결하고 나머지 비즈니스는 직접 해결을 하는 시스템인데 틈 새시장을 파고든 아이템인 것 같다. 최근 한동안은 코로나 때문에 많이 힘들었겠지 만, 장기적으로 외국인들을 위한 국내 체류 비즈니스는 더욱더 커질 것으로 보인다.

4) 독거노인 비율 증가와 노인재가서비스 확대

혼자 사는 독거노인의 비율이 2000년 3.8%에서 2020년 7.9% 2배가 되었다, 그리로 이 숫자도 지속적으로 늘어나게 될 것이다.

〈독거노인 비율(%)〉

2000	2005	2010	2015	2016	2017	2018	2019	2020
3.8	4.9	6.1	6.4	6.7	7.0	7.2	7.5	7.9

혼자 사는 노인들이 늘어나면서 관련된 케어 프로그램들이 늘어날 수밖에 없으며 정책적인 지원도 늘어날 수밖에 없다. 요양보호사와 관련 의료기관은 물론 민간 노인복지서비스들도 지속적으로 늘어날 것으로 보인다.

5) 혼인 건수 하락과 관련 산업 전망

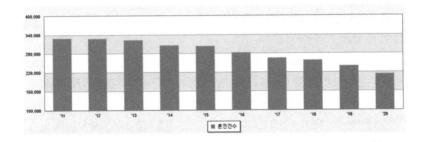

혼인 건수는 2011년 32만9천 건에서 2020년 21만3천 건으로 35% 이상 감소하였다. 1993년생이 결혼적령기에 들어서 잠시 혼인 건수는 상승할 것으로 보이지만, 이후로 급격하게 인구가 줄어들어 장기적으로 웨딩산업은 지속적으로 침체될 수밖에 없다. 스튜디오, 드레스, 메이크업으로 대표되는 '스드메' 웨딩산업은 물론, 신혼여행과 신혼주택에까지 영향을 미칠 전망이며, 이후 출산 육아 등으로까지 영향을 끼치게 될 것 전망이다.

〈연도별 혼인 건수(명)〉

2011	2012	2013	2014	2015	2016	2017	2018	2019	2020
329,087	327,073	322,807	305,507	302,828	281,635	264,455	257,622	239,159	213,502

6) 간호사 수가 증가하는 이유는?

통계를 확인해 보니 간호사 수가 지속적으로 늘고 있는 것을 발견했다. 2011년 11만 명 선이었는데 2020년에 22만 명으로 10년 만에 2배가 되었다. 어마어마한 산업의 변화이다.

2011	2012	2013	2014	2015	2016	2017	2018	2019	2020
118,771	120,491	134,748	147,210	158,247	179,989	185,853	195,314	215,293	225,462

병원의 의료전문 인력이 부족하여 지속적으로 전문간호사가 늘고 있다고 한다. 또한 지속적인 고령화로 의료인력은 앞으로 더욱더 부족해질 전망이다. 인구고령화 + 전문의사 부족 + 전문간호사 부족에 코로나 등 전염병의 지속화 등 이슈가 많다. 관련 제도의 변화와 사회적인 이슈를 지속적으로 관찰하고 있어야 할 때다.

몇 가지 중요 이슈들을 간단하게 찾아보았는데 이외에도 다양한 정보들을 통계자료에서 찾아볼 수 있다. 직접 100대 지표를 확인해 보고 관심 분야에 대한 정보들을 확인해 보도록 하자.

마. 지방소멸과 도시 집중화

최근 **'지방소멸'**이라는 단어가 많이 보이는 것 같다. 말 그대로 지방이 사라지고 있다는 이야기다. 'KBS 창원'과 〈시사기획 창〉이 만들어 방영한 **'지방은 어떻게 사라지나'**라는 프로그램편을 꼭 한번 보기 바란다.[39]

대부분의 청년들이 일자리를 찾아서 서울로 올라오고 있고 지방은 말 그대로 소멸의 위기에 직면해 있다. 아래 이미지와 같이 전국적으로 소멸위기에 있는 지역을 파악할 수 있도록 해 놓았는데 대도시 외에는 향후 30년 안에 사람이 거의 살지 않는 지역이 될 가능성이 매우 높다. (그림에서 대도시 외의 진한 색 부분이 모두 위험지역이다.)

필자는 3년쯤 전에 서해안에 있는 어촌마을에 컨설팅을 하러 간 적이 있다. 마을의 청년 이장님과 미팅을 했는데 가장 젊다는 이장님이 60대 중반이었다. 마을에서 막내라고 했다. 이 마을이 앞으로 20년이 지나고 나면 어떻게 변해 있을까?라는 생각이 들었다.

상황은 매우 심각하지만, 위기에서 기회를 찾아야 한다.

혹시라도 지방 외곽에서 새로운 사업을 준비하고 있다면 지역 상권이 점점 사라지고 있다는 것에 주의하자. 머지않아 마을 자체가 사라

---

39) somyeol.kbs.co.kr

질 수도 있다.

정부에서 지방소멸을 막기 위해서 어마어마한 자금을 쏟아붓고 있다. 자금이 지역재생, 도시재생을 위해서 쓰이게 될 것이고 누군가는 관련 정부자금으로 혜택을 볼 것이다. 뉴스에서 지방소멸 관련 검색을 해 보자.

정부의 이런 노력에도 사람들은 대도시에 집중될 수밖에 없다. 결국에는 서울과 수도권 및 지역 대도시로 인구가 몰릴 수밖에 없을 것이다. 서울에서도 주요 상권과 교통이 편리한 지역을 중심으로 양극화될 가능성이 높다. 또한 지역에 위치한 주요도시를 거점으로 하여 인근지역이 통폐합될 가능성이 많다. 지역에 분산되어 있는 주민들을 가능하면 중심으로 모으고 의료서비스 등을 효율적으로 제공할 수밖에 없기 때문이다.

관련된 다양한 사회문제 해결 노력이 많이 생길 것이고 소셜벤처, 사회적기업, 마을기업 등 사회적경제 기업들이 더 많이 생겨날 것이다. 유튜브에서 '지방소멸'을 검색해 보면 다양한 뉴스들을 찾을 수 있으니 참고해 보자.

바. 미래예측과 그 밖의 고민들

인구는 통계를 통해서 정확하게 예측이 가능한데 그 외에는 예측할 수 있는 방법이 별로 없다. 요즘 이슈인 몇 가지만 고민해 보도록 하

자. 필자가 경제 전문가가 아니다, 모두가 고민하고 있는 내용을 함께 이야기해 보고자 한다. 특히 최근 전쟁 관련 이슈 등은 다양한 변수에 대해서도 고민이 필요하다.

1) 금리 인상과 인플레이션

2022년 2023년 지속적으로 금리가 인상되고 있다. 코로나 유행으로 풀린 자금들이 너무 많아 전 세계적인 인플레이션이 심각해졌기 때문이다. 단순하게 생각하면 대출금리 인상으로 시중에 자금유통이 더 어려워질 것이고 당분간 경기도 어려울 것으로 예상된다. 부동산 및 주가하락, 퇴직 증가 등 다양한 변화가 예고되어 있어 더욱더 신중한 비즈니스 진행이 필요할 듯하다.

2) 저성장과 장기불황

코로나, 금리 인상, 부동산, 전쟁이슈 등 긍정적인 소식들은 별로 보이지 않는다. 당분간 소비심리위축 저성장이 지속될 가능성이 높다. 일본과 비슷하게 장기불황으로 이어질 가능성도 적지 않다. 과감한 투자보다는 현금확보와 지키는 전략이 필요하다.

3) 사회 양극화와 다민족국가로의 전환

지속적인 저성장과 청년 인구 감소, 외국인 노동자 유입증가 등 사회의 변동이 많아지면 다양한 불안요소가 생기게 된다. 강남과 비강남, 서울과 비서울, 수도권과 비수도권 간의 격차가 갈수록 더 커질 것이다. 사는 지역에 따라서 계층이 나뉠 수도 있고 사회문제화될 수 있다. 인구 감소 등의 문제로 장기적으로 대한민국은 자연스럽게 다민족국가가 되어 갈 수밖에 없다.

4) 한류의 글로벌 인기와 '이웃집 찰스'[40]의 일반화

한류의 인기가 심상치가 않다. 외국에 나가 본 지 오래돼서 실감이 안 나는데 외국에 있는 한국인들은 생각보다 훨씬 더 한류의 인기를 실감한다고 한다. 외국인 입국이 예전처럼 자유로워지면 한류 관광 상품들이 큰 인기를 끌 것 같다.

어디가 어떤 아이템들이 인기를 끌까?

아마도 문화 전반적으로 경험을 하고자 하는 외국인들이 많이 생길 것 같다. 기존과는 다르게 관광지 중심이 아닌, 동네 원룸에서 거주하는 '이웃집찰스' 같은 외국인들이 많이 생길 것 같다.

흔히 생각하는 파키스탄 노동자가 아닌 스웨덴인 아르바이트와 프랑스인이 운영하는 와인바, 이탈리아인이 운영하는 파스타집이 지역 골목골목 더 생겨날 것 같다. 옆집에 노랑머리 총각이 '안녕하세요'라고 인사하는 날이 머지않을 것 같다.

5) 중국인 관광객이 한국을 좋아한다고?

어떤 사장님이 코로나만 끝나고 나면 중국인 관광객이 엄청 들어

---

40) KBS 프로그램 / 단순 여행이 아닌 한국 사회에서 정착하여 살아가려는 외국인들을 소개하고 있다.

올 것 같다고 이야기를 했다. 왜냐고 물어보니 전 세계적으로 미움을 많이 사서 미국도 가기 어렵고, 유럽도 어렵고, 호주는 더욱더 그렇고 만만한 곳이 '대한민국'이라고 말한다.

대한민국과 중국도 요즘 그리 사이가 좋지는 않지만, 이후 조금 더 두고 볼 일이다. 정말 중국인 관광객들에게 한국이 가장 편안한(?) 여행지가 될 수도 있을 것 같다. 요즘 같은 급변하는 글로벌 환경에서 중국과의 관계 변화에도 관심을 기울여야 할 것 같다.

6) 인구 감소로 인한 스포츠인구 감소

인구 감소 특히 젊은 층의 인구 감소는 자연스럽게 스포츠인구의 감소로 연결이 될 것 같다. 굳이 힘들게 운동하지 않아도 할 수 있는 일자리들이 많아질 것이기 때문이다. 스포츠는 또한 장래도 불투명하다는 인식이 많다 보니 더욱더 기피하는 분야가 될 것 같다. 10년쯤 지나면 올림픽에 나갈 선수도 부족해질 가능성도 많고 금메달을 따 오는 선수들도 더 적어질 것이다. 당연히 스포츠 관련 교육사업들도 적어지고, 관련 학과들도 줄어들게 될 것이다. 전문스포츠는 줄어들게 되지만, 고령자를 중심으로 한 생활스포츠 건강스포츠 시장은 더욱더 늘어나게 될 것이다.

7) 농업인구 감소

농업은 지금도 가장 기피하는 산업이다. 농사로는 먹고살기 힘들다는 인식이 강하다. 일부 청년농부들이 농촌을 지킨다는 소식을 듣기는 하지만 어려울 수밖에 없다.

농업은 누가 해야 할까?

농업을 위한 외국인 노동자들의 유입이 많아질 가능성이 높고, 보다 기계화되어 점점 더 대형농사꾼들이 나올 수밖에 없다.

농업인구가 줄어들게 되면 농산물 수입이 더 늘어날 것이고, 안전한 먹거리에 대한 수요가 더 늘어나게 될 것이다. 국내산 먹거리의 가격은 더 올라갈 가능성이 높다. 농업의 변화에 대한 고민을 해 보고, 이후 시장의 변화에도 관심을 가져보자.

8) 할머니가 주요 소비자가 된다

인구가 고령화되면서 상대적으로 평균수명이 긴 여성들이 남아있게 된다. 혼자 사는 할머니들의 인구가 많아지게 되는 것이다. 할머니들을 위한 다양한 서비스가 필요하게 된다. 할머니들의 소비시장에 관심을 가지고 아이템을 만들어 보는 것도 좋을 것 같다.

9) 포스트코로나

코로나로 2년이 넘게 많은 불편이 있었는데 이제 일상으로 돌아온 것 같다. 다양한 포스트코로나에 대한 자료들이 시중에 많이 있으니, 참고를 해 보고 이후 소비자들의 변화에 대해서 찾아보도록 하자. 여행산업 강화, 식습관의 변화, 모임의 변화, 배달문화의 지속, 창업 증가, 상권의 변화 등 다양한 이슈가 있을 수밖에 없다. 최근 배달수요의 감소로 배달산업 자체가 위축되고 있다.

3

어떤 아이템 어떤 분야로
창업할 것인가?

• • •

새로운 비즈니스를 준비한다고 하면 어떤 아이템이 좋을까?
사실 좋은 아이템만 준비할 수 있으면 모든 게 수월하게 흘러가
겠지만, 좋은 사업 아이템을 찾는 것이 가장 어려운 일이다.

필자에게 가끔 '어떤 아이템으로 사업하는 게 좋을까요?'라고 물
어보는 분들이 있다.
가장 뻔하면서도 어려운 질문이다.
답은 '그거 알면 제가 하고 있죠'이다.
정답은 없다.
그리고 아무도 자기의 밥그릇을 나누어 주지 않는다.
당신의 성공을 바라는 사람은 아무도 없다.

가. 가장 좋은 사업 아이템은?

창업을 준비한다고 할 때 가장 좋은 아이템은 어떤 아이템일까? 수 많은 아이템들을 고민해 봤지만, 가장 좋은 아이템이라는 것을 명확하게 이야기하기 어렵다.

그럼에도 필자가 생각하는 가장 좋은 창업 아이템은 다음과 같다.

- 경쟁이 치열하지 않은 아이템
- 남들보다 잘할 수 있는 아이템
- 일한 만큼 성과를 낼 수 있는 아이템
- 일할수록 발전을 할 수 있는 아이템
- 기본 매출이 확보될 수 있는 아이템
- 워라밸이 가능한 아이템
- 대표가 없어도 잘 돌아갈 수 있는 아이템
- 자본이 많이 들어가지 않는 아이템
- 스트레스가 적은 아이템 등이다.

지금까지 만났던 수많은 대표들 중에서 편안하게 사업을 하는 분들을 보면 경쟁이 치열하지 않은 사업 아이템이라는 공통점을 가지고 있었다.

뛰어난 실력이 있거나, 상권과 입지적인 유리함으로 경쟁을 피하는 상황도 있었다. 나의 아이템과 시장의 경쟁이 얼마나 치열한 상황인지 파악을 해 보고, 경쟁을 피할 수 있는 방법이 어떤 것이 있는지 확인해 보자.

싸움에서 이기는 가장 좋은 방법은 싸우지 않고 이기는 것이다. 사업에서 가장 좋은 성공방식은 경쟁을 최소화하고 사업하는 것일 것 같다.

나. 천천히, 미리 사업 준비하기

최근에 만났던 가장 이상적인 퇴직자는 스터디카페를 하시는 분이었다. 중소기업에서 퇴직을 앞두기 2년 전부터 계속 시장조사를 하고 창업을 준비했다고 한다. 상권분석과 아이템을 열심히 연구하고 선택한 아이템이 스터디카페였고 2호선 지하철 라인 인근에 오픈을 하였다. 퇴직을 하기 6개월 전에 오픈을 하였고 미팅 당시 카페 한쪽에 사무실을 만들어 자격증 공부를 하고 있었다. 카페 예약도 앱으로 하고 손들어갈 일이 별로 없어 아르바이트 한 명 두고 관리만 하고 있었다. 수익률도 괜찮아 보여 농담으로 2호점 낼 때 투자하겠다고 했더니, 장소 선정과 타당성 분석하는 데 2년 넘게 걸렸다고 그냥 쉽게 할 수 있는 게 아니라고 한다.

　퇴직을 해야겠는데 딱히 기술이나, 아이템, 아이디어도 없다면 참 난감해진다. 다니던 회사에서 좋은 기술을 익혔다고 해서 그 기술을 가지고 비즈니스를 하기에도 많은 무리가 있다. 결국에는 제일 만만한 것이 바로 자영업 소상공인이다. 그래서 여기저기 창업박람회를 찾아가게 되고, 프랜차이즈 업체들을 만나게 된다. 가장 쉽게 생각되는 외식업과 커피숍 등을 고민하게 되고, 도움이 될 수 있는 곳을 찾아보게 된다.

　여기저기에서 자영업의 높은 폐업률과 국내에 자영업자들이 너무 많다고 이야기한다. 특히나 최근 코로나로 더욱더 자영업자들이 힘들었다. 그래서 지금 자영업, 소상공인으로 창업을 한다고 하면 말리고 싶다. 그럼에도 불구하고 많은 사람들이 자영업 창업시장으로 어쩔 수 없이 몰리고 있다.

　그리고 지금 이 책을 보는 여러분들도 자영업에 대한 고민을 하고 있을 것 같다.

어떻게 해야 할까? 정답은 명확하다.
'살아남아야 한다.'

　피도 눈물도 없는 정글(시장) 속에서 어떻게 살아남아야 할까?

　- 충분한 시장조사를 한다.

- 충분한 상권분석을 한다.

- 충분히 아이템을 검증한다.

- 충분한 시간 동안 분야의 전문가가 될 수 있도록 노력한다.

- 충분히 마케팅을 진행할 수 있도록 공부한다.

- 충분한 자금을 확보한다.

뻔한 이야기지만 준비하지 않는 경우가 너무 많다.

서울시 자영업지원센터[41]의 현장체험 멘토링 서비스

현장체험서비스는 창업 준비 중인 예비창업자 또는 업종전환(경영개선)을 희망하는 기존사업자가 실제 멘토업체를 방문하여 현장체험과 노하우를 전수받을 수 있는 기회를 제공해 준다.

창업을 하기 전에 미리 가서 직접 운영되고 있는 현장을 체험할 수 있게 해 주는 것이다. 커피숍, 치킨집, 미용실 등 100명이 넘는 멘토들을 선택해서 최대 10일 이내로 멘토링을 받을 수 있으니 참고하도록 하자.

---

41) https://www.seoulsbdc.or.kr/

다. 외식업 창업 – 트렌드의 변화

창업을 할 때 가장 많이 고민하게 될 사업 아이템은 먹는 창업이다. 제일 만만하게 생각하게 된다. '직장생활 하다가 안 되면 치킨집이라도 하지'라는 식으로 접근을 했던 사람들이 많이 있는 것 같다. 외식업의 경우 어떤 음식이냐도 중요하지만, 매장도 매우 중요하고, 최근 코로나와 인구변화로 인해서 소비자 트렌드도 급변하고 있는 것도 주의 깊게 살펴야 한다.

외식업 이슈와 트렌드
- 경기침체로 저가 생활밀착형 아이템들이 다시 유행하게 될 가능성이 높아진다.
- 불경기와 경기침체로 가성비 높은 메뉴의 인기가 높아진다.
- 대형매장이 코로나로 큰 타격을 입어 당분간 소형매장으로 효율

을 높이는 추세로 움직이고 있다.

- 비대면과 배달서비스가 서비스의 기본이 된다.

- 인건비의 증가로 자동화, 무인화가 강화되고 있다.

- 급격한 인구, 상권의 변화와 불경기로 유행을 많이 타는 아이템보다는 무난한 외식아이템의 인기가 높아진다.

- 1인 가구의 증가로 1인 소비는 지속적으로 높아진다.

- 지속적인 복고풍(레트로, 뉴트로)의 유행. (1980년~1990년대의 추억을 판매하는 복고매장의 유행이 지속된다.)

- 지역상권의 인구 분포와 아이템의 관계성이 높아진다. 고령인구 지역과 청년 인구 지역의 차이를 확인해야 한다.

- 인건비 증가와 1인 가구 증가로 매일 먹을 수 있는 '에브리밀'의 수요가 늘어난다.

- 인구고령화와 건강에 대한 관심증가로 '비건' 등 체계적인 채식주의 식단의 수요가 늘어나고 있다.

- 코로나 이후 이슬람 문화권의 유입증가로 무슬림에게 허용된 식품인 '할랄 식품'[42]의 수요도 천천히 늘어 날것이다.

- 코로나 이후 '한류'로 인한 외국인 관광객 증가로 '한식'에 대한 인기가 관광지를 중심으로 높아질 것이다.

---

42) 할랄은 '허용된 것'을 뜻하며, 이슬람 율법 샤리아에 부합함을 의미한다. 이러한 율법에 어긋나지 않고 무슬림에게 허용된 식품을 할랄 식품이라 한다.

아이템에 대한 구체적인 내용보다는 전반적인 외식업 트렌드를 적어 보았다. 너무나 광범위한 분야이고, 다양한 자료들을 쉽게 찾아볼 수 있으니 관련된 아이템에 대한 많은 고민을 해 보자.

에브리밀 비즈니스(every meal businss)

매일 쉽게 식사할 수 있는 외식업을 이야기한다.
인건비 증가, 1인 가족 증가, 인구 고령화 등으로 매 끼니를 외식으로 하는 사람들이 점점 많아질 것으로 보인다. 특별한 식사를 위한 식당이 아닌 구내식당이나, 저렴한 한식 뷔페같이 언제든 손쉽게 식사할 수 있는 외식트렌드가 틈새시장으로 인기를 끌게 될 것으로 보인다.

채식유형의 이해

최근 베지테리언들이 많아지면서 채식유형에 대한 이해가 많이 필요하게 되었다. 기본적인 용어를 파악해 놓도록 하자.

- 프루테리언: 과일만 섭취.
- 비건: 채소, 과일만 섭취.
- 락토: 채소, 과일, 우유 등 유제품 섭취.
- 오보: 채소, 과일, 달걀 섭취.
- 락토 오보: 채소, 과일, 달걀, 우유 등 유제품 섭취.
- 여기까지는 베지테리언이라고 하고, 아래는 세미 베지테리언이라고 한다.
- 페스코: 채소, 과일, 달걀, 우유 등 유제품, 해산물 섭취.
- 폴로: 채소, 과일, 달걀, 우유 등 유제품, 해산물, 닭고기 섭취.
- 플렉시테리언: 상황에 따라 육식을 하는 베지테리언(평소 비건으로 생활).

라. 외식업 매장 운영에 대한 간단한 이해

외식업의 경우 아이템도 중요하지만, 오픈할 매장의 상권과 입지, 임대료 수준도 매우 중요하다. 임대료가 비싸서 매장 운영이 어려운 경우가 생각보다 많다. 적절한 임대료의 매장을 찾는 것만으로도 충분히 사업성 있는 비즈니스를 만들어 낼 수 있다. 간단하게 매장의 임대료 및 사업타당성 분석을 해 보도록 하자.

1) 먼저 임대료를 파악한다

임대료는 전체 매출액의 10% 정도가 적당하다.

2) 목표 매출액을 정한다

임대료에서 곱하기 10을 하면 대략 목표 매출액을 뽑을 수 있다. 원가는 대략 30% 전후로 결정이 되며, 인건비와 기타경비를 추정해서 넣는다. 기타경비는 통신비, 수도광열비, 소모품비, 광고비, 수수료, 복리후생비, 수수료 등을 말한다. 참고로 감가상각비[43]와 부가가치세, 종합소득세 등도 편의상 기타경비에 넣어 계산하였다.

3) 대략적인 손익을 계산해 본다

임대료 수준을 보고 매출액을 계산해 보고 그 매출이 나올 수 있는

---

43) 감가상각비는 초기에 투자된 인테리어비용과 시설비 등 소모품에 대한 비용을 말하며 대략 나누기 60개월로 계산한다.

매장인지 파악하면 된다.

비율	10%	100%	30%	15%	25%	20%
구분	임대료	매출	원가	인건비	기타경비	순수익
금액(만 원)	200	2,000	600	300	500	400

이 표를 보면 200만 원이 임대료인 매장이라면 2,000만 원 정도의 매출이 나와야 하고, 대략 원가 30%와 인건비 15% 정도, 기타경비를 25%를 잡았더니 순수익이 20% 정도 나온다. 400만 원 정도이다. 여기에서 원가 비중과 인건비 등을 변화시키면서 순수익을 계산해 보면 된다.

모든 시작을 '임대료'부터 계산해 보면 조금 쉬워진다.

2,000만 원 월매출에 25일 영업일 기준이면 하루 80만 원 매출이 나오면 된다. 만 원짜리 식사라고 하면 하루에 80개 팔면 된다. 이제 창업을 고민 중인 매장에 가서 점심시간 내내 들어오는 고객들 숫자를 세 보면 된다. 계산해 보자 매장에서 하루 80만 원 매출이 나올 수 있는지?

물론 자세하게 손익분기점을 계산을 하거나, 손익계산서를 계산할 수도 있지만 너무 복잡하고 어렵다. 우선은 간단하게 대략적인 손익계산을 하는 연습을 해 보도록 하자.

여기서 기타경비, 인건비, 원가 등을 적절하게 조율하여 순수익을 계산해 보면 된다.

4) 이상적인 매장의 조건

상권분석에서 다시 한번 언급하겠지만, 필자가 생각하는 가장 이상적인 상권은 다양한 수요가 있는 상권이다.

대학생들만이 오는 상권, 직장인들만 있는 상권, 거주민들만 있는 상권이 아닌 인근에 회사도 있고, 관공서도 있고, 아파트도 있고, 주택도 있고, 병원도 있고, 상가도 많은 그런 상권이다. 이런 상권은 코로나 같은 질병이나, 각종 악재에도 수요가 급격하게 줄지 않는 특징을 가지고 있어 리스크 관리에 유리하다.

입지는 아이템에 따라서 달라지는데 유동인구가 필요한 아이템과 찾아오는 고객들이 많은 아이템이 있다. 일반 음식점의 경우 조금만 노력하면 충분히 고객들의 찾아오는 유입이 가능하기 때문에 좋은 상권에서 조금 입지가 좋지 않더라도 저렴한 임대료의 매장을 선택하는 것도 좋은 방법이 될 수 있다.

이 모든 것은 음식 맛과 실력을 가지고 있다는 전제이다. 음식 맛과 실력이 갖춰져 있지 않다면 모든 것은 그냥 물거품이 될 것이다. 마케팅도 중요하지만, 맛없는 매장을 마케팅으로 띄워도 다시 매출은 하락할 수밖에 없다. 마케팅은 좋은 매장을 조금 더 빨리 외부에 알리는 수단이다.

※ 매장의 입지는 사람마다 다르게 평가를 한다. 2급 상권의 A급 입지가 좋을 수도 있고, 1급 상권의 B급 입지가 좋을 수도 있다. 정답은 없다.

마. 적정한 임대료 수준과 추정손익계산

창업에서 임대료가 차지하는 비중은?

개인적으로 최근에 만난 수많은 매장들 중에서 그나마 운영을 하고 있는 매장들의 공통점은 상대적으로 임대료가 합리적이었다는 것이었다. 그렇다면 적정한 임대료 수준은 얼마나 될까? 앞서 이야기한 것처럼 외식업의 기준으로 임대료는 매출의 10% 선이 가장 이상적이다. 임대료가 200만 원 정도라고 하면 월매출은 대략 2000만 원 정도가 필요하다.

〈외식업 임대료 수준 및 간단 손익계산표〉

비율	10%	100%	15%	30%	25%	20%
구분	임대료	매출	인건비	원가	기타경비	순수익
금액(만 원)	200	2,000	300	600	500	400

미용실 등 서비스의 경우 원가가 많이 들어가지 않아 임대료 수준은 목표 매출액의 25% 정도 수준으로 잡아 보았다.

다음의 표는 1인 미용실 기준으로 150만 원 정도의 임대료로 600만 원 정도의 매출이 필요하다. 원가는 대략 15%로 잡았다.

〈서비스업(1인 미용실) 임대료 수준 및 간단 손익계산표〉

비율	25%	100%	0%	15%	10%	50%
구분	임대료	매출	인건비	원가	기타경비	순수익
금액(만 원)	150	600	0	90	60	300

정확하게는 손익계산서 작성을 해 봐야겠지만, 임대료 수준을 기준으로 간단하게 사업타당성을 분석할 수 있다. 음식점이라면 임대료에서 10배, 원가가 낮은 서비스 업종이라면 4~6배 정도 곱하면 목표 매출액을 추정할 수 있다. 거기에서 인건비 계산과 원가 비중 등으로 간단하게 순수익을 추정할 수 있다.

문제는 매장의 임대료가 생각보다 비싸다는 것이다. 장사가 잘되는 매장은 임대료가 큰 부담이 없겠지만, 임대료에 대한 부담감이 큰 매장들이 훨씬 많다. 이 부분은 아이템이 적절하지 못한 경우들이거나, 사업에 경험이 없거나, 사업자의 역량에 문제가 있는 경우들도 있지만, 상권이나 입지가 문제가 있거나, 상권에 거품이 껴서 임대료가 실제 시세보다 비싼 경우들도 많다. 또한 소비에 비해서 자영업 소상공인 매장이 너무 많아 기대한 만큼 매출이 나오지 않는 것도 큰 문제이다.

매출에 비해서 임대료 수준이 높으면 임대료를 낮춰야 하는데 임대료를 잘 낮춰 주지 않기 때문이기도 하다. 임대료를 낮춰 주면 건물가치가 떨어지고 한번 낮아진 임대료는 다시 올리기 어렵기 때문이다. 때문에 임대료를 낮추기보다는 '렌트프리'[44] 등을 제공하기도 한다. 이런 상황들로 결국 임대인만 돈 벌어 가는 구조가 생기게 된다. 합리적인 수준의 임대료 매장을 만나는 것은 성공적인 매장 운영에 필수조건이다. 아무리 실력이 좋아도 임대료가 비싸면 결국 헛고생만 하게 된다.

손익계산을 할 때 많이 고민하지 않는 부분이 **'감가상각비'**이다. 감가상각비는 투자설비, 인테리어 등 시간이 지나면서 감소되는 가치

---

44) 약정한 기간 동안 상가, 사무실 등을 공짜로 빌려 주는 무상임대.

를 보전하는 비용이다. 보통 초기에 투자한 시설 비용을 5년으로 계산한다. 만약에 인테리어와 주방 설비 비용으로 6,000만 원이 들었다고 하면 6,000만 원을 60개월로 나누어 약 100만 원의 월 비용을 별도로 계산한다. 5년 동안 설비와 인테리어에 들어간 비용을 뽑는다는 의미라고 생각하면 된다. (물론 5년 뒤에 권리금 등으로 비용이 사라지지 않는 경우도 많다.) 표에서는 감가상각비를 기타경비에 넣어 계산하였다.

또 한 가지는 '권리금'이 있다.

권리금은 나중에 매장을 양도할 때 받을 수 있는 금액이라고 생각하지만, 요즘 같은 불경기에 여차하면 권리금 날리는 경우도 많기 때문에 권리금 문제는 더욱더 주의 깊게 접근해야 한다.

부동산 사무실에서 달라는 대로 주기보다 적정한 수준의 권리금을 협상을 해야 한다. (너무 당연한 이야기이다.)

외식업과 매장에 관련된 이슈는 너무도 다양하고 많다. 좋은 매장을 구하는 것이 어쩌면 외식업의 첫 번째 관문이 될 수도 있다. 열심히 상권분석을 해야 하며, 좋은 매장을 찾아낼 수 있는 능력도 필요하다.

수원 광교 미용실 사례

몇 년 전 수원의 광교에 있는 미용실을 만난 적이 있다. 이 미용실은 임대료가 250만 원이었는데 인근에 상권도 형성이 되지 않고, 주변 상가에 공실이 많은 상태였다. 부동산에서는 조만간 상권이 다 형성될 거라고 했지만 상권은 2년이 지나 계약이 만료될 때까지 정상화되지 않았다. 미용실 매출은 한 달에 300 정도 수준이었고, 매달 적자가 심각하게 나오는 상황에서 계약기간 종료 후 매장은 무권리로 넘기고 폐업을 해야만 했다.

딱 봐도 임대료 250만 원은 어려운 매장이었는데 왜 계약을 했냐고 물어보니, 그냥 부동산에서 이 정도 받아야 한다고 해서 아무 생각 없이 계약을 했다고 한다. 2년 동안 운영하면서 빚이 5000만 원 이상 늘었다는 이야기를 들었다.

오픈한 지 6개월 만에 폐업한 치킨집

치킨집 폐업을 위해 미팅을 했는데 오픈한 지 6개월밖에 되지 않은 집이었다. 그런데 왜 폐업을 하게 됐냐고 물어봤더니 들어올 때 치킨집 위로 주택가가 있었는데 3개월 뒤에 재건축으로 인근 상권인구의 1/3이 이사를 갔다고 한다. 심지어 권리금도 2000만 원이나 주고 들어간 매장이었다. 부동산 말만 믿고 시장조사를 제대로 하지 않은 결과는 큰 손해로 돌아오고 말았다. 이후 다시 비용을 들여 김포에 있는 집 근처 상가로 이전하여 오픈을 하였다. 대략 6개월 만에 5000만 원 이상의 손실이 생겼다.

바. 커피전문점 - 누구나 한 번쯤은 고민

많은 사람들이 커피전문점 창업을 가장 쉬운, 우아한 창업 아이템이라고 생각하는 것 같다. 햇볕 잘 드는 창가에서 우아하게 앉아서 음악을 들으며 친구들이 가끔 와서 차 한잔하면서 수다 떠는 상상을 한번쯤은 해 보았을 것이고, 이런 모습은 상상에서나 존재한다는 사실도 잘 알고 있을 것이다. 아니 실제로 많이 존재할 수 있다. 손님이 없어서 혼자 앉아 있는 경우들이 많기 때문이다. 대신 머릿속에는 온통 이번 달 임대료 걱정을 하고 있을 것이다.

커피전문점 트렌드

커피전문점은 최근 너무 많이 생기기도 했고 다양하게 트렌드가 변화해 가고 있다. 간단하게 몇 가지 살펴보도록 하자.

- 대형매장의 선호와 테이크아웃 매장으로의 양극화.
  고가 매장은 넓고 쾌적한 '스타벅스'형으로 저가 매장은 테이크아웃이 메인인 '메가커피'형으로 나뉘고 있다. (최근 메가커피도 점점 대형화되어 가고 있다)
- 저가 커피의 시장점유율 지속적 확대.
- 소비자들은 커피 선호가 더욱더 고급화되고 있다.
- 가정용 캡슐커피 머신 시장의 급격한 증가.
- 인구고령화로 장기적으로 커피시장은 위축될 가능성이 높다. (인구고령화에 따른 커피 수요 감소)
- 키오스크를 통한 주문시스템이 일반화, 기본화되고 있다.
- 저가형 무인 커피전문점이 급격하게 늘고 있다.

향후 커피 시장규모는 더 커질 것이며, 매장도 더욱더 전문화 세분화되어 갈 것 같다. 심지어 요즘 바리스타가 알아서 커피와 관련 음식을 페어링해 주는 '커피 오마카세' 매장도 인기를 끌고 있다.

커피전문점, 디저트카페 등 전체적으로 커피 시장규모도 많이 커졌지만 시장규모가 커진 것보다 매장이 훨씬 더 많이 늘어났다는 것이 어려움이다. 심지어 커피 가격은 예전보다 더 낮아지고 있다. 시내에 가 보면 1000원짜리 커피전문점도 있다. 중가 커피전문점에서 판매하는 2500원짜리 커피도 가끔은 비싸다는 생각이 들 정도이다.

커피전문점은 상대적으로 원가가 조금 들어가서 임대료 비중이 조금 더 들어가도 된다는 장점이 있다. 화구가 필요 없어서 주방도 클 필요가 없고 숙련된 요리사가 필요하지 않은 장점도 있다. 임대료가 150 정도인 매장을 운영하기 위해서는 최소 월매출 750만 원은 나와야 운영이 가능하다. 750만 원이면 직원 없이 혼자 일해야 월 수익 225만 원 정도를 가지고 갈 수 있다. 750만 원 매출은 25일 영업일 기준 일매출 30만 원 정도이며 2,500원 아메리카노 기준 120잔 가격이다.

자 이제 임대료는 150만 원 정도인데 하루에 아메리카노 기준 120잔이 팔리는 매장을 구하면 된다. 커피전문점 매장이 얼마나 어려운지 현실로 다가온다.

〈커피전문점 임대료 수준 및 간단 손익계산표 1〉

비율	20%	100%	0%	30%	20%	30%
구분	임대료	매출	인건비	원가	기타경비	순수익
금액(만 원)	150	750	0	225	150	225

이 표는 커피원가를 30%로 계산하여 간단하게 손익계산서를 작성해 본 것이다. 원가, 인건비, 경비 등이 유동적이기 때문에 대략적으로만 파악해 보자.

너무 작은 매장으로만 예를 드는 것 같아 임대료 500만 원 정도의 매장으로 다시 예로 들어 보았다. 매출은 넉넉하게 5,000만 원으로 계산하였다. 인건비를 30%로 늘리고, 원가를 30%, 기타경비를 15% 정도 잡으니, 약 15% 750만 원 정도의 순수익이 나온다. 나쁘지는 않지만, 5000만 원의 월매출을 만드는 게 문제일 것이다. 5000만 원이면 하루 매출이 200만 원이고(25일 영업일기준) 2500원 아메리카노 기준 하루에 800잔 매출이다.

〈커피전문점 임대료 수준 및 간단 손익계산표 2〉

비율	10%	100%	30%	30%	15%	15%
구분	임대료	매출	인건비	원가	기타경비	순수익
금액(만 원)	500	5000	1500	1500	750	750

(변수가 많은 대략적인 계산이므로 참고로만 봐 주시기 바란다.)

이제 오픈을 희망하는 상권의 비슷한 수준의 매장에 가서 가장 손님이 많을 점심시간 이후 2시간 정도 매장에 몇 명이나 들어오는지 확인해 보고, 대략적인 하루 매출을 추정해 보자. 하루에 몇 잔 정도 판매가 되는지 확인해 보면 된다.

입지가 좋고, 상권이 좋은 매장은 장사가 잘된다. 대신에 임대료도 천정부지로 높아진다. 매출이 높아지면 혼자서 운영은 불가능해지고 직원이나 알바가 필요해진다. 어중간한 매출보다는 혼자서 처리 가능한 적절한 매출이 나오는 게 낫다고 하는 이유다. 때문에 키오스크 등으로 최대한 인건비를 줄여 나갈 수밖에 없고, 서비스 품질을 줄여 나가야 한다. 좋은 서비스에는 비싼 가격이 당연하다.

커피전문점을 운영하고 싶다면 아직 뜨지 않은, 향후 뜰 것 같은 프랜차이즈 매장을 잘 잡아서 운영하는 것도 좋은 방법일 수 있다. 지난해 만난 한 커피숍 대표는 생긴 지 얼마 안 된 커피숍 프랜차이즈와 좋은 조건으로 계약을 해서 운영하고 있는데 점점 브랜드의 인지도가 좋아지면서 매출이 늘고 있다고 나름의 노하우라고 자랑 삼아 이야기한다. 지속적으로 장사가 잘돼야 하는데 비슷한 경쟁업체가 생기면 아무런 소용이 없어질 가능성도 있다.

시흥에서 운영 중인 커피숍 사례

시흥에서 커피숍 미팅을 한 적이 있다. 오픈한 지 8년 차였는데 8년 전에는 그 매장까지 포함해서 인근에 커피전문점이 3개였다고 한다. 현재는 인근에 약 12개 정도가 운영 중이다. 커피 가격도 8년 전에 비해서 더 떨어져 있는 상태였다. 커피의 수요는 늘었지만, 경쟁업체가 훨씬 더 많이 늘어나 운영이 매우 어려운 상황이었다. 차별화할 수 있는 방법이 별로 없어 메뉴사진, 매장 사진을 업데이트하고, 내부에 있는 작은 룸을 모임공간으로 적극적으로 홍보하는 데 그치고 말았다. 홍보를 하기 위해서 차별화된 USP(Unique Selling Point: 유니크한 판매포인트)를 만들어야 하는데 딱히 경쟁력 있는 강점이 없어 어려움이 많았다.

경쟁업체가 많으면 아무리 좋은 마케팅이라도 효과가 떨어질 수밖에 없다. 커피숍은 타 매장과의 차별화가 어려워 마케팅에도 어려움이 많은 업종 중 하나이다.

제주도 베이커리 카페 창업 사례

제주도 서귀포에 감귤밭을 가지고 있는 대표와 컨설팅을 하게 되었다. 물려받은 감귤밭에 대형 베이커리 카페를 차리고 싶어 했다. 그런데 문제는 그 감귤밭이 시내와 조금 떨어져 있어서 유동인구도 없고, 딱히 볼 만한 경치도 없다는 것이었다. 대략적인 투자 금액은 20억 원 정도를 생각하고 있었다. 인근 바닷가에 장사가 잘 되는 핫플레이스 베이커리 카페를 벤치마킹했다. 그 베이커리 카페에 찾아가서 평일 오후 찾아오는 고객 수를 세 보았다. 주차장에 유입되는 차량 수에 평균 2인 방문으로 대략적인 객단가를 곱해서 계산을 했더니 월매출이 대략 2억 정도로 추정이 되었다.

그래서 목표를 그 베이커리 카페 매출의 50%인 월매출 1억 정도의 매출을 만든다는 가정으로 손익계산서를 작성해 보았다. 감가상각비는 초기 투자비용 20억을 10년에 회수하는 것으로 계산했다. 대략 계산을 마무리해 보니 월 순이익이 900만 원 정도 나오는 것으로 계산이 마무리되었다. 그런데 문제는 아무리 생각해 봐도 월매출 1억이 안 나올 것 같다는 거다.

대표에게 질문을 했다. "혹시 다른 사람이 이 자리에 20억 들여서 베이커리 카페 한다고 하면 투자하시겠어요?" 대표의 대답은 '아니오'였다. 그 정도 땅에 그 정도 투자해서 꿈을 이룰 수 있다고 한다면 여유자금이 있으면 필자도 한번 해 보고 싶을 것 같다.

사. 편의점 / 패션(잡화)매장 / 무인매장

편의점으로 대변되는 유통업은 최근 그 수가 무척 늘어난 것 같다. 매출도 나름 나오고 있는 것 같다. 코로나로 인해서 저녁 영업을 못하게 된 음식점들 대신에 편의점이 나름 선전을 한 것 같다. 또한 1인

가구들이 늘어나면서 영업에 많은 도움이 된 듯하다. 편의점은 대부분 프랜차이즈 매장으로 운영이 되다 보니 상권, 입지 등 모든 부분을 본사 영업부 직원과 상담하면 된다.

편의점 창업에서 가장 중요한 점은 무엇일까? 아마도 상권과 입지, 유동인구와 경쟁업체일 것이다. 어느 정도 상권 규모를 가지고 있고, 매출이 얼마나 나오는지는 본사 영업사원이 가장 잘 알고 있을 것이지만, 자체적으로 철저한 시장조사가 필요하다. 또한 인근에 경쟁업체들이 몇 군데나 있는지도 매우 중요하다. 시장조사와 상권분석이 가장 중요한 업종이라고 할 수 있다.

편의점으로 큰돈을 벌기는 힘들겠지만 욕심내지 않고 운영하면 충분히 인건비 정도는 벌 수 있을 것으로 보인다. 최근 인건비가 많이 올라서 대표가 직접 운영하는 시간이 많을수록 수익이 높아질 수 있다.

상권분석사이트(sg.sbiz.or.kr)에서 간편하게 지역을 선정하고 편의점업종을 선택하여 매출을 파악할 수 있다. 지역의 인구별 특성과 요일별, 시간별 매출 측정도 가능하니 편의점을 고민하고 있다면 꼭 상권분석을 직접 해 보기 바란다.

다음 이미지는 마포구 주택가를 기준으로 잡아 본 편의점의 상권분석 월별매출액이다. 월매출액이 약 9500만 원 정도 잡히고 있다. 대략 편의점 마진율을 10%~15% 정도로 계산해 보면 950만 원~1400만 원 정도의 수익이 생기게 되고, 아르바이트 비용과 임대료 등을 내고 나면 대략적인 순수익이 예상이 된다.

편의점 창업에 대한 정보는 편의점 본사 홈페이지에 가면 볼 수 있다. 가맹조건과 투자금액, 수익률 등을 꼼꼼히 확인해 보고 충분한 상권분석과 점포매물들을 확인해 보자.

단위 : 만원, 건(%)

구분	업종		'21.07	'21.08	'21.09	'21.10	'21.11	'21.12
분석업종	편의점	매출액	9,740	9,626 (▼1.2%)	9,204 (▼4.4%)	9,912 (▲7.7%)	9,184 (▼7.3%)	9,801 (▲6.7%)
		건수	10,295	10,157 (▼1.3%)	9,685 (▼4.6%)	10,660 (▲10.1%)	9,578 (▼10.2%)	9,581 (▲0.0%)
중분류	소매업	매출액	5,212	5,296 (▲1.6%)	5,505 (▲4.0%)	5,377 (▼2.3%)	4,619 (▼14.1%)	5,127 (▲11.0%)
		건수	4,677	4,710 (▲0.7%)	4,756 (▲1.0%)	4,698 (▼1.2%)	4,028 (▼14.3%)	4,230 (▲5.0%)
대분류	도·소매	매출액	2,257	2,312 (▲2.4%)	2,332 (▲0.9%)	2,589 (▲11.0%)	2,492 (▼3.8%)	2,464 (▼1.1%)
		건수	1,328	1,357 (▲2.2%)	1,332 (▼1.8%)	1,455 (▲9.2%)	1,339 (▼8.0%)	1,300 (▼2.9%)

〈상권분석사이트(sg.sbiz.or.kr) 편의점 월별 매출현황 마포구 주택가 기준〉

편의점 창업 사례

예전에 상담했던 편의점 본사 영업사원이 있었다. 지인이 편의점 창업을 하고 싶다고 하여 알아본 적이 있었는데, 필자에게 망할 것 같은 자리 몇 개를 소개해 주었다. 집 근처였기 때문에 누구보다 잘 아는 지역이었고 아무리 봐도 편의점을 할 만한 자리로는 보이지 않았다. 다행히도 그 당시 지인은 창업을 하지는 않았었다. 이후 그 자리에 다른 사람이 편의점을 오픈을 했길래 유심히 지켜보게 되었다. 역시나 1년 뒤에 폐업하고 다시 공실이 되었다. 영업사원 말만 듣고 계약했으면 아마도 최소한 5천만 원~1억 원 정도는 손해를 보았을 것 같다.

1) 패션(잡화) 매장

필자가 만난 업체들 중에는 의류매장도 꽤 있었다. 대부분 여성복과 잡화를 판매하는 매장들이었는데 나름대로 운영 노하우를 가지고 있는 집들이 많이 있었다.

비브랜드 매장의 경우 가장 어려운 것은 거래처를 찾고 판매물건을 사입해 오는 일이다. 관련 업종에서 일을 했거나, 경험이 있는 사람의 도움을 받아야 진입이 쉬워진다. 반품과 재고에 대한 리스크도 많은 편이다. 그래서 시즌을 잘 타지 않는 무난한 옷들과 잡화들이 쉽다고 생각한다.

특히 최근에는 온라인에서 의류를 구매하는 비중이 높아져 오프라인에서의 의류 판매는 더욱 어려움이 있다. 그러나 상권마다 특성이 있어 오프라인 매장판매가 충분히 이루어지는 상권들이 존재한다.

패션매장의 경우 음식업처럼 주방시설이 필요하지 않아 작은 평수에서도 가능하고 전문 인력이 필요하지 않다는 장점이 있다. 그러나 대부분 유동인구를 기반으로 사업을 하기 때문에 좋은 상권과 입지가 필요하며 당연히 임대료가 비싸진다.

지방 중심가의 의류매장

지방 대도시에 가게 되면 가장 중심가를 찾는 방법이 있다. 바로 패션브랜드 매장이 몰려 있는 곳을 찾으면 된다. 대부분 가장 사람들이 많이 모여 있는 상권에 위치하고 있다.

근처에 극장이나, 플랜차이즈 커피숍, 식당들이 함께 있을 가능성이 높다. 이유는 유동인구가 있어야 매출이 나오기 때문이다. 그리고 같이 모여 있어야 상권이 형성되고 더욱 더 고객들이 모여들게 된다.

대형 쇼핑센터들이 생겨나면서 구도심권과 신도심권으로 구분이 되기는 한다.

유동인구를 기반으로 매장을 운영해야 하기 때문에 역시 철저한 상권분석이 필요하다. 패션매장의 경우 온라인 쇼핑몰과 함께 운영을 하는 것이 당연히 훨씬 유리하다. 네이버 쇼핑의 스타일윈도에 입점하여 보다 효율적으로 운영이 가능하다.

홍대상권에 가 보면 의류매장이 몰려있는 골목이 있다. 지나갈 때마다 "여기서 누가 옷을 살까?" 하는 생각이 들었는데 상권분석을 해 보니 월매출이 대략 3500~4000만 원 정도 나오고 있는 것을 알 수 있었다. 원가 비중 약 50%와 임대료, 인건비, 기타비용을 빼면 대략적인 수익이 예상 가능하다. 15% 정도를 순이익이라고 생각하면 대략 700~800만 원 정도의 수익이 가능할 것 같다. 충분한 감각과 열정 그리고 철저한 사업성 분석이 필요하다.

단위: 만원, 건(%)

구분	업종		'21.07	'21.08	'21.09	'21.10	'21.11	'21.12
중분류	소매업	매출액	3,554	3,796 (▲6.8%)	3,881 (▲2.2%)	4,004 (▲3.2%)	3,890 (▼2.8%)	4,150 (▲6.7%)
		건수	1,145	1,285 (▲12.2%)	1,226 (▼4.6%)	1,254 (▲2.3%)	1,123 (▼10.4%)	1,214 (▲8.1%)
대분류	도·소매	매출액	1,659	1,744 (▲5.1%)	1,871 (▲7.3%)	2,244 (▲19.9%)	2,464 (▲9.8%)	2,360 (▼4.2%)
		건수	670	700 (▲4.5%)	712 (▲1.7%)	827 (▲16.2%)	851 (▲2.9%)	800 (▼6.0%)

〈상권분석사이트(sg.sbiz.or.kr) 의류소매업 월별 매출현황 홍대입구 기준〉

의류, 잡화매장 사례

서울 시내에도 오래된 상가건물에 저렴한 임대료의 매장이 운영되는 경우가 있다. 주변 아파트상가 주민들을 대상으로 여성복, 신발, 잡화 등을 판매하는 매장들이다. 임대료가 약 50만 원 정도인 매장도 본 적이 있다. 정식 매장이 아닌 통로에 있는 아이랜드 매장은 더 저렴하다. 매장이 별도로 구분되어 있지 않아 행거로 칸을 막고 저녁에 매장 행거 위로 천을 두르고 퇴근하기도 한다.

정말 부담 없는 임대료다. 한 달에 매출이 500만 원만 나와도 대충 임대료 빼고 본인 인건비 정도는 뽑을 수 있을 것 같다. 이 정도의 저렴한 매장 임대료라고 하면 오프라인과 함께 온라인 판매를 병행해서 운영한다면 충분히 운영이 가능할 것 같다. 인근 오래된 아파트 상가가 있다면 임대료 시세를 한번 확인해 보자.

한번은 오래된 상가에서 잡화 매장을 운영하고 있는 사장님에게 왜 매장을 운영하냐고 물어봤더니 근처 사는데 낮에 딱히 할 일이 없어서 소일거리로 운영하고 있다고 말한다. 인근 아파트 시세가 20억이 넘고 남편은 법인회사 대표라고 한다. 생각보다 취미로 사업하시는 분들이 꽤 있다.

패션쇼핑몰(의류매장) 창업사례

지난해 한 분이 연락이 와서 상담을 한 적이 있다. 현재 다른 쇼핑몰(의류매장)에서 구매 담당을 하고 있다고 한다. 나름 노하우가 많이 쌓여서 자신만의 의류매장을 오픈하고 싶다고 한다.

오프라인 매장과 온라인 쇼핑몰을 함께 운영할 예정이었는데, 노하우, 경력, 의지 모두 충분해 보였다. 이미 오픈할 매장지역도 확보하였고 상권분석까지 마친 상태였다.

물론 많은 리스크가 있기는 하지만 충분히 운영이 가능할 것 같았다. 혹시나 생길 수 있는 다양한 리스크에 대해서 여러 이야기를 해 주었다.

보통 경력 없이 패션을 좋아한다는 이유로 의류사업을 하겠다는 분들을 많이 보았다. 경력과 노하우가 부족하여 실패하는 경우도 많은데, 이분은 기본기가 확실하게 쌓여 있었고 철저한 검증과 사업계획수립을 마친 상태였다. 리스크를 최소화하여 운영한다면 충분히 사업성을 만들 수 있을 것 같다.

2) 무인 매장

인건비 부담과 관리의 편의성 때문에 무인매장들이 많아지고 있다. 편의점, 커피숍, 문구점, 아이스크림 전문점 등 다양한 형태로 진화하고 있다. 스터디카페는 물론 파티룸 같은 공간 대여업들도 직원 없이 운영되는 경우가 많다. 무인으로 활용될 수 있도록 시스템이 더욱 좋아지고 있어 향후 더욱 많은 매장들이 생겨날 것으로 보인다.

그러나 점점 많아지고 있는 무인 매장들도 조심해야 하는 아이템

중에 하나이다. 이런 아이템들은 급격하게 경쟁업체가 많아질 가능성이 높아 리스크가 높을 수밖에 없다.

필자의 집 주변에도 작년에 무인아이스크림 매장과 무인 밀키트 전문점이 생기기 시작했다. 종종 이용을 하고는 했는데 3개월쯤 지나서 길 건너편에 비슷한 경쟁업체가 생겼다. 기존 매장은 아마도 매출이 1/2로 줄어들었을 것이다. 혹시라도 하나 더 매장이 생긴다면 매출은 1/3로 줄어들 것이다. 무인 밀키트 전문점도 비슷하다. 자칫하면 프랜차이즈 본사와 간판업체들만 돈 벌어 갈 가능성이 매우 높다.

최근 쿠팡, 마켓컬리와 같이 온라인으로 식자재와 상품을 편하게 구매할 수 있는 서비스가 생활에서 완전히 자리를 잡았다. 예전에는 일주일에 한 번 인근 마트에 가서 밥 먹고 쇼핑하고, 영화 보는 일이 생활의 즐거움 중에 하나였는데, 지금은 마지막으로 근처 홈플러스에 가 본 것이 언제였는지 생각도 안 난다. 지금은 새벽 문 앞에 지난 저녁에 주문한 물건들이 와 있다.

너무 편한 세상이 되었다. 유통업은 더욱더 많은 고민이 필요하다. 대기업과 싸워서 이길 수 있는 차별화된 경쟁력이 필요하다.

아. 온라인 쇼핑몰

온라인 쇼핑몰은 인터넷이 활성화된 이후 가장 큰 발전이 이루어진 시장이다. 시장규모도 기하급수적으로 늘어났고 온라인에서 창업을 하려는 사람들도 많아졌다. 또한 온라인에서 사업을 할 수 있는 채널들도 급격하게 늘어나고 있다.

그렇다면 온라인 쇼핑몰 창업은 어떨까?

온라인 쇼핑몰은 2000년대 중반부터 가장 인기 있는 창업 아이템이었다. 초기 투자금액이 많이 안 들어가고 쉽게 접근할 수 있기 때문이다. 경기가 어려워져 취업이 어려울수록 쇼핑몰 창업은 더욱더 많아졌다. 특히 몇몇 유명한 쇼핑몰들의 전설적인 성공사례들이 나오면서 더욱더 많은 사람들이 관심을 갖는 시장이 되었다. 이러한 초기 쇼핑몰 성공사례들은 부풀려진 경우가 많다. 그리고 많은 시간이 흐르고 온라인 창업은 누구나 쉽게 접근할 수 있는 전형적인 레드오션이 되었다. 예전에는 치킨집이나 한번 해 볼까라고 창업을 고민했다면 지금은 쇼핑몰이나 해 볼까라고 생각할 정도이다.

쇼핑몰은 어떻게 운영하는 것이 좋을까?

온라인 쇼핑몰도 유통업이다. 유통업의 기본은 좋은 상품을 낮은 가격에 구매해서 높은 가격에 판매하는 것이다. 이러한 능력을 혹시 가지고 있다면 그냥 시작하자마자 돈을 벌 수 있다. 관련 업종에서 오랜 경력을 가지고 있다면 충분히 가능하다. 그러나 이러한 능력은 본인의 능력만 가지고는 어렵다. 왜냐하면 유통업의 기본 생리는 '돈 놓고 돈 먹기(머니게임)'이기 때문이다. 현금을 주고 많이 사 오지 않는 이상 좋은 상품을 싸게 구매할 수 있는 경우는 거의 없다. 이게 가능하다고 하는 사람이 있다면 사기꾼인지 의심해 봐야 한다.

그래서 온라인 쇼핑몰은 열심히만 한다고 해서 성공할 수가 없다. 좋은 물건을 싸게 가지고 오기 위해서는 많은 자금이 필요하기 때문이다. 그리고 대량으로 판매하기 위해서는 많은 마케팅 자금도 필요하다.

좋은 감각이 있어 동대문에서 물건을 잘 선택을 할 수 있고, 온라인으로 물건을 잘 판매하면 충분히 매출이 오른다고 생각하는 사람이 있다면 우선 현실을 직시해야 한다. '스타일난다'[45] 같은 케이스는 쇼핑몰 붐이 일었던 2000년대 초기에 실력과 운이 합쳐진 기가 막힌 케이스이다. 지금 다시 신화를 만들어 내기 위해서는 혁신적인 아이디어와 제품력, 마케팅 능력, 어마어마한 자금조달능력이 필요할 것이다.

집에서 의류를 판매하는 1인 쇼핑몰 사례

여성의류를 집에서 판매하고 있는 분이 있었다. 동대문에서 옷을 사입해 와서 사진도 찍고 판매도 나름 잘하고 있었는데 나중에 확인해 보니 원가에 10%~20%를 더해서 판매를 하고 있었다.

상품 판매가 잘되었던 이유가 가격이 너무 저렴해서 판매가 되었던 것이었다. 이후 간이사업자에서 일반사업자로 전환이 되면서 문제가 생겼다. 부가세를 내고 나면 마이너스가 되는 상황이 생겼다. 가격구조와 원가 및 세금에 대한 개념이 전혀 없었던 것이다.

그 뒤로 가격을 다시 조정해서 판매를 했는데 예전 같은 가격경쟁력이 없어졌다. 여러 가지 시행착오 끝에 오프라인 매장과 함께 그럭저럭 운영 중이다. 사업 초기 수익은 없었어도 판매를 해 본 경험이 나중에 도움이 많이 되었다고 한다.

---

45) 2004년 김소희 대표가 설립한 쇼핑몰로 2018년에 프랑스 화장품 브랜드 로레알에 6000억 원 대에 매각했다.

판매가 결정은 매우 중요하다. 위의 사례처럼 판매가를 너무 저렴하게 책정하여 나중에 남는 돈이 없는 경우도 많고, 재고를 생각하지 않았다가 재고 때문에 망하는 경우도 많다.

보통 사입가에서 2배수 정도에 판매가를 정하는 경우가 많으며, 제조를 하는 경우 제조 원가에 4배수 정도에서 판매가를 정해야 유통마진을 만들어 낼 수 있다. 유통에 대한 이해와 중간마진을 고려하지 않으면 운영에 많은 어려움이 생긴다.

농산물 쇼핑몰 성공사례

10년 전에 알던 여성 대표가 있다. 한참 소셜커머스가 인기를 끌 때(쿠팡, 위메프 초기) 벤더업체에서 일을 하다가 나름 노하우를 습득하고 독립을 하게 되었다. 사실 이런 케이스가 정말 성공하기가 어려운데 이 여성대표는 배포가 있었다. 콘셉트를 농산물로 잡고, 고구마와 인삼, 귤 등 다양한 상품을 재배하는 지역농장에 가서 판매를 해 보고 싶다고 하고 영업을 했다. 운이 좋게 한 업체와 신뢰가 쌓여 몇 가지 아이템으로 판매를 하게 되었는데 매출이 생각보다 많이 나왔다.

몇 번 아이템들이 성공하게 되자 그 뒤로 본격적으로 농산물들을 찾아 나서게 되었고 나름 영향력 있는 전문 농산물 벤더[46]가 되었다. 한동안 연락이 되지 않았었는데 우연히 이 글을 쓰는 당일 간만에 연락이 왔다. 전남에서 농장을 직접 운영도 하고 있고, 유통도 하고 있는데 연매출이 40억이 넘어가는 수준이라고 한다.

쇼핑몰을 운영하는 데 차별화된 상품은 가장 중요한 요소이다. 모두가 고민하는 의류와 잡화 말고 남들이 생각하지 않는 아이템을 찾아야 한다.

지방에 가 보면 인구고령화로 농산물을 온라인으로 판매하고 싶어

---

46) 벤더 / 상품을 공급하는 중간 유통업체를 이야기한다. 보통 대형업체에서 직접 상품을 공급받기보다는 중간업체(벤더)를 끼고 상품을 공급받는 경우가 많다. 소싱의 어려움과 업체 리스크를 줄일 수 있다.

도 판매가 어려운 어르신분들이 많다. 자녀분들이 도움을 주는 경우들도 있고, 지역에서 농산물 판매를 도와주는 중간 온라인 업체들도 있다. 농산물에 관심이 있다면 지역 특산물이나 과일, 야채 등의 아이템도 고민해 보자. 의외로 비어 있는 시장이 있을 수 있다.

최근 충청남도에서 딸기농장 사장님들을 만난 적이 있는데 애로사항이 딸기와 각종 농산물들을 도시 사람들과 직거래를 하고 싶은데 온라인 판매가 가장 어렵다는 것이다. 운영을 하고 싶은데 관리는 어렵고, 사람을 두자니 인건비도 안 나오는 상황인 것이다. 중간에 상품 판매를 도와주는 벤더가 있기는 한데 서로 업무가 원활해 보이지 않았다. 지역과 소통을 잘할 수 있는 중간유통업체가 있으면 충분히 사업성이 있어 보인다.

유통업체의 유통마진의 이해

유통업을 이해하지 못하는 거래처들과는 상거래가 너무 힘들어진다. 농민, 제조업체들이 중간 유통업체의 유통마진에 대해서 과다하다고 생각하는 경우들이 많이 있기 때문이다. 유통업체가 사업성을 가지기 위해서는 최소 30% 이상의 판매마진이 남아야 한다. 사실 30% 판매마진을 본다고 해도 세금과 운영비, 마케팅 비용등을 빼고 나면 남는것도 없는 것이 현실이다.

그런데 판매마진 30% 정도를 요구하면 사기꾼 취급을 당하는 경우가 종종 있다. 이런 마인드로는 거래 자체가 되지 않는다. 그래서 유통에 대한 이해가 필요하다. 판매업체 30% 이상의 이익을 볼 수 있는 수익모델을 만들어 줘야 한다. 제조업체나 농민들이 마진을 보는 만큼 판매하는 회사들도 마진을 봐야 한다는 마인드가 필요하다.

내가 먹고살기 위해서는 나의 물건을 판매하는 사람들도 먹고살게 해 줘야 한다.

온라인 쇼핑몰을 오픈하고 싶다면?

- 온라인 쇼핑몰도 자본이 필요하다. 무점포, 무재고, 무자본 쇼핑 몰로는 사업성이 매우 부족하다.
- 차별화된 아이템을 찾아야 한다. 남들도 다 파는 동대문 사업으로 경쟁력을 만들기 어렵다.
- 유통업의 기본은 재고다. 내 상품 없이 남의 상품을 중간에서 판매만 해서는 남 좋은 일만 해 줄 뿐이다. (이것도 많이 팔 수만 있으면 물론 사업성이 있다.)
- 틈새시장을 정확하게 파악하고 차별화된 타깃 마케팅이 필요하다. 남들이 생각하지 못하는 독특한 시장을 찾아보자.
- 쇼핑몰 충성고객을 3만 명 만든다고 생각하고 쇼핑몰을 운영하자. 3만 명이 우리 브랜드를 좋아해 준다면 게임은 끝난다.
- 단기적인 승부가 아닌 장기전을 준비하자. 최소 2년 이상의 고생은 각오하고 시작하자 / 오픈하자마자 대박 나는 일은 거의 없다.
- 창업업체나, 광고업체 절대 믿지 말자. 모든 결정은 오롯이 대표의 몫이다.

패션 제조업체 성공사례

20대를 위한 패션상품을 판매하는 업체를 컨설팅한 적이 있었다. 대표를 어렵게 만났는데 20대 후반의 앳된 모습의 남성 대표였다. 어렵게 만난 이유가 홍콩과 일본 등에 매장이 있어서 출장을 다녀왔다고 한다. 독특한 콘셉트의 의류 브랜드였는데 정말 자수성가한 브랜드였다. 시작을 물었더니 아르바이트를 해서 500만 원을 모았다고 한다. 그래서 그 500만 원으로 티셔츠를 만들어서 판매를 했는데 모두 판매가 되었다고 한다. 그래서 판매된 약 1,000만 원 정도의 자금으로 다시 제품을 만들어 판매했는데 다시 모두 판매가 되었다고 한다.

그렇게 시작한 의류브랜드가 지금은 국내뿐 아닌 해외 매장에서도 판매가 되는 브랜드가 되었다. 큰 매출은 아니지만 지속적으로 성장해 나갈 수 있는 충분한 가능성과 시장성이 보였다.

그 대표도 처음에는 주변에서 쓸데없는 짓 하지 말고 어디 가서 취직이나 하라고 했을 것 같다. 결국 선택은 여러분의 몫이고 결과도 여러분의 몫이다.

자. 구매대행 해외쇼핑몰, 글로벌셀러

10년쯤 전에 해외쇼핑몰 관련하여 붐이 일었던 적이 있다. 이베이 해외쇼핑몰에서 상품판매를 하고, 해외에서 상품을 구매해서 국내에서 판매를 하는 글로벌 쇼핑몰 창업이다.

이후 아마존 열풍이 불었고 라쿠텐, 큐텐 등 다양한 해외쇼핑몰에서 상품을 판매하는 글로벌 셀러 과정들이 현재도 여기저기서 교육을 진행하고 있으며, 많은 사람들이 관심을 가지고 있다.

필자도 2010년 당시 이베이에서 3년 정도 상품판매를 한 적이 있다. 최고등급인 TopRated Seller까지 올라간 적이 있었는데 계정에 문제가 생겨서 판매를 그만두게 되었다. 여기저기서 상품을 소싱해서 사진 찍어서 올리고, 우체국에서 전 세계로 상품 보내고 하는 일이 재미는 있었는데 결국에는 상품력이 문제였다. 좋은 상품을 소싱하는 것이 가장 어려움이 있었다.

좋은 상품이란 남들이 판매하지 않으면서 판매가 잘될 수 있는 상품이다. 남들 파는 상품을 똑같이 판매하다 보니 중국 셀러들과의 가격경쟁력이 전혀 나오지 않았다.

해외 쇼핑몰도 똑같다. 좋은 상품을 좋은 가격에 소싱할 수 있는 능력이 있어야 한다. 일반 공산품으로 중국 셀러들을 이길 수 있는 방법이 많지 않다.

최근에 한류 바람이 불어 대한민국의 자체 상품과 콘텐츠가 글로벌하게 인기를 끌고 있다. 〈오징어게임〉 관련 소품들도 이베이 등에서 비싼 가격에 판매가 되고 있다고 뉴스에 나오곤 한다. 대한민국의 차별화된 아이템을 구할 수 있다면 충분히 글로벌 시장에서도 승산이 있지 않을까?

글로벌셀러로서 가장 중요한 생존 요소 세 가지.

① 언어능력: 고객과 소통해야 하기에 최소한의 언어능력이 필요하다.
② 글로벌한 상품소싱 감각이 필요: 한국에서 판매가 전혀 안 되는 상품이 미국에서 판매가 많이 될 수도 있다.
③ 상품소싱 능력 / 차별화된 아이템: 남들이 판매하지 않는, 판매가 잘될 수 있는 경쟁력이 있는 아이템이 필요하다. 우선 이베이와 아마존, 라쿠텐, 큐텐, 라자다 등 해외 쇼핑몰 셀러 관련 정보

를 찾아보도록 하자.

예전에 글로벌셀러 창업 교육을 하면서 창업지원 명목으로 별도의 돈을 요구하는 경우가 많이 있었다. 업체에서 하는 이야기만 믿지 말고 충분한 사업성 평가를 직접 하도록 하자.

경험과 관심이 필요한 비즈니스

이베이에서 상품판매를 할 때 한국사람 취향에는 전혀 맞지 않는 새빨간 티셔츠를 본 적이 있다. 도저히 입을 수 없을 정도로 색깔이 강력한 빨강이어서 저런 색깔을 누가 입을지 이해가 되지 않았었다. 그런데 설명을 들어 보니 미국에서 잘 나가는 색깔 중 하나라고 한다. 흑인들이 좋아한다고 한다. 심지어 주변에 있던 소화하기 어려울 것 같은 화려한 색깔들이 모두 다 잘나간다고 했다. 정신이 번쩍 들었다. 개인적인 취향으로 상품을 보고 있었던 것이다. 흑인들을 만나본 적이 없으니 어떤 취향을 가지고 있는지 알 수도 없었고 관심도 없었다. 결국 경험하고 관심을 가지는 만큼 딱 그만큼 비즈니스가 가능해진다.

뉴질랜드 상품을 판매하는 해외구매대행 쇼핑몰 사례

상담을 했던 사례 중에 뉴질랜드 특산품들을 판매하는 쇼핑몰이 있었다. 주로 네이버의 스마트스토어에서 판매를 하고 있었는데 알고 보니 뉴질랜드에 가족에 살고 있었다. 가족이 상품소싱을 해서 병행수입으로 한국으로 보내 판매를 하고 있는 것이었다. 사무실 없이 운영을 하고 있어 별도의 임대료나 인건비 부담 없이 운영을 하고 있었다. 큰 리스크 없이 초기에 운영하기 좋은 모델일 수 있을 것 같다.

차. 온라인 무자본 무재고 무점포 창업

초기창업자들을 유혹하는 많은 문구 중에 '무자본, 무재고, 무점포' 창업이 있다. 말 그대로 돈도 없이, 재고도 없이, 점포도 없이 그냥 몸만 와서 일만 하면 창업을 해서 돈을 벌 수 있다는 듣기 좋은 이야기다.

주머니 사정이 어려운 예비창업자들에게는 정말 반가운 이야기가 아닐 수 없다. 주로 쇼핑몰 창업 쪽에 있는 '리셀러 비즈니스 모델'이다. 물량을 가지고 있는 업체들이 상품을 공급해 주고, 배송도 해 주고, 반품도 해 준다. 셀러는 그냥 판매만 하면 되는 것이다. 매우 간단하다.

대표적인 도매 및 배송대행 사이트

- 도매토피아 dometopia.com
- 오너클랜 ownerclan.com
- 도매매 domemedb.domeggook.com
- 도매꾹 domeggook.com

    (이외에도 다양한 사이트들이 운영중이니 직접 검색해서 찾아보도록 하자.)

이 사이트들에서는 회원가입을 하고 기본인증과 회원자격을 부여받으면 사이트 내에 있는 상품을 나의 쇼핑몰에서 판매가 가능하다(도매꾹 제외). 심지어 자동으로 상품등록을 해 주는 서비스를 통해서 몇만 개가 넘는 상품을 등록을 해 주기도 한다. (월비용 필요.) 이러한 비즈니스 모델은 초기창업자들에게 매우 매력적이다. 필자도 2010년부터 2년 정도 관련 사이트에서 상품을 공급받아 온라인 쇼핑몰과 이베이(www.ebay.com)를 통해서 해외에서 판매를 한 경험이 있다.

그런데 실제로 사업성은 어떨까? 이러한 창업 지원 업체들은 연매출 10억 목표 등을 내세우며 다양하게 셀러를 모집을 하고 있고, 셀러를 양성하기 위해 교육과 사무실 지원 등 다양한 창업 지원프로그램을 운영하고 있다. 이러한 서비스가 오픈한 지 10년이 넘었으며, 수많은 사람들이 거쳐 갔을 것이다. 그리고 성공사례들도 많이 나왔을 것이다. 기본 매출이 나오는 사람들도 있을 것이다. 그러나 장기적으로 사업성 있는 수익을 만들어 내기는 쉽지 않을 것 같다는 것이 조심스러운 필자의 생각이다.

똑같은 상품을 나 말고도 수천 명이 판매하고 있다고 생각해 보자. 누군가가 내 상품을 구매했다면 그건 내가 상품을 잘 판매한 것이 아닌 우연이거나, 실수로 주문을 한 것이다. 재주문은 절대로 일어나지 않으며 단골고객도 생기지 않는다.

그러나 쇼핑몰 유통업을 이해하기 위해 초기 단계에서 경험을 해 본다면 매우 유익할 수 있을 것 같다. 쇼핑몰 유통업을 이해한 후 보다 사업성 있는 다음 단계의 비즈니스로 넘어가야 한다. 필자도 쇼핑몰 운영강의를 할 때 상품소싱을 도매사이트에서 우선 먼저 해 보면서 감각을 익히라고 한다. 유통의 단계를 익히는 데 많은 도움이 된다.

초기에 이러한 배송대행 플랫폼을 활용하여 쇼핑몰을 운영하다가 감을 익히게 되면 자기만의 전문 분야가 생기기 시작한다. 그 뒤 전문 쇼핑몰로 특화가 되면 벤더업체를 통하지 않고 직접 거래처와 거래를 할 수 있게 된다. 이후에는 직접 사입을 통해서 재고를 가지게 되는 쇼핑몰로 진화하며 중국 등에서 직접 사입을 해 오기도 한다. 이후에는 국내외에서 제조를 직접 하게 되는 전문 제조유통업체로 변화하게 된다.

쇼핑몰 사업의 진화단계

1단계: 배송대행 플랫폼 활용 쇼핑몰 운영

2단계: 일반 쇼핑몰운영(배송대행 플랫폼 + 직거래처 확보)

3단계: 전문 쇼핑몰운영(직접 사입 및 배송 - 창고필요)

4단계: 해외 사입 및 국내유통

5단계: 직접 제조 유통

온라인 명품 리셀러 매장 / 네트워크 쇼핑몰

오래전에 명품리셀러 매장이 유행했던 적이 있었다.

300만 원 정도를 지불하면 쇼핑몰을 만들어 주고, 운영을 할 수 있게 해 주는 사업이었다. 실제 오프라인 매장이 있어서 고객들이 강남지역에 있는 매장에 방문해 상품을 직접 볼 수도 있었다. 사업자는 자신의 명품쇼핑몰을 열심히 홍보해서 판매가 일어나면 중간에서 수수료를 챙기는 것이었다. 고객이 오프라인 매장에 방문해서 구매를 하게 돼도 판매자 코드를 통해서 수수료를 받을 수 있었다.

정말 다양한 분야에서 활용되고 있는 비즈니스인 것 같다. 메인 쇼핑몰을 만들고 서브 쇼핑몰은 시스템으로 무한대로 만들어 낼 수 있는 시스템이다. 쇼핑몰 개설 비용을 지불하고 운영을 하며, 상품이 판매되면 수수료를 받는 비즈니스 모델이다. 비슷한 비즈니스를 '네트워크 쇼핑몰'에서도 본 적이 있다. 신규회원을 모집해 가입시키고 쇼핑몰을 만들어 주는 구조다. 물론 쇼핑몰은 다 똑같이 생겼고 매출이 나올지는 의문이다. 어차피 매출보다는 신규회원 모집이 주력이니, 쇼핑몰은 그냥 형식적으로 존재만 하고 있을 것 같다. 사업성이 있을지 많은 고민이 필요한 비즈니스 모델이다. 신중한 검증이 필요하다.

리볼빙(revolving) 비즈니스?

아무리 봐도 수익성이 없어 보이는데 10년 이상 운영이 잘되고 있는 것 같은 비즈니스들이 가끔 있다. 기존 업체가 망하고 나가는 만큼 신규 고객들이 유입되기 때문이다. 창업을 하겠다는 사람들이 넘쳐나게 되면 충분히 가능할 것 같다. 예를 들면 새롭게 매장을 오픈하겠다는 사람이 많아지면 기존 매장에는 관심이 없어진다. 기존 업체가 망하고 나가면 인근에 신규 매장을 오픈하는 게 훨씬 이익이다. 계속 망하고 새로 들어오고만 해도 충분한 이익이 남는 구조다. 그래서 매장들의 평균 업력을 유심히 봐야 한다.

보험사도 비슷할 것 같다. 새로 보험설계사가 들어와서 1년 이상 버티기가 힘들다고 한다. 그동안 자신이 알고 있는 모든 인적 네트워크를 모두 제공하고 퇴사를 한다. 그리고 새로운 신입 사원이 들어온다. 실제로 많은 보험사들이 가장 신경 쓰고 있는 것이 바로 리크루팅이다. 보통은 부지점장급이 리크루팅을 하는데 리크루팅만 잘돼도 회사가 운영이 되나 보다.

위에서 언급한 다양한 창업지원 프로그램도 비슷할 듯하다. 큰돈 안 들이고 창업하겠다고 오픈을 해서 운영하다 폐업하고 나가고, 다시 신규 창업자가 들어오는 회전문(revolving door) 같은 구조일 것 같다는 생각이 들었다.

카. 네트워크 마케팅

네트워크 마케팅을 이야기하기가 매우 조심스럽지만 조금만 언급을 해 보도록 하자.

향후 네트워크 마케팅 시장은 어떻게 될까?

경기침체와 은퇴하는 사람들이 늘어나게 되면 자연스럽게 창업 붐이 다시 일어나게 될 것 같다. 그리고 네트워크 마케팅에 관심을 갖는 사람들도 많이 생길 것 같다. 투자 비용도 안 들어가고 영업만 잘하면 된다고 하니 자금이 부족한 창업자들이 쉽게 접근할 수 있다. 최근 브랜드 인지도나 호감도도 많이 좋아진 것도 영향을 미칠 것 같다. 이제는 예전의 부정적인 이미지 보다는 좋은 생활용품, 화장품, 건강기능식품을 구매할 수 있는 브랜드라는 이미지가 더 강하다. 확실하게 공부를 해서 운영한다면 사업성이 있지 않을까 조심스럽게 생각해 본다. 물론 브랜드마다 다르고 어떻게 운영하느냐에 따라 달라질 것이다. 분명한건 경기침체 등으로 네트워크 마케팅에 관심을 갖는 사람들이 많아질 것이라는 것이다.

네트워크 마케팅의 찍새와 딱새

오래전에 끌려갔던(?) 화장품 네트워크 마케팅 회사가 있었다. 필자에게 네트워크 마케팅을 권유하면서 대학교수님들도 다 한다고 걱정하지 말라고 한다. 심지어 필자가 창업강의를 많이 하니 강의를 하면서 사람들을 모집해 오라고까지 한다. 필자가 찍새 역할을 하면 자기네가 알아서 딱새를 하겠다고 한다.

창업강의를 하러 가서 예비창업자를 찍어 오라고 하다니 어이가 없었다. 그 뒤로 그분과는 인연을 끊었고 네트워크 마케팅에 대한 관심도 완전히 끊어 버렸다. 이후에 네트워크 마케팅에 대한 인식이 많이 개선되었고 이제는 예전같이 영업을 하지 않는 걸로 알고는 있지만, 혹시라도 불량한 마음을 먹은 찍새한테 찍혀서 끌려가는 일은 없어야 하겠다.

예전부터 갑자기 연락 오는 지인과 이유 없이 만나자는 사람들이 제일 부담스럽다. 네트워크 이거나 코인비즈니스(가상화폐)인 경우가 대부분이었다.

타. 서비스 업종 / 미용실, 네일샵, 부동산

서비스 업종의 가장 대표적인 사업은 미용실, 네일샵, 피부관리실, 학원, 공인중개사사무소 등이다. 서비스 업종에는 상대적으로 여성들이 많이 진출해있는 것 같다. 사람들을 많이 상대해야 하고 여성들이 진입하기 쉬운 면이 있기 때문이다.

미용실은 서비스 업종에서도 가장 대표적인 분야이다. 앞서 사례를 잠시 들었지만, 미용실도 지역을 기반으로 매우 많은 매장이 운영되고 있다. 상권이 조금 형성된 지역이라고 하면 보통 주변 100미터 안에 10개 이상의 미용실이 운영 중인 것 같다. 그만큼 수요가 있다는 이야기이기도 하지만 수요에 비해 너무 많은 미용실이 운영 중이어서 치열하게 경쟁을 하는 업종 중 하나이다.

대부분이 서비스 업종은 자격증이나, 관련 분야 기술이 있어야 가능하기 때문에 진입이 그리 쉬운 것은 아니다. 그러나 외식업들에 비해서 상대적으로 공간도 많이 필요하지 않고, 기술기반으로 원가가 많이 들어가지 않는 장점들이 있다. 또한 여성 소비자들의 수요와 공급이 많아 대표적인 여성 친화적 업종이라고 할 수 있다.

관련된 창업에 관심이 있다면 역시나 상권분석과 입지분석, 매출분석을 통해서 철저하게 사업계획을 수립하여야 한다. 특히 서비스 업종은 사람을 보고 고객들이 쫓아가는 경향이 있기 때문에 고객 관리가 철저히 이루어져야 한다.

- 뷰티산업(미용실, 피부관리실 등)

인구 고령화로 40대 이상의 시니어가 주요 소비자가 되고 있다. 20대 30대들의 아름다움을 가꿔 주는 사업과 함께 시니어 뷰티 서비스 시장도 강화될 수밖에 없으며, 피부관리, 헤어, 탈모 등 토탈 케어로 서비스가 확장되고 있다.

남성들을 위한 뷰티케어도 세분화되어 가고 있으며, 시니어(40대 이상) 남성들을 위한 헤어 및 탈모관리, 염색, 가발, 스킨케어 시장이 확장되고 있다. 특히 염색과 탈모관리 시장은 현재 지속적으로 시장이 커지고 있다.

- 네일아트

1990년대 말에 본격적으로 국내에 유입된 이후 20년이 넘어 이제는 기본 뷰티케어로 자리를 잡았다. 대부분 20대-30대 여성들을 메인타깃으로 사업이 이루어지고 있다. 1990년대 시작했던 1세대 네일아티스트들이 이제 40대~50대가 되었으며 세대교체가 이루어지고 있다. 기존 미용실 샵인샵 비즈니스들이 주를 이루었으나 요즘은 단독매장이 주를 이루고 있다.

- 학원과 교육서비스

1993년생 이후 인구가 급감하여 현재 중고등학생들의 인구는 1993년생 대비 30% 이상 줄어들어 있는 상황이다. 향후 중고등학생 인구는 당분간 비슷하게 유지되다가 2017년부터 다시 줄어들 예정이다(인구통계 그래프 참고). 대학 신입생 인구가 급감하면서 입시제도와 사교육시장에도 많은 변화가 예고되어 있어 시장의 변화를 예의주시해서 봐야 하는 상황이다.[47]

시장(수요인구)은 계속 줄어들고 있어 교육사업은 향후 가장 어려운 업종 중의 하나인 것은 분명하다. 인구구조의 변화에 따른 시장의 반응을 면밀하게 파악하고 있어야 한다. 수도권과 지방, 신도시와 구도심권 등 지역에 따라서 편차가 크기 때문에 지역의 사정에 따른 시장상황 파악이 필요하다.

---

47) 관련해서 통계청의 인구피라미드를 참고해 보자. www.kosis.kr

- 실버케어 서비스의 확대

인구고령화로 인해서 가장 크게 성장할 산업은 실버케어 서비스이다. 실버세대들을 위한 요양보호 및 건강관리, 복지서비스 등이 대한민국의 가장 큰 이슈가 될 예정이며 향후 관련 예산도 늘어날 수밖에 없다.

최근 주변에도 사회복지사, 요양보호사, 실버타운, 요양병원 등 관련된 직종에 종사하시는 분들이 계속 늘어나고 있다. 무조건 커지는 산업이고 가장 관심도 많은 산업이다. 아직 30년 정도 번창할 사업일 수밖에 없으니 관련된 분야에 관심을 가져 보는 것도 나쁘지 않을 것 같다.

- 부동산 공인중개사

한동안 부동산 광풍으로 공인중개사에 대한 관심이 어마어마하게 늘었었고, 많은 사람들이 자격증을 취득했었다. 그러나 2022년 이후 급격하게 부동산 거품이 꺼지면서 가장 많은 어려움을 겪고 있는 업종이기도 하다. 그러나 아직도 많은 사람들이 가장 선호하는 자격증으로 향후 공인중개사 자격증 소지자는 더욱 늘어날 것으로 보인다. 아직도 번화가 및 신도시에는 공인중개사 사무실이 한 건물에 3~4개 정도 있는 경우도 흔하다.

혹시라도 뒤늦게 공인중개사에 대한 고민을 하고 있다면 조금 더 시장조사를 해 보고 결정하기를 바란다. 그냥 공부를 한다는 생각으로는 바람직하지만 공인중개사 자격증으로 먹고살겠다는 건 기존 훌륭한 인맥이나, 멘토들이 있지 않으면 어려움이 클 것 같다. 자격증만 있다고 바로 오픈해서 운영이 가능한 시장이 아니다.

　※ 위 내용은 필자가 파악하고 있는 대략적인 트렌드로 작성된 것으로 보다 전문적인 시장분석은 직접 현장 전문가 및 분야별 전문지 등을 통해서 면밀하게 파악하기 바란다.

파. 공인중개사는 더 많아질까? 다른 자격증은?

　2022년 공인중개사 시험에 응시 대상자 수가 1차, 2차 합쳐 약 38만 명이 넘는다고 한다.[48] 어마어마하게 많은 숫자이다. 38만 명이라는 숫자가 피부로 와 닿지 않는 사람들도 많이 있겠지만 다음 숫자를 보면 피부로 와 닿을 것이다. 2022년도에 새로 태어난 신생아 수가 약 26만 명 정도라고 한다. 한 해 태어난 신생아 수보다 훨씬 더 많은 사람들이 공인중개사 시험을 보았다는 것이다.

　그렇다면 공인중개사는 왜 이렇게 많은 사람들이 시험을 본 것일까? 이유는 여러 가지 있을 것이다. 경기도 안 좋고, 부동산으로 돈 벌었다는 사람들이 주변에 많고, 미래의 먹거리로 노후를 준비하기 가장 적합한 자격증이기 때문이다. 노후를 준비하고자 하는 사람들이 넘쳐서 관련된 자격증의 인기는 당분간 지속될 것으로 보인다. 공인중개사 말고도 다양한 다른 자격증에도 사람들이 몰렸을 것 같고, 향후 경기 불

---

48)　2022년 1차 응시 대상자 238,779명, 2차 응시 대상자 149,059명(한국산업인력공단 발표).

안으로 자격증에 대한 수요는 당분간 지속될 것으로 보인다.

1985년 1회 시험 이후 공인중개사 자격증 합격자 수는 2022년까지 826,337명이라고 한다.[49] 그중에서 개업을 하여 운영 중인 공인중개사 사무소가 전국에 약 11만 개 정도이다.[50] 그중에서 역시 서울시 강남구에서 운영 중인 공인중개사사무소가 2400여 개로 2등인 송파구 1700여 개보다도 훨씬 많은 것을 알 수 있다.

2022년과 2023년 금리인상과 부동산 경기 침체로 당분간 공인중개사의 인기가 줄어들 것으로 보이지만, 가장 인기 있는 자격증임을 부정할 수는 없을 것 같다.

금리인상 및 부동산 시장침체 그리고 불투명한 시장 전망
 - 인구변화, 시장경기 변화 등 다양한 이슈로 부동산 시장에 큰 변화가 생길 예정으로 도심지역과 주요상권, 지역상권, 지방상권에 따른 변화가 예상된다.
 - 은퇴인구의 증가로 창업수요가 늘어날 것으로 보여 상가 수요는 지속적으로 증가할 가능성이 높다.

최근 너무 많은 이슈가 있는 업종이며, 또한 너무나 많은 변수가 있는 업종이다. 향후 시장변화를 예의주시해야 할 필요가 있으며, 한발

---

49) https://www.ebs.co.kr/land/examInfo/pass 회차별 합격자 현황 참조.
50) https://www.data.go.kr/ 공동데이터 포털 공인중개사등록현황 참조. (bit.ly/bizi2901 - 단축주소)

앞서 시장을 파악할 수 있는 혜안이 필요하다.

공인중개사 다음으로 사람들이 관심 있어 하는 자격증은 무엇일까? 이 분야에서 '세컨더리 비즈니스'는 어떤 것이 있을까? 많은 고민이 필요하다.

하. 배달전문점

최근 코로나로 인해서 배달사업이 어마어마하게 커져 버렸다. 예전에는 전혀 배달이 되지 않았던 떡볶이도 배달이 되고, 커피, 디저트도 배달이 된다. 그러다 보니 배달만 전문으로 하는 매장들이 많이 운영이 되고 있다.

1) 배달전문점 현황 및 전망

- 코로나 유행으로 생활 기본 서비스로의 안착되었음.
- 코로나 이후 조금 시장규모는 줄어들겠지만, 시장의 수요는 계속될 전망임.
- 배달 전문 매장보다는 일반 매장에서 배달을 하는 곳을 선호하는 추세.
- 수수료, 배달, 포장 등 비용이 높고, 수익률이 낮아 경쟁력 있는 매장만 살아남는 업계재편이 되고 있음.

2) 배달전문점의 장점

- 시장규모가 매우 커져 충분한 시장성을 확보할 수 있다.
- 초기 투자비용을 줄일 수 있다. 인테리어, 좋은 매장, 권리금, 간판도 필요 없다.
- 임대료를 줄일 수 있다. (좋은 매장이 아닌, 주방만 있으면 사업을 할 수 있어, 공유주방에서 사업을 하는 경우도 많다.)
- 기존 유명한 매장들과도 충분히 싸워 볼 수 있는 평등한 플랫폼에서 언제든지 기회를 만들어 나갈 수 있다. 실력만 좋으면 충분히 해 볼 만하다.
- 고객과 직접 만날 일이 없어 서비스 비용을 줄일 수 있다. 직접 대면하여 억지로 웃어야 하는 고객응대와 매장관리, 설거지 등의 비용을 줄일 수 있다. 물론 온라인 후기 등을 관리해야 한다.

3) 배달전문점의 단점 및 어려움

- 배달비와 수수료가 너무 많이 나간다. 배달비용 약 5,000원 내외 (업체마다 다름)와 매출수수료 등을 빼고 나면 남는 게 별로 없다.
- 광고비가 너무 많이 나간다. 광고를 하지 않으면 매출이 나오지 않는다.
- 포장에 시간과 비용이 생각보다 많이 나간다.
- 시장이 급격하게 커지면서 경쟁업체들이 많아지고 있다.
- 일부 진상 손님들의 응대가 필요하다. (물론 오프라인과 비슷하다.)
- 후기 관리가 매우 중요하다.

코로나로 인해서 많은 매장들이 어려움이 있었지만 배달에 특화된 아이템을 가지고 있던 업종들은 오히려 매출이 오른 경우들도 많이 있다. 오히려 코로나가 기회였다고 이야기하는 업체들도 보았다. 기존 잘나가는 업체들이 어려움을 겪는 동안 발 빠르게 배달에 적응한 경우들이다.

그러나 문제는 너무나 많은 업체들이 배달을 하고 있다는 것이다. 필자의 집 인근에 찜질방 안에 있는 식당에서도 반찬을 만들어 배달을 하고 있을 정도이다. 배달을 할 수 있는 업체들은 거의 다 배달을 하고 있는 상황이다. 어찌 되었든 배달전문점은 현재도 미래에도 충분한 시장성을 가지고 있는 시장이다. 충분한 경쟁력과 실력을 가지고 있다면 해 볼 만하다. 물론 원가와 포장비, 배달비에 대해서는 보다 많은 고민이 필요하다.

2021년에 만난 숯불 돼지구이 배달전문점

아파트 상가 뒤편 주차장에 위치한 작은 매장이었는데 한 달 임대료가 70만 원이었다. 그런데 월매출이 2000만 원 넘게 나왔었다고 한다. 코로나로 인해서 배달 매출이 많이 오르고 있었는데 이후 지속적으로 경쟁업체가 생기면서 계속 매출이 떨어지고 있었다.

그래도 기본 단골과 부담 없는 임대료로 충분한 수익을 만들어 내고 있었다. 지금 잘된다고 해서 계속 잘되리란 보장이 없다. 상권은 바뀌고 경쟁업체들도 변화한다.

거. 프리랜서 창업

프리랜서라는 단어는 '일정한 소속이 없이 자유 계약으로 일하는 사람'이다. 자유직업가, 자유계약자라는 의미이다. 나만의 차별화된 특별한 기술이나 재능을 가지고 있다면 프리랜서로 거의 비용을 들이지 않고 비즈니스를 시작할 수 있다. 우선 내가 판매할 수 있는 재능이 어떤 것들이 있는지 적극적으로 찾아보자. 딱히 생각나는 것이 없다고 하더라도 억지로 만들겠다는 마인드가 필요하다. 남들이 모두할 수 있어도 시간을 절약해 주는 직업도 충분히 가능하기 때문이다.

특히 직장 생활을 통해 얻은 전문정보들과 지식이 있다면 더욱더유리할 것이다. 전문 분야를 활용한 아웃소싱이나, 컨설팅, 자문, 심사 등의 업무를 할 수도 있다.

내가 판매할 만한(할 수 있는) 지식이나, 재능은 무엇이 있을까?

'크몽'[51]이라는 유명한 재능거래 사이트가 있다. 다양한 재능들을 판매하고 있는 플랫폼인데 프리랜서들이 모여 있는 곳이라고 생각하면 될 것 같다. 디자이너, 포토그래퍼, 번역, 마케터, 작가, 예술가, 교육 등 없는 분야가 없는 것 같다. 이곳에서 혹시 내가 판매할만한 재능이 있는지 다른 사람들은 어떻게 판매하고 있는지 찾아보자.

이런 지식기반 플랫폼은 서비스 판매금액이 낮은 편으로 원하는 수준의 수익을 만들기는 어려울 수 있다. 하지만 이곳에서 생존하지 못하면 어디 가서도 생존하기 어려울 것이다. 판매가 가능하고 경쟁력을 가질 수 있는 아이템을 만들어 보자.

〈크몽과 숨고 홈페이지 이미지〉

---

51) www.kmong.com/ 프리랜서 재능거래 사이트

이와 비슷한 사이트로 '숨고'가 있다. 숨고는 숨은 고수라는 의미로 다양한 전문가들을 만날 수 있는 플랫폼이다.

이렇게 자신의 재능을 판매할 때 금액은 어떻게 책정하면 좋을까? 인건비를 기준으로 판매가를 결정하는 것이 제일 간단하다. 우선 나의 목표 연봉을 책정한다. 계산하기 쉽게 6000만 원 정도의 연수익을 목표로 한다면 월 500만 원이 필요하다. 월 25일을 일한다고 생각하면 하루 20만 원의 수익이 필요하다. 그렇다면 내가 하루 일해서 완료할 수 있는 일, 서비스라면 약 20만 원 정도의 판매가로 설정하면 된다. 만약에 3~4시간 정도에 정리될 수 있는 업무량이라고 한다면 10만 원 정도에 판매하면 된다. (물론 일이 꾸준히 들어온다는 조건이 필요하다.)

실제로 사이트에 들어가 보면 같은 업종의 서비스라도 다양하게 금액이 설정되어 있는 것을 볼 수 있다. 판매자마다 서비스 품질이 다르기 때문이다. 그렇지만 대략 하루 인건비 20만 원~30만 원 정도를 기준으로 책정되어 있는 경우가 많은 것 같다. 프리랜서지만 운영을 하다 보면 사무실도 필요하고, 사업자도 필요하다. 점점 일반 사업자와 프리랜서의 경계가 모호해지는 것 같고 또한 점점 사업화되어 가게 된다.

다음은 크몽[52]에서 구분해 놓은 직업군 카테고리를 정리해 보았다. 내가 가능한 업무들이 있는지 파악해 보고 다른 사람들은 어떤 서비스를 어떻게 판매하고 있는지 파악해 보자.

---

52) www.kmong.com의 메뉴를 직접 가서 확인해 보도록 하자.

구분	직업군
디자인	로고, 브랜드, 상세페이지, 이벤트페이지, 명함, 인쇄, 홍보물, PPT, 인포그래픽, 웹, 모바일, 패키지, 일러스트, 캐리커처, 웹툰, 캐릭터, 이모티콘, 블로그, SNS, 썸네일, 포토샵, 파일변환, 제품, 3D프린팅, 공간디자인, 북 앨범디자인, 캘리그라피, 폰트, VR, 메타버스, 게임, 의류디자인, 간판, 시공
IT 프로그래머	기획, 워드프레스, 웹사이트 개발, 쇼핑몰·커머스, 모바일 앱, 프로그램 개발, 임베디드 HW·SW, 게임, 데이터베이스, 데이터분석·리포트, 블록체인, 보안, 서버·호스팅, QA·테스트, 기술지원, 파일변환, 챗봇
영상, 사진, 음향	영상촬영·편집, 유튜브 제작, 온라인 생중계, 드론 촬영, 애니메이션, 3D·VR, 인트로·로고, 영상 자막, 영상 템플릿, 사진 촬영, 사진·영상 보정, 성우, 음악·사운드, 모델·MC·공연, 스튜디오 렌탈
마케팅	블로그 마케팅, 카페 마케팅, SNS 마케팅, 쇼핑몰·스토어, 체험단·기자단 대행, 웹 트래픽, 언론홍보, 종합광고대행, 검색최적화·SEO, 지도등록·홍보, 앱마케팅, 라이브커머스, 개인 인플루언서, 키워드·배너광고, 포털질문·답변, 마케팅 컨설팅, 영상 마케팅, 오프라인광고, 해외 마케팅, 브랜드 마케팅
번역, 통역	산업별 전문 번역, 일반 번역, 통역, 영상 번역, 감수, 번역공증대행
문서, 글 쓰기	기업명·네이밍, 제품 카피라이팅, 광고 카피라이팅, 마케팅 글작성, 보도자료, 산업별 전문 글작성, 타이핑(영상), 타이핑(문서), 책·시나리오, 논문, 교정·교열 첨삭, 맞춤양식
비즈니스, 컨설팅	사업계획서·투자제안서, 퍼스널 브랜딩, 유튜브 컨설팅, 창업 컨설팅, 쇼핑몰·스토어 창업, 크라우드펀딩, 해외사업 컨설팅, 리서치·설문조사, 법률·법무, 인사·노무, 특허·IP, 세무회계, 업무지원·CS
취업, 입시	직무 멘토링, 자소서·이력서(국내기업), 자소서·이력서(외국계), 자소서(입시·기타), 인적성·NCS필기, 면접·커리어 컨설팅, 유학생 국내취업 컨설팅
투잡, 노하우	투잡·재테크 컨설팅, 투잡·재테크 전자책, 창업 전자책, 직무스킬 전자책, 취업·이직 전자책, 라이프 전자책, 교육 전자책, 자료모음집, N잡스쿨
운세, 상담	신점, 사주·운세, 타로, 작명, 심리상담, 심리검사, 연애상담, 여행·생활
레슨, 실무교육	프로그래밍, 데이터분석, 마케팅, 그래픽디자인, 영상, 사진, 외국어(영어), 외국어(기타 언어), PPT·프레젠테이션, 입시·학업, 취미·라이프
주문 제작	인쇄, 간판, 3D프린팅, 가게용품 제작, 기념품 제작, 모형 제작, 제품 제작, 시스템 제작, 인테리어 시공, 패키지 제작

카테고리도 많고, 할 수 있는 일이 많다. 또 쉽게 부담 없이 시작할 수 있다. 업무가 숙련되지 않아 부담스러우면 싸게 판매하면 된다. 서서히 익숙해지면 된다. 40대 이상이라면 여러분들이 직장에서 오랫동안 하던 업무들을 그냥 판매하면 된다.

프리랜서 창업에 관련된 상담을 하다 보면 다들 처음에 자신이 없는 눈치다. 누구나 할 수 있는 이런 일들이 팔릴까요? 크게 어려운 일도 아닌데? 등등 시작도 하지 않고 지레 겁을 먹는다.

만약에 서류를 멀리 있는 거래처에 급하게 전달해 주고 오라는 미션이 떨어졌다면? 내가 직접 가는 것보다 퀵비 3만 원 주고 보내는 게 훨씬 낫다. 왕복 2~3시간 인건비와 기름값을 생각해 보면 3만 원이 훨씬 더 저렴하기 때문이다. 회사 내부에서 직접 운영하는 것보다 아웃소싱을 하는 것이 훨씬 더 이익일 수 있다. 그리고 이러한 프리랜서와 아웃소싱은 앞으로 계속 커질 수밖에 없다. 인건비는 비싸지고 직원을 채용해서 운영하는 것도 어렵기 때문이다.

이제 나의 현실을 확인해 볼 때다. 내가 가지고 있는 상품이나 서비스는 시중에서(플랫폼에서) 얼마 정도에 판매되고 있는지, 나의 목표 서비스 금액은 어느 정도인지, 앞으로 서비스 금액을 높이기 위해서(부가가치를 높이기 위해서) 무엇을 해야 하는지 고민해 보자.

돈 버는 습관 만들기

'고기도 먹어 본 놈이 먹는다'는 이야기가 있다. 돈도 비슷할 수 있다.
'돈도 벌어 본 놈이 번다'.

작게라도 돈 버는 습관을 들여야 지속적으로 돈이 들어온다. 돈 버는 게 습관이 될 수 있도록 만들어야 한다. 지금 비즈니스를 시작하고 있다면 작게라도 꾸준히 돈 들어오는 습관을 들여 보자. 그리고 더 큰 돈이 들어올 수 있게 하고 작게 들어오던 비즈니스는 정리하면 된다.

프리랜서 디자이너의 300만 원짜리 디자인

예전에 프리랜서 디자이너를 한번 써 본 적이 있다.
직장생활을 할 때였는데 홈페이지의 메인 화면을 디자인하는 일이었다. 한 프리랜서 디자이너가 메인 페이지 하나 만드는 데 300만 원을 불렀다. 속으로 '미친~~'이라고 생각했는데 대표가 그 디자이너를 선택해서 업무가 진행이 되었다.
나중에 디자인이 왔는데 300만 원이 아깝지 않을 정도의 디자인 품질이었다. 처음에 욕했던 것이 미안할 정도였다. 나의 부가가치를 높이는 것만이 살길이라는 생각이 절실히 들었다.

홍보 대행사 프리랜서 창업

최근에 강의장에서 만난 분이 자신이 직장생활에서 기사를 작성하고 글을 쓰는 일을 했다고 한다. 그래서 프리랜서로 기사작성을 해 주고 보도자료를 배포해 주는 언론홍보 대행사를 고민하고 있다고 했다. 자신의 경험을 살리고, 효율적으로 비즈니스를 만들어 나갈 수 있을 것 같아 보여 적극적으로 한번 추진해 보라고 이야기했다. 물론 기존 홍보 대행사들이 많이 있고, 업계에서 자리를 잡으려면 많은 노력이 필요할 것이다. 그러나 모든 일이 시작이 반이다. 고민만 하다가 시간만 가는 것보다는 우선 빨리 시작을 하는 편이 나을 수 있다.
이후에 수익이 부족하다면 다른 업무를 더 만들면 된다. 어차피 지금은 N잡의 시대다. 한 가지 직업으로 먹고살기 어려울뿐더러 그 일이 문제가 생기면 일이 몽땅 다 사라지는 리스크도 있어서 가능하면 여러 가지 직업을 가지고 있으라고 권해 드리고 싶다.

너. 아웃소싱 창업

'아웃소싱'이란 기업이 업무의 일부를 제3자에게 위탁해 처리하는 것을 말한다. 내부에서 처리하는 비용보다 외부에 맡기는 것이 더 비용이 저렴하고, 더 전문성이 있기 때문이다. 기존에 했던 업무들이 전문성을 가지고 있다면 충분히 쉽게 가능하다.

필자가 예전에 한동안 고민했던 디자인 업무지원 아웃소싱이 있다. 작은 회사에서는 디자이너를 채용하기가 매우 부담스럽다. 인건비를 최소 250만 원은 줘야 채용이 가능한데 실질적으로 업무량은 얼마 되지 않는 경우가 많다. 일이 생길 때마다 아르바이트를 활용하자니 업무의 효율성이 떨어진다. 이럴 때 사용하기 좋은 서비스를 만드는 것이다. 디자이너의 입장에서 한 달에 100만 원 정도 비용을 받고 회사의 디자인 업무를 외부에서 지원해 주는 것이다. 이러한 업체가 3군데~4군데 정도만 있으면 충분히 재택으로 수익을 만들 수 있다. (물론 업무량 조절을 잘해야 한다.)

이런 비슷한 업무들은 기업에서 너무 많다. 세무사, 노무사 등 전문 서비스는 물론 회 사내부 컴퓨터 및 프린터 관리, 주차장 관리, 사무실 청소서비스 등 만들기에 따라서 끝도 없이 다양한 업무를 만들어 낼 수 있을 것 같다.

필자의 경우에도 한동안 쇼핑몰 관리자가 필요했던 적이 있었다. 쇼핑몰을 관리해 달라는 의뢰가 계속 들어오는데 직접 할 수도 없고,

주변에 아는 사람도 없고 참 어려움이 있었다. 그래서 직원을 하나 구해서 업체를 5개 정도 관리할 수 있다면 충분히 비즈니스가 될 수 있겠다는 생각이 들었다. 한 군데 업체에서 100만 원 정도의 비용을 받고 쇼핑몰 운영과 관리, 문제해결, CS, 상품등록, 이미지 관리 등을 해주는 것이다.

비서 & 매니저 서비스도 가능하다. 필자의 경우에는 거의 혼자서 돌아다니다 보니 항상 운전 중이거나, 상담을 하고 있는 경우가 많아 외부에서 오는 전화나 급한 서류처리 등을 하기에 어려움이 있다. 그래서 아웃소싱 업체 실장님(편의상 실장님으로 호칭했다)이 필자의 업무를 도와주었다. 본업은 디자인이었지만 간단한 서류작성과 메일 전송 등의 업무들이 자연스럽게 이루어졌다. 개인적으로 너무 감사한 업무들이었다. 필자와 같은 사람들을 5명 정도만 관리해 줄 수 있으면 월 60만 원씩만 받아도 충분히 운영될 수 있을 것이다.

필자는 예전에 이베이를 통해서 해외 상품판매를 한 적이 있었는데 해외 상품 판매보다 이베이 관리 서비스를 통해서 더 많은 수익을 올렸다. 업체들의 상품을 해외계정에 올려놓고 주문배송 관리와 해외 커뮤니케이션, 계정관리 해 주는 것이었다. 머리 아프게 상품개발, 판매, 배송하는 것보다 업체 아웃소싱 업무가 훨씬 더 편하고 수익도 좋았다.

앞장에서 이야기한 프리랜서와 비슷하지만 업체의 입장에서 업무를 위탁해 처리한다는 점에서 보다 장기적이고 전문적인 업무를 만들어 낼 수 있다. 마케팅 쪽으로만 봐도 마케팅 대행 / 홍보 및 광고대행 / 언론홍보 / 블로그 운영 / SNS 관리 / 홈페이지 관리 / 평판 관리 / 브랜드 관리 / 디자인 관리 등 찾아보면 기업과 계약을 맺어서 할 수 있는 업무들은 무궁무진하다.

내가 진행 가능한 아웃소싱 서비스는 무엇이 있을까?

더. 인플루언서 활동하기(유튜브, 인스타그램, 블로그)

인플루언서라는 말이 이제는 낯설지가 않고, 많은 사람들이 선호하는 새로운 직업이 되었다. 인플루언서로의 활동은 현재 유튜브가 대세이다. 유튜브를 하겠다는 사람들이 넘쳐나고 있고 유튜브 크리에이터 교육과정도 많이 보인다. 수많은 채널이 생기고 없어지는 변혁을 거치고 나서 현재 국내 마케팅은 블로그와 인스타그램 유튜브 3군데 채널로 정리되는 분위기 이다.

활동을 하는 많은 인플루언서 중에서 실제로 충분한 수익을 만들어 내는 인플루언서는 그리 많지 않은 것이 현실이다.

사업성 있는 인플루언서로 활동하기 위해서는 분야별 전문성 확보와 지속적인 고객 관리, 구독자 관리가 필요하다. 특히 유튜브 채널의 경우 치열한 콘텐츠 경쟁으로 구독자를 늘리기 위한 무리한 콘텐츠 제작, 관심을 받기 위해 자극적인 내용과 글로 눈살을 찌푸리게 하는 경우들이 많이 보이고 있다. 유튜브를 사업으로 보고 콘텐츠를 만들다 보니 어쩔 수 없는 일들이다. 현재는 유튜버들의 춘추전국시대 같은 느낌이다.

인플루언서 비즈니스는 어떻게 변화하게 될까?

당분간 유튜브가 현재처럼 가장 큰 영향력을 가지게 될 것 같다. 딱히 경쟁자가 보이지 않기 때문이다. 유튜버들도 너무 많아져 향후 지속적인 정리가 될 수밖에 없다. 좋은 콘텐츠를 가지고 있는 인플루언서, 크리에이터들만이 살아남을 수 있는 환경이 될 것이고, 자연스럽게 양극화 되어 경쟁력 없는 유튜브들은 도태될 수밖에 없다.

이러한 상황에서 새롭게 인플루언서로 활동하고 싶다면 어떻게 해야 할까? 차이나타운에서 새롭게 중국집을 오픈하고자 한다면 가장 필요한 것은? 맛과 서비스가 당연히 좋아야 한다. 어중간한 맛과 서비스로 기존 강자들을 누를 수는 없다. 맛으로 최고가 되기 어렵다면 결국 새로운 메뉴를 만들어야 한다.

모든 분야가 마찬가지이다. 결국에는 실력이 필요하다. 인플루언서로 활동하는 것도 마찬가지로 차별화되고, 독창적인 콘텐츠를 확보해야 한다. 또한 진정성 있는 콘텐츠 제작이 필요하다. 사업성을 위해 자극적인 콘텐츠를 만들어 내는 것이 아닌 진정 고객들이 볼 만한 콘텐츠를 지속적으로 만들어 내야 한다. (말이 쉽지 실제로 가장 어려운 부분일 것이다.) 그래서 혹시라도 지금 돈을 벌기 위해 인플루언서로 활동을 하려고 한다면 사업성에 관한 많은 고민과 철저한 분석이 필요하다.

그러나 사업의 홍보 마케팅을 위해 SNS 채널을 운영한다면 큰 도움이 될 수 있다. 채널을 운영 하면서 자연스럽게 인플루언서가 될 수 있는 방법을 익힐 수도 있다. 활동하면서 프리랜서나, sns마케팅 아웃소싱으로 연계도 가능하다. 관련 분야가 워낙 인기가 좋기 때문이다.

비즈니스를 하다 보면 생각하지 못했던 새로운 기회가 만들어지는 경우가 흔하다. 먼저 공식 블로그, 공식 인스타그램, 공식 유튜브 채널을 만들고 우선 시작하자. 시행착오도 공부이며, 빨리 겪을수록 빨리 성장해 나갈 수 있다.

1) 블로거로 활동하기

블로그가 가장 쉽게 접근할 수 있는 채널일 듯하다. 네이버에 계정이 있다면 누구나 이미 블로그를 하나씩 가지고 있기 때문이다. 자연스럽게 계정을 정리하고 글을 써 나가면 된다. 글을 쓴다는 것이 다들 부담스러워하지만 조금씩 연습해 나가면서 콘텐츠를 늘려 나가면 된다.

가장 쉬운 방법은 벤치마킹할 다른 블로거를 하나 찾아서 열심히 쫓아서 하는 것이다. 블로그의 주제를 정하고 정기적으로 관련된 콘텐츠를 만들어 나가면 된다.

블로그를 운영하는 방법 등은 온라인과 유튜브를 통해서 쉽게 찾을 수 있다. 블로그가 영향력을 얻기까지 시간이 다소 걸릴 수 있지만 현재 가장 영향력 있는 채널로 다양하게 활용이 가능하다.

2) 네이버의 인플루언서 센터

네이버 인플루언서 센터(influencercenter.naver.com)는 네이버에서 인플루언서들을 체계적으로 지원하고 관리를 하기 위해 만들어 놓은 곳이다. 인플루언서들을 관리하면서 브랜드들과 연계를 해 주고, 인플루언서들이 보다 효율적으로 활동할 수 있도록 도와주고 있다.

대표적인 카테고리는 식품, 미용, 패션, 여행, 건강, 일반상품, IT 등 사람들이 가장 관심을 많이 가지는 분야이다.

3) 체험단 인플루언서 마케팅 사이트 '레뷰'

SNS 마케팅 사이트 중에서 국내에서 가장 인지도가 높은 '레뷰'[53]라는 사이트를 참고해 보자. 인플루언서들을 기업들과 연계해 주는 사이트이다. 블로그, 인스타그램, 유튜브에서 활동하고 있는 인플루언서들을 모집해 준다.

인플루언서로 영향력을 키우기 전까지는 당연히 비용을 받기도 어렵고 재능기부 수준으로 일을 해야 하지만, 시간이 지날수록 역량이

---

53) www.revu.net

강해지는 것을 느낄 수 있을 것이다. 채널 자체적인 수익성을 떠나서 콘텐츠만 확보할 수 있다면 다양한 가능성들을 만날 수 있는 마케팅 채널로 활용할 수 있다.

러. 강사로 활동하기 / 교육사업

필자는 2010년부터 다양한 강의를 하고 있으며, 컨설턴트로는 2014년부터 본격적으로 활동을 하고 있다. 어떻게 하면 강사나 컨설턴트로 활동할 수 있냐고 물어보는 사람들이 가끔 있다. 좋은 직업이라고 생각이 들기 때문인 것 같다.

전문 강사로 활동하는 방법은 여러 가지 방법이 있다. 필자가 만나본 다양한 케이스들은 다음과 같다.

- 직장에서 사내 강사로 활동을 하다가 자연스럽게 활동.
- 관련 전문가로 활동을 하다가 강의 의뢰가 들어와서 활동.
- 전문 서적을 출간하고 강의 의뢰가 들어와서 활동.
- 대학교수, 시간강사 등으로 활동.
- 교육사업에 종사를 하다가 자연스럽게 강사로 활동.
- 전문 강사 양성과정 수료 등이다.

대학교 강의처럼 거창하게 교수님 소리를 듣는 강의가 아니더라도, 주변에서 다양한 콘텐츠를 기반으로 강사 활동하는 사람들이 의외로 많다. 중고등학교에서 방과 후 강사나, 문화센터나 복지관에서 강의를 하는 사람들도 많다.

강사료는 시간당 2만 원 정도 수준에서 몇백만 원 정도까지 다양하다. 대학의 시간강사들이 보통 시간당 5만 원~7만 원 정도를 받는 것 같고(학교마다 대우가 다르다), 콘텐츠가 확실한 잘 팔리는 강사들의 경우에는 하루 2시간 정도를 기준 100만 원이 넘어가는 경우들도 많다. 유명한 연예인들의 경우에는 물론 그보다 더 훨씬 더 많이 받기도 한다. 그래서 시중에 '명강사' 과정들이 운영되고 있는 것 같다. 차별화된 강의 콘텐츠를 만들 수 있다면 강사라는 직업도 나름 좋은 선택이 될 수 있다.

이 직업의 장점은 1. 업무량이 많지 않다 2. 특별한 자본이 필요하지 않다 3. 일을 할수록 노하우와 경력이 쌓인다. 4. 은퇴가 없다 5. 지속적인 자기계발이 가능하다는 점 등이 있다.

전문 강사로 활동하고 싶다면?

- 차별화된 나만의 교육콘텐츠 만들기.
- 전문 서적 집필하기. (책을 쓰는 순간 전문가가 된다.)
- 나를 관련 분야 전문가로 만들기. (퍼스널 브랜딩이 필요.)
- SNS 활동으로 지속적으로 강사, 콘텐츠 홍보.

- 블로그 운영 등으로 관련 분야 글을 지속적으로 올리기. (블로그 글이 모여서 자연스럽게 책이 되기도 하고, 콘텐츠를 정리도 할 수 있다.)
- 교육제안서를 만들어 관련 기관에 보내기.
- 교육 관련 종사자들과 네트워크 만들기.
- 다른 강사들과 지속적으로 네트워크. (강의 자리 연계가 가능하다.)
- 학위 준비하기. (높은 학위가 있으면 물론 유리하다.)

강사도 너무 범위가 넓어서 특정하기 어렵다. 우선 주력 분야에서 영향력 있는 전문가가 되는 것이 첫 번째다. 그리고 강사로 데뷔를 하고 활동을 하다 보면 자연스럽게 강의 의뢰가 늘어나기 시작한다. (혹시 관련해서 문의 사항이 있다면 개인적으로 연락 주시기 바란다. bizi@bizi.kr)

머. 컨설턴트로 활동하기

강의를 하다 보면 자연스럽게 컨설턴트로 연계가 되기도 하고, 컨설턴트로 활동을 하다 보면 자연스럽게 강의로 연계가 되기도 한다. 특정 분야의 경우 전문 자격증이 있어야 컨설턴트를 할 수 있는 경우들도 있지만 보통은 그냥 자기가 컨설턴트라고 이야기하면 그냥 컨설턴트가 되는 경우가 많다. 심지어 영화에서나 보던 '연애 컨설턴트

(데이트코치)'를 만나 본 적도 있다.

컨설턴트라는 분야가 너무 넓어서 범위를 지정하기도 어렵지만, 여기서는 비즈니스 컨설팅을 기준으로 설명해 보도록 한다.

가장 좋은 방법은 국가자격증을 따는 것이다. 세무사, 회계사, 공인중개사, 가맹거래사, 경영지도사, 기술지도사 등 자격시험은 많이 있다. 주로 기업들을 도와주는 일을 하는 컨설턴트들이 가장 많이 활동을 하고 있다. 그러나 꼭 자격증이 필요하지는 않다.

사실 자격증이나 학위보다 더 인정해 주는 것은 전문기업에서 실무로 활동했던 경력이다. 실무경력과 자격증, 학위까지 있다면 굳이 이 책을 읽고 있을 이유가 없을 것 같다.

중소벤처기업부 비즈니스 지원단

중소벤처기업부에서 운영하는 비즈니스 지원단[54]이라는 제도가 있다. 이곳에 중소기업들의 경영애로를 목적으로 구성된 전문가들의 등록 풀이 있으며 자격조건에 맞춰 등록도 가능하다. 자격조건을 한 번 확인해 보고 가능한 요건들이 있는지 확인해 보도록 하자.

---

54) https://www.smes.go.kr/bizlink

지원 분야	전문 자격기준	구비서류
창업	① 경영지도사(전 분야)	등록증 사본
	② 기술지도사(전 분야)	등록증 사본
	③ 명장(전 분야)	등록증 사본
	④ 창업 분야 박사학위 소지자	학위증명서
	⑤ 창업 분야 조교수이상으로 재직 중인 자	재직증명서
	⑥ 창업보육전문매니저 자격증(5년 이상 경력자)	등록증·경력증명
	⑦ 중소기업상담회사 경력자(5년 이상)	경력증명서
	⑧ 중소기업지원 공공기관 관련 분야 경력자(10년 이상)	경력증명서
	⑨ 가맹거래사	등록증 사본
	⑩ 대한민국산업현장교수(전 분야)	위촉장 사본
경영전략	① 경영지도사(전 분야)	등록증 사본
	② 기술지도사(전 분야)	등록증 사본
	③ 명장(전 분야)	등록증 사본
	④ 경영 분야 박사학위 소지자	학위증명서
	⑤ 경영 분야 조교수 이상으로 재직 중인 자	재직증명서
	⑥ 중소기업지원 공공기관 관련 분야 경력자(10년 이상)	경력증명서
	⑦ 대한민국산업현장교수(전 분야)	위촉장 사본
마케팅 / 디자인	① 경영지도사(마케팅)	등록증 사본
	② 마케팅 / 디자인 분야 박사학위 소지자	학위증명서
	③ 마케팅 / 디자인 분야 조교수 이상으로 재직 중인 자	재직증명서
	④ 마케팅 / 디자인 분야 경력자(5년 이상)	경력증명서
	⑤ 중소기업지원 공공기관 관련 분야 경력자(10년 이상)	경력증명서
	⑥ 대한민국산업현장교수(디자인)	위촉장 사본
법무	① 변호사	등록증 사본
	② 법무사	등록증 사본
	③ 법무 분야 박사학위 소지자	학위증명서
	④ 법무 분야 조교수 이상으로 재직 중인 자	재직증명서
	⑤ 중소기업지원 공공기관 관련 분야 경력자(10년 이상)	경력증명서

금융	① 경영지도사(재무관리)	등록증 사본
	② 금융 / 환위험관리 분야 경력자(5년 이상)	경력증명서
	③ 중소기업지원 공공기관 경력자(10년 이상)	경력증명서
인사 / 노무	① 공인노무사	등록증 사본
	② 경영지도사(인적자원관리)	등록증 사본
	③ 변호사	등록증 사본
	④ 인적자원관리 분야 박사학위 소지자	학위증명서
	⑤ 인적자원관리 조교수 이상으로 재직 중인자	재직증명서
	⑥ 중소기업지원 공공기관 관련 분야 경력자(10년 이상)	경력증명서
	⑦ 대한민국산업현장교수(hrd)	위촉장 사본
회계 (세무)	① 경영지도사(재무관리)	등록증 사본
	② 세무사	등록증 사본
	③ 공인회계사	등록증 사본
	④ 세무 / 회계 분야 박사학위 소지자	학위증명서
	⑤ 세무 / 회계 분야 조교수 이상으로 재직 중인 자	재직증명서
	⑥ 중소기업지원 공공기관 관련 분야 경력자(10년 이상)	경력증명서
수출입	① 관세사	등록증 사본
	② 무역 분야 박사학위 소지자	학위증명서
	③ 무역 분야 조교수 이상으로 재직 중인 자	재직증명서
	④ 수출입 분야 경력자(5년 이상)	경력증명서
	⑤ 중소기업지원 공공기관 관련 분야 경력자(10년 이상)	경력증명서
기술	① 기술 지도사(전 분야)	등록증 사본
	② 기술사(전 분야)	자격증 사본
	③ 기능장(전 분야)	자격증 사본
	④ 명장(전 분야)	등록증 사본
	⑤ 경영지도사(전 분야)	등록증 사본
	⑥ 기술 분야 박사학위 소지자	학위증명서
	⑦ 기술 분야 조교수이상으로 재직 중인 자	재직증명서
	⑧ 기술 분야 경력자(5년 이상)	경력증명서

3

	⑨ 중소기업지원 공공기관 관련 분야 경력자(10년 이상)	경력증명서
	⑩ 대한민국산업현장교수(유관 분야)	위촉장 사본
특허	① 변리사	등록증 사본
	② 특허 분야 박사학위 소지자	학위증명서
	③ 특허 분야 조교수 이상으로 재직 중인 자	재직증명서
	④ 특허 분야 경력자(5년 이상)	경력증명서
	⑤ 중소기업지원 공공기관 관련 분야 경력자(10년 이상)	경력증명서
정보화	① 기술지도사(정보처리)	등록증 사본
	② 기술사(정보처리)	자격증 사본
	③ 명장(정보처리)	등록증 사본
	④ 정보화 분야 박사학위 소지자	학위증명서 등록증 사본
	⑤ 정보화 분야 조교수 이상으로 재직 중인 자	재직증명서
	⑥ 정보화 분야 경력자(5년 이상)	경력증명서
	⑦ 중소기업지원 공공기관 관련 분야 경력자(10년 이상)	경력증명서
	⑧ 대한민국산업현장교수(정보통신)	위촉장 사본
생산관리	① 기술지도사(생산관리)	등록증 사본
	② 경영지도사(생산관리)	등록증 사본
	③ 기술사(생산관리)	자격증 사본
	④ 기능장	자격증 사본
	⑤ 명장	등록증 사본
	⑥ 생산관리 분야 박사학위 소지자	학위증명서
	⑦ 생산관리 분야 조교수 이상으로 재직 중인 자	재직증명서
	⑧ 생산관리 분야 경력자(5년 이상)	경력증명서
	⑨ 중소기업지원 공공기관 관련 분야 경력자(10년 이상)	경력증명서
	⑩ 대한민국산업현장교수(생산품질관리)	위촉장 사본

비즈니스 지원단 외에도 전국적으로 다양한 기관에서 컨설턴트, 멘토 등을 모집하고 있다. 경력과 자격요건들이 만만치는 않지만 경력만으로도 지원이 가능한 경우도 많다. 시간적인 여력이 있다면 미리 자격증이나 학위를 준비하는 것도 좋겠다.

그리고 기존에 다니던 회사에서 미리미리 경력증명서를 받아 놓는 것이 좋다. 퇴직 후 연락해서 경력 증빙을 받으려면 여러모로 번거로워진다.

전문 컨설턴트로 활동하기 위해서는
- 관련 분야 전문 자격증 취득.
- 관련 분야 학위취득.
- 관련 분야의 충분한 경력 확보가 필요하다.

다양한 지원 기관에서 분야 컨설턴트들의 인력풀을 모집하고 있다. 풀에 등록이 된다면 기관에서 자연스럽게 연락이 오게 된다. 기관에 등록되어 활동하는 컨설턴트들도 있지만, 그냥 개인으로 활동하는 경우들도 많다. 기업인증, 자금조달, 홍보 마케팅 등 자신이 개척한 분야에서 직접 영업하여 활동하면 된다.

심사위원으로 활동하기

컨설턴트로 활동하다 보면 의외로 심사위원으로 활동하게 되는 경우들도 많이 있다. 사업계획서를 심사하거나, 정부자금 지원을 위해 기업을 방문하기도 하고, 인증을 위한 심사를 하기도 한다. 심사위원이 되기 위해 별도의 교육을 받아야 하는 경우들도 있어 전문적인 지식이 필요한 경우들도 많다.

컨설턴트 / 브로커

기업들을 대상으로 자금조달을 대행해 주고 중간에서 수수료를 받는 경우가 꽤 있다. 정부지원기관들을 가 보면 다음과 같은 글들을 쉽게 볼 수 있다. 주로 지원사업을 미리 파악을 하고 기업과 연계하여 업무를 대행해 주고 수수료를 받는다. (보통 사업금액의 5%~10%를 받는다고 한다.)
컨설턴트의 나쁜 예라고 할 수 있다.

⚠ **창업지원자금 불법 브로커 주의!**

최근, 창업지원자금 수혜를 위한 '불법 브로커' 피해사례가 발생되고 있습니다. 창업지원자금 선정 조건으로 지원금의 일정비율에 대한 성공수임 요구, 신청서류 대필 작성에 대한 수수료, 정부기관 직원 사칭 등 불법 브로커의 부당개입 및 불법행위에 주의하시기 바랍니다.

브로커 독립된 제3자로서 타인 간의 상행위의 매개를 업으로 하는 사람
부당개입 자신과 직접 관계없는 일에 개입하여 이치에 맞지 않게 하는 행위
불법행위 고의 또는 과실로 인한 위법행위로 타인에게 손해를 입히는 행위

※ 해당사례 발생시 아래 페이지로 신고바랍니다.
🏠 창업진흥원(https://www.kised.or.kr)
[고객광장]->[기업민원 피해신고]

퇴직 후 컨설턴트 준비하기

지인이 퇴직을 한다고 연락이 왔다. 40대 후반으로 대기업에서 마케팅 관련 업무를 20년 동안 해 왔으며 부장급으로 퇴직을 하게 된 것이다. 경력을 살리면서 할 수 있는 다양한 직업 중에 필자가 제안한 것이 바로 강사와 컨설턴트로 활동하는 것이었다. 대기업 마케팅 분야 전문가이니, 20년간 실제로 현업에서 경험한 내용들을 기반으로 마케팅 전문가로 활동하는 것이었다. 솔루션 제안은 다음과 같다.

1. 자격증 준비. (경영지도사 - 마케팅)
2. 석사 학위 준비. (창업대학원, 경영대학원, 컨설팅 대학원 등)
3. 실무에서 경험한 내용을 기반으로 콘텐츠 정리. (블로그 운영)
4. 각종 기관 마케팅 관련 강사등록, 컨설턴트 풀 등록 및 활동.
5. 관련 분야의 서적 출간. (1년 내 출간 목표)
6. 각종 마케팅 관련 교육 프로그램 이수.
7. 마케팅 아웃소싱 및 교육 회사 창업.

물론 퇴직을 하고 학위를 취득하고 자격증 공부를 하는 것이 어려움이 있을 것이다. 퇴직하기 2년쯤 전에 미리 진로와 공부를 준비했다면 조금 더 퇴직 이후의 고민이 덜했을 것 같다.

버. 기술기반 창업

앞에서 다양한 소상공인과 지식서비스 업종에 대해서 이야기했지만, 창업의 꽃은 역시 기술기반이다. 전 세계 기업 시가 총액 순위를 보아도 확연하다. 2021년 기준 1위 애플, 2위 마이크로소프트, 3위 알

파벳(구글), 5위 아마존, 6위 페이스북, 7위 테슬라, 9위 텐센트, 10위 TSMC이다. 4위인 석유회사 사우디아람코와 8위인 투자회사 버크셔 해서웨이를 빼고는 모두 IT와 기술기반 혁신기업이다.[55]

당연히 정부에서도 혁신적인 아이디어와 기술이 있는 기업을 지원하기 위해 많은 노력을 기울이고 있다. 기술기반 창업 아이디어가 있다면 우선 관련 지원사업을 고려해 봐야 한다.

먼저 앞에서 언급한 **'창업지원사업 통합공고'**를 확인해서 도움을 받을 만한 사업이 있는지 확인해 보자. 내용이 많으니 사이트에서 다운로드 받아서 차근히 확인해 보도록 하자. (k-startup.go.kr 참고.)

1) 예비창업패키지

지원사업 중에서 가장 먼저 확인해 봐야 하는 사업은 예비창업패키지이다. 예비창업패키지는 '혁신적인 기술을 갖춘 예비창업자에게 사업화 자금과 창업교육 및 멘토링 등을 지원하는 예비창업단계 전용 프로그램'이다. 가장 많은 사람들이 관심을 가지고 있으며 시제품 제작, 지재권 취득, 마케팅 등에 소요되는 사업화 자금을 최대 1억 원까지 지원받을 수 있다.

사업에 선정되기 위해서는?

당연히 기술사업화가 가능한 아이템이 있어야 한다. 2022년 기준으로 일반 분야와 특화 분야로 나누어 총 1,260명을 선발했다.

---

55) http://www.mrktcap.com/index.html 참고.

일반 분야는 전 기술 분야로 지원이 가능하며, 특화 분야는 주관기관별로 특화된 분야로 모집을 하고 있다. 소셜벤처, 여성창업, 그린경제, DNA, 바이오, 무인이동체(자율주행, 드론), 핀테크의 분야를 벤처기업협회, 한국여성벤처협회 등 11개 주관기관에서 모집하고 운영한다. 자세한 내용은 모집 홈페이지의 모집공고를 확인해 보도록 하자. 매년 2월~3월에 모집을 하니 미리 준비를 하는 것이 좋겠다.

기술창업을 준비하면서 가장 참고해야 할 사이트는 창업진흥원 k-startup.go.kr이다. 지원프로그램은 단계별로 예비, 초기, 도약으로 나누어져 있으며, 예비는 사업자가 없는 상태, 초기는 3년 미만, 도약은 3년 이상 7년 미만 기업을 도와주는 사업이다

일반기술뿐 아닌 관광, 관광벤처, 글로벌, 농식품, 농식품벤처, 데이터활용, 문화예술, 사회적경제, 문화 콘텐츠, 사회적기업, 소재 부품 장비, 지식바우처, 스포츠, 에코, 예술기업, 장애인, 재도전, 전통문화, 지역기반 로컬크리에이터, 해양수산 등 다양한 분야의 창업을 지원하는 프로그램들을 만나 볼 수 있다.[56] 사업들이 지원 금액이 커서 준비할 사항도 많으며, 경쟁도 치열하여 난이도가 매우 높은 사업이다. 사전에 미리 사업을 잘 파악해 보도록 하자.

2) 기술사업화의 어려움

기술사업화의 문제점은 선정이 되는 것도 어렵지만 선정이 되어도

---

56) k-startup.go.kr 〉 사업소개 〉 사업화

이후 사업화에 성공하는 것도 매우 어렵다는 것이다. 기술기반으로 시제품을 만들다 보니 실패를 하는 경우도 많고, 만들어도 사업성이 없어 시장에서 외면당하거나, 이후 대량생산을 위한 자금이 없어 중간에 포기를 하는 경우도 많다. 사업화 이후 수익이 나는 데까지 시간이 많이 걸리기 때문에 오랜 시간을 버틸 수 있는 자금력과 인내력도 필요하다. 많은 고민이 필요한 사업이다.

3) 플랫폼 서비스 및 아이디어 사업화

많은 사람들이 '배달의 민족'이나, '당근마켓' 등 대히트한 서비스를 보고 '이거 내가 예전에 다 생각했던 서비스인데'라고 이야기하는 경우를 많이 보았다. 그러나 아이디어 단계에서 현실화되지 못하는 경우들이 매우 많다.

최근 모바일, 플랫폼 서비스들의 성공사례들이 많아 아이디어를 기반으로 한 플랫폼 사업화가 계속 이루어지고 있다. 자금만 있으면 어렵지 않게 개발하여 운영할 수 있어, 최근 몇 년 동안 수많은 아이디어들이 사업화되고 있고 지원도 많이 받고 있다. 앞서 이야기한 예비창업패키지에서도 모바일앱과 플랫폼 서비스의 비중이 높은 편이다. 좋은 아이디어가 있다면 기술사업화를 통해서 현실화할 수 있는 방법을 찾아보자.

4) 생활혁신형창업 아이디어 톡톡(사업종료)

2021년까지 소상공인시장진흥공단에서 운영했던 '아이디어 톡톡

생활혁신형창업'이라는 사업이 있었다. 사업화가 가능한 아이디어 사업을 사업계획서와 면접으로 평가하고 선정이 되면 2000만 원의 자금을 대출해 준다. 이후 3년 뒤에 평가해서 성실하게 운영했는데도 기준에 미치지 못하면 (성실실패) 사업에 사용한 대출을 탕감해 주는 지원프로그램이다. 성공불융자라는 제도였다.

취지는 간단하다. 머릿속에서만 있는 좋은 사업 아이디어를 정부에서 2000만 원 지원과 함께 현실화시켜 주는 사업이다. 실패했을 때 위험을 최소화할 수 있으니 너무 좋은 기회였다. 아쉽게도 2021년까지 운영되고 사업이 종료되었지만, 비슷한 사업들이 다시 생겨날 수 있다. 좋은 사업 아이디어가 있다면 적극적으로 도움을 받을 수 있는 제도를 찾아보자.

5) 아이디어 오디션[57]

지금은 사업모형이 바뀌었지만 아이디어를 현실화시켜 주는 사업이 있다. 간단한 아이디어를 공모해서 선정이 되면 상품을 현실화시켜 주고, 중간에 투입된 제조사와 기획사들이 함께 마진을 쉐어하는 프로그램이다.

현재는 제조플랫폼을 통해서 창업자의 머릿속에 있는 아이템을 실제 상품화시켜 주는 일을 하고 있다. 이를테면 내가 새로운 형태의 핸드폰 케이스 아이디어가 있는데 제조를 위한 디자인, 금형, 제조 등을 지원해 주는 것이다.

---

57) https://www.ideaaudition.com/

6) 크라운드 펀딩

크라우드 펀딩은 자금을 필요로 하는 수요자가 온라인 플랫폼 등을 통해 불특정 다수 대중에게 자금을 모으는 방식으로, 종류에 따라 ▷ 후원형 ▷ 기부형 ▷ 대출형 ▷ 증권형 등 네 가지 형태로 나뉜다.[58]

가장 유명한 사이트는 '와디즈'와 '카카오메이커스' 등이다.

만들고 싶은 제품이 있는데 제작비용이 1000만 원이 들어간다고 한다면 미리 디자인과 샘플을 올려서 소비자들로 하여금 선결제를 받고 후작업에 들어간다. 제작자의 경우 재고 리스크를 줄일 수 있고, 사전에 제작에 필요한 자금을 확보할 수 있다. 소비자들은 시중에서 찾기 어려운 독특한 상품을 사전에 주문하고 이것이 실제로 실현되는 과정에 참여할 수 있게 된다.

7) 플랫폼 서비스

최근 모바일 플랫폼 서비스를 통해서 창업을 하고자 하는 아이템들을 많이 볼 수가 있었다. 가장 많이 본 아이템이 '관광, 여행을 위한 정보 플랫폼'이었다. 여행을 가서 위치기반으로 인근 커피숍이나, 숙박업체들의 정보를 제공해 주는 식이다. 그 외 반려동물, 인테리어, 집수리, 카수리 등 실생활에서 활용 가능한 아이디어들이 가장 많이 있었다. 그중에는 이미 일상생활에서 활용되고 있는 아이템들도 있다. 개발비가 대략 2000~3000만 원 정도가 들어가며 개발에 소요되는 비용을 지원사업으로 처리할 수 있다. (물론 선정이 되었을 경우.) 혹시

---

58) 네이버 시사상식사전 참조.

좋은 플랫폼 아이디어가 있다면 적극적으로 참여해 보도록 하자. 목표는 제2의 '배달의민족'이 되는 것이다.

플랫폼 비즈니스들의 가장 어려운 점 중 하나는 개발 이후 마케팅에 많은 자금이 많이 들어간다는 것이다. 영향력 있는 채널에 광고와 마케팅을 진행하고자 하면 억 단위는 우습게 깨질 수도 있다. 만드는 게 문제가 아니라, 홍보 마케팅을 하는 게 훨씬 더 어렵다. 초기 목표는 아이디어를 사업화하여 런칭하는 것이지만 런칭 이후에도 가야할 길이 멀고도 험하다. 그리고 그 다음과정도 지원사업을 통해서 도움을 받을 수 있다.

서. 농업 귀농귀촌 / 귀어귀촌

창업을 꼭 도시에서만 할 필요는 없다. 지방소멸이 심각해진 지금 지방에서 새로운 기회를 찾는 것도 방법이 될 수 있다. 향후 30년이 지나면 대한민국의 60% 이상이 아무도 살지 않는 지역이 될 것이라고 한다. 농촌의 인구 감소는 심각하다. 이를 해결하고 지방경제를 활성화하기 위해서 귀농귀촌과 귀어귀촌을 적극적으로 장려하고 있다. 주택 구입지원과, 정착지원 등을 통해서 젊은 세대들에게 새로운 가능성을 열어 놓고 있다.

포털 사이트에서 '귀농귀촌'을 검색하면 '귀농귀촌종합센터'[59]를 '귀어귀촌'을 검색하면 '귀어귀촌종합센터'[60]를 찾을 수 있다. 귀농귀촌지원센터는 농림수산식품부와 농림수산식품교육문화정보원에서 운영하고 있으며, 귀어귀촌지원센터는 한국어촌어항공단에서 운영하고 있다. 귀농농업창업(귀어창업) 및 주택구입 지원사업과 정착지원 등 다양한 지원정책들을 볼 수 있다.

〈귀농귀촌종합센터 / 귀어귀촌종합센터〉

---

59) https://www.returnfarm.com
60) https://www.sealife.go.kr/

지방소멸 막는다, 매년 1조씩 10년간 지원…[61]
정부, 인구 감소 지역 89개 시·군·구 첫 지정… 지방 살리기 본격 나서
〈문화일보〉

지방 인구 감소가 심각하며 향후 많은 자금이 지방을 살리는 데 투입이 될 것으로 보인다. 2021년 행정안전부에서 인구 감소 지역을 89곳을 지정했으며 일자리 창출과 청년 유입을 위해 많은 국가 보조사업이 진행될 것으로 보인다.
대도시에서 새로운 기회를 찾는 것보다 더 많은 기회가 있을지 고민해 보도록 하고 정책의 변화를 예의 주시해 보자.

 귀농하여 창업을 하는 것에 대해 너무 희망적으로만 생각하지는 말자. 생각보다 힘든 농사일에 포기하는 경우도 많고, 지역의 텃세도 극복해야 한다. 순박한 농촌이라는 이미지도 일찌감치 버리는 것이 좋겠다. 농민이 제일 무섭다라는 이야기가 있을 정도로 비즈니스에 민감하고 귀농을 하려는 사람들을 노리는 사기꾼들도 뉴스에 흔하게 나오고 있다. 그냥 만만하게 고향 가서 농사나 지으며 살 수 있는 수준이 아니다.

어. 사회적경제 / 사회적기업 / 마을기업 / 협동조합

 '사회적경제'라는 단어가 많이 익숙해지고 있다. 지역마다 지원센

---

61) 문화일보 2021년 10월 18일 자 기사

터들을 두고 지역경제 활성화, 일자리 창출, 지역문제 해결 등을 위해 애쓰고 있다.

'사회적경제'라는 단어는 '양극화 해소, 일자리 창출 등 공동이익과 사회적 가치의 실현을 위해 사회적경제조직이 상호협력과 사회연대를 바탕으로 사업체를 통해 수행하는 모든 경제적 활동'이라고 설명되어 있다.[62]

사회적인 이슈를 해결하면서 다양한 경제활동을 하는 조직형태와 경제활동을 이야기하는데 크게 사회적기업, 협동조합, 마을기업, 자활기업의 형태로 나뉘게 된다.

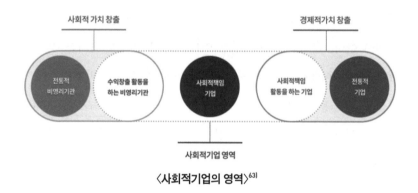

〈사회적기업의 영역〉[63]

'사회적기업'은 '영리기업과 비영리기업의 중간 형태로, 사회적 목적을 우선적으로 추구하면서 재화·서비스의 생산·판매 등 영업활동을 수행하는 기업(조직)'을 이야기하는데 주로 일자리창출, 지역경

---

62) 네이버 지식백과
63) 이미지 출처: 사회적기업진흥원 홈페이지

제 활성화, 사회서비스 확충 등의 유형으로 운영이 된다.

　사회적기업으로 인증이 되면 다양한 지원이 이루어지게 되며, 공공기관에서도 우선 구매제도를 통해서 도움을 받을 수 있게 된다. 지역경제를 살리고, 일자리를 만들어 내면서 좋은 일을 하면서 사업도 할수 있어, 많은 사람들이 관심을 가지고 있는 기업의 형태이다.

〈사회적기업 진흥원과 협동조합 홈페이지〉

사회적기업으로 창업을 하기 위한 다양한 지원사업도 운영이 되고 있는데 대표적인 사업이 '소셜벤처 지원사업'과 '사회적기업가 육성사업'이다. '소셜벤처'란 '개인 또는 소수의 기업가가 사회문제를 해결할 혁신적인 아이디어를 상업화하기 위해 설립한 신생기업'이라고 이야기하고 있다. 사회적 문제를 해결하는 벤처기업이라고 생각하면 된다. 다양한 경진대회와 사업화지원이 있다.

'사회적기업가 육성사업'은 '사회적경제기업 창업을 준비 중인 팀을 선발하여 사회적 목적 실현부터 사업화까지 창업의 전 과정을 지원'하는 사업으로 장기적으로 사회적기업을 육성할 꿈나무들을 지원하는 사업이다. 사회적기업의 특성상 일반 기업의 기업가정신과는 다른 사회적기업가 정신이 필요하게 되며 이 부분이 사회적기업을 운영하는 가장 중요한 요소가 된다.

'사회적기업'은 인증제도로 일반적으로 '예비사회적기업'을 거쳐 '사회적기업'으로 인증이 된다. 예비사회적기업으로 인증이 되면 인건비 지원, 전문 인력 지원, 사업개발비 지원, 사회보험료 지원, 세제 지원 등을 통해서 지속적으로 기업 성장을 위해 도움을 받을 수 있다. [64]

협동조합

협동조합은 다섯 명 이상의 발기인이 모여서 설립 운영할 수 있는 법인형태의 기업으로 크게 일반협동조합, 직원협동조합, 사회적 협동조합으로 나눌 수 있다. 사회적경제를 이야기할 때 사회적기업과

---

64) 사회적기업진흥원 홈페이지 www.socialenterprise.or.kr

함께 거론되는 대표적인 기업형태이다.

협동조합은 주식회사와 다른 개념의 회사형태로 자본주의의 다양한 문제해결을 위해 만들어졌다. 때문에 주식회사와 개념이 많이 다른데 가장 크게 다른 점은 최소 5명 이상의 조합원이 모여야 하며, 한 조합원의 지분이 30%를 넘을 수 없다. 또한 지분을 많이 가지고 있다고 해도 의결권이 하나밖에 없기 때문에 모든 조합원이 동등한 권리를 갖게 된다.

처음에 협동조합을 접하게 되는 사람들은 다소 이해하기 어려울 수 있으나 조직을 어느 한 사람의 손에 들어가지 못하게 하고, 모두가 힘을 합쳐 운영하게 한다는 점에서 많은 장점을 가지게 된다. 협동조합은 워낙 내용이 많아 많은 공부가 필요하며, 설립을 하는 데에만 약 한 달 이상이 걸릴 정도로 많은 시간과 노력이 필요하다. 관련하여 협동조합 홈페이지[65]에서 협동조합 설립, 운영 등에 대한 다양한 정보를 찾을 수 있다.

소상공인시장진흥공단의 소상공인 협업활성화 사업[66]

소상공인시장진흥공단 홈페이지에서 협업활성화 카테고리에 가 보면 소상공인들의 협동조합을 지원해 주는 프로그램을 찾을 수 있다. 3년 미만의 초기 단계의 경우 최대 1억 원, 4년~6년 차의 성장단계에서는 최대 2억 원, 설립 7년 차 이상의 도약단계에서는 최대 5억 원을 지원받을 수 있다.

---

65) 협동조합 홈페이지 www.coop.go.kr
66) https://www.sbiz.or.kr/cop/main/copMain.do

좋은 협업기업들이 모여서 운영하게 되면 많은 도움을 받을 수 있으니 꼭 참고해 보도록 하자. 매년 사업이 조금씩 바뀌고 있으니, 소상공인시장진흥공단 홈페이지의 공지사항을 참고하도록 한다.

서울시자영업지원센터의 협업사업화[67]
www.seoulsbdc.or.kr 〉 사업안내 〉 자영업협업화

서울시자영업 지원센터에서도 비슷한 협업사업화를 지원하고 있는데 소상공인 시장진흥공단의 사업보다는 심플한 조건을 가지고 있다. 조합설립이 필요하지 않아 어려운 설립 절차를 건너뛸 수 있다. 마음과 뜻이 맞는 소상공인이 3명이 모여서 신청을 하게 되면 최대 5천만 원까지 지원을 받을 수 있다.

이 사업은 연초에 관련 자료를 확인하고 설명회를 꼭 참석을 하여야 한다. 가장 이상적인 케이스는 동종업계 3명의 소상공인이 모여서 함께 사용할 수 있는 장비 등을 지원받고, 마케팅과 브랜딩을 함께하는 것이다. 3명의 뜻을 맞출 수 있는 소상공인이 있다면 함께 사업화할 수 있는 방법을 모색해 보자.

사회적기업과 협동조합 외에 '마을기업'의 형태도 있다. '마을기업'은 '주민이 지역공동체 이익을 실현하기 위해 설립·운영하는 마을 단위의 기업'이라고 정의하고 있다.[68]

마을의 사업을 마을 내 주민들이 참여하는 기업을 조직하여 공동으로 사업을 진행해 나가게 되며 지역주민들의 일자리창출과 체험, 공동 상품판매 등의 사업을 하게 되며 수익금은 다시 주민들과 함께 나

---

67) https://www.seoulsbdc.or.kr/cs/contents.do?contentCd=about4
68) 위키백과사전

누는 형태로 이루어진다. 주로 마을 단위의 체험사업이나, 공동판매가 많아 협동조합의 형태로 이루어지는 경우가 많다.

마을기업의 설립요건은 지역주민 5인 이상이 출자한 법인이어야 하며, 신청은 해당 시·군에 접수하면 된다. 이후 시·도 심사를 거쳐 행정안전부에서 지정하게 되는데, 매년 10월에 발표가 이뤄진다. 마을기업으로 선정되면 최대 3년간 1억 원을 지원받게 된다. 한편, 마을기업 지정 이전 준비과정을 지원하는 예비마을기업 때는 1,000만 원을 지원한다.[69] 자세한 내용은 지역의 사회적경제지원센터와 지자체 사회적경제과에 문의해 보도록 하자.

사회적기업, 협동조합, 마을기업 등 사회적경제 기업은 다양한 지원프로그램이 존재하여 많은 사람들이 관심을 가지고 있는 기업형태이다. 그러나 일부 사업의 좋은 취지에 관심이 없이 지원 프로그램들에만 관심이 있는 경우들도 많다. 이럴 경우 운영을 하면서 많은 어려움이 생기게 되는데 초기 단계에서 정확하게 사업의 취지를 조직원들이 이해하고 중장기 플랜을 세워 놓는 것이 중요하다. 때문에 사회적기업가 육성사업이 중요한 이유이기도 하다. 잘만 운영되면 사회적문제 해결은 물론 다양한 혜택을 받을 수 있는 사회적경제에 많은 관심을 가져 보자.

69) [네이버 지식백과] 마을기업(시사상식사전, pmg 지식엔진연구소)

저. 1인 창조기업 / 1인 창업

「1인 창조기업 육성에 관한 법률」에 따르면 1인 창조기업은 지식서 비스업 및 제조업 분야에서 창의성과 전문성을 갖춘 1인 또는 5인 미 만의 공동사업자로서 상시근로자 없이 사업을 영위하는 자를 일컫는 다. 주로 지식서비스 분야에서 독특한 아이디어를 가지고 창업을 하 는 기업들을 이야기한다. 정부에서 한동안 1인 창조기업을 매우 많이 육성하고 지원을 많이 하였다. 생계형 자영업을 창업하기보다는 자 신만의 노하우를 가지고 혼자서 가볍게 창업을 하여 효율을 높일 수 있기 때문이다.

이 책을 읽고 있는 40대~50대분들에게 가장 적합할 수 있다. 오랜 직장생활을 통해서 쌓인 노하우를 기반으로 운영할 수 있어 초기에 큰 자본금이 필요 없이 운영이 가능하다. 앞서 이야기한 프리랜서, 강 사, 컨설턴트 등이 모두 1인기업의 형태로 운영이 되는 경우가 많다. 자신만의 노하우를 가지고 있다면 제외업종만 빼면 모든 분야에서 가능하다. 자세한 내용은 www.k-startup.go.kr의 1인 창조기업지원 센터[70]를 참고하도록 하자.

1인 창조기업은 창업진흥원의 1인 창조기업 지원사업으로 사무실 등의 공간을 지원해 주는 사업들도 있으며, 원활한 사업진행을 위해 경영지원과 판로개척 등을 지원해 주기도 한다. 다양한 지원사업들 을 관련 사이트들에서 찾아보자.

---

70) k-startup.go.kr 〉 시설 · 공간 · 보육 〉 1인 창조기업 지원센터

※ 포털 사이트에서 1인 창조기업을 검색하면 다양한 정보가 나오고 있으며, 다소 지원사업이 모호해지고 있는 경향이 있다. 특히 1인 창조기업 지원사업이라고 확인하고 찾아갔는데 별다른 지원사업이 없거나, 심지어 시세보다 높은 가격을 요구하는 경우도 있으니 주의가 필요하다.

처. 신사업 창업사관학교[71] 활용하기

신사업창업사관학교는 소상공인시장진흥공단에서 운영하는 말 그대로 '신사업'을 준비하는 예비창업자들을 위해 사관학교처럼 집중적으로 교육을 시키는 프로그램이다. 2016년부터 현재까지 운영되고 있는 사업으로 많은 성과를 만들어 내고 있는 사업 중의 하나이다.

공식적으로는 '국내외 다양한 신사업 아이디어를 발굴·보급하고 성장 가능성이 높은 유망 아이템 중심으로 예비창업자를 선발하여 창업교육, 점포체험, 멘토링, 창업자금 등을 패키지로 지원'이라고 되어 있으며 사업에 선정이 되면 집중교육과 체험점포 운영을 통해서 창업을 하기 전에 미리 창업을 경험해 볼 수 있도록 한다. 과정에서 사업자등록과 매장운영, 마케팅지원, 멘토링 지원 등을 통해서 사관학교 졸업 이후 실전에서 생길 수 있는 다양한 경험을 미리 하도록 하여 시행착오를 최소한으로 줄여 주게 된다. 또한 창업자금 지원을 통

---

71) https://www.sbiz.or.kr/nbs/main.do

해서 매장 오픈에 따른 부담감을 최소화해 준다.

전국적으로 운영되고 있는 사업으로 매년 상반기 하반기 각 1회 모집 운영하고 있다.

〈전국사관학교 현황 - 2021년 기준〉

지부	전화번호	주소
서울강원사관학교	(02)717-9690	서울 마포구 독막로 320, 7층 드림스퀘어
부산울산경남사관학교	(051)463-0212	부산 중구 중앙대로 63, 부산우체국 12층 소상공인시장진흥공단 부산전용교육장
대구경북사관학교	(053)353-7667	대구 북구 옥산로17길 14, 리치프라자 2층 소상공인시장진흥공단 대구전용교육장
광주호남사관학교	(062)367-0135	광주 서구 천변좌로 268, KDB생명빌딩 24층 소상공인시장진흥공단 광주전용교육장
경기인천사관학교	(031)204-3014	경기 수원시 영통구 반달로 87 경기지방중소벤처기업청 4층
대전충청사관학교	(042)363-7494	대전 서구 대덕대로 227, 동서빌딩 6층 소상공인시장진흥공단 대전전용교육장
창업성장실	(042)363-7846~8	대전 중구 보문로 246, 대림빌딩 2층

활용팁 및 주의사항

신사업을 지원해 주는 사업으로 일반적인 사업으로는 선정이 어렵다. 말 그대로 아이디어가 담긴 '신사업'이 필요하다. 사업자금은 선정 시 자부담 50%로 실제 매장을 오픈할 예정인 분들은 큰 도움을 받을 수 있다. 자금은 현금 지급이 아닌 'e나라도움'이라는 시스템을 통해서 철저하게 관리된다. 부정 사용으로 사업비를 반환하는 경우들도 종종 있다.

매장형이 아닌 온라인 창업이나, 지식서비스 업종의 경우 사업비 집행에 다소 어려움이 있어 사업제 지원하기 전에 철저하게 사업이 본인에게 맞는지 확인해 볼 필요가 있다. 선정이 되었는데 사업비를 쓰기 어려움이 있는 경우가 종종 있다.

4

기업가 정신 /
비즈니스 마인드 만들기

• • •

최근 기업가정신이라는 단어를 많이 사용하는 것 같다.
기업가정신은 '기업을 운영하는 창업가 정신'을 이야기한다.

영어로는 entrepreneurship이라고 이야기하는데, 조금 어렵다.
전공을 한 사람도 어려운데 일반인들은 어떨까 싶다. 조그맣게
식당 운영해서 먹고살겠다는데 '기업가정신'은 조금 부담스럽기
도 하다.

거창한 '기업가정신'이 아닌, 그냥 '비즈니스 마인드'였으면 좋겠
고 조금 더 현실적으로 '상인정신'이나 '생존마인드'면 더 이해가
쉬울 수 있을 것 같다.

가. 기업가 정신 / 비즈니스 마인드

'기업가정신'이라는 단어가 있다. 말 그대로 '기업을 하기 위해 갖추어야 할 기업인의 마인드'를 이야기하며 다양한 정의와 해석이 있다. 너무나 많은 정의가 있어서 오히려 헷갈릴 정도다. 그래서 필자는 그냥 간단하게 비즈니스 마인드라고 표현하기를 좋아한다.

어떤 마인드가 비즈니스하기 좋은 마인드일까? 어떤 마인드를 가지고 있어야 창업을 해서 성공적일 수 있을까? 물론 열심히 노력하고, 적극적이고, 사교적이고, 똑똑하고, 전문지식을 가지고 있고 등등이라고 하면 당연히 좋을 것이다.

그런데 그게 다는 아닌 것 같다. 실제로 돈만 밝히는 양아치들이 성공하는 경우도 많고, 소심하고 사교적이지 않아도 신뢰를 얻어 분야에서 성공하는 경우도 많다.

'정답은 없다'가 가장 정답에 가깝다.

'운칠기삼'이라는 말처럼 운이 70%인 경우도 많다. 그렇다고 대충 사업하고, 운을 기다리자는 이야기는 아니다. 최대한의 노력을 하고 나머지는 운에 맡기는 것이다. 전 재산과 가족의 미래를 걸고 대충 사업을 하는 사람은 없을 것이다.

개인적으로 비즈니스 마인드의 가장 중요한 요소는 '**시장을 넓게 보고, 미래를 파악할 수 있는 똑똑함과 정보력**'이다.

또 하나는 '실행력'이다. 많은 사람들이 생각만 하고 실행을 하지 않는다. '이 아이디어 예전에 내가 다 생각했던 거야'라고 말하는 사람들이 많다. 아무리 좋은 아이디어라도 실행하지 않으면 아무런 소용이 없다.

혹시라도 지금 소심하고, 창업이 성격이 맞지 않는다고 생각하는 분이 있다고 하면 너무 걱정하지 말자. 정답은 없고 언제든지 변화할 수 있다.

필자는 이제 독립한 지 13년 차가 되어 가고 있다. 2010년 5월 정도에 독립을 하였는데 제일 어색했던 것은 바로 출근을 하지 않는다는 것이었다. 아침에 일이 없어서 집에 있으면 불안했고, 매달 정기적으로 들어오는 월급이 없으니 불안했다. 소심하고 거절 못 하는 성격에 강의를 하고, 사람들을 만나는 일이 너무 어렵다고 생각했다. 그런데 소심한 성격은 오히려 상대방에게 신뢰를 줄 수 있었고 거절 못 하는 성격은 일하는 데 도움이 많이 되기도 했다. 이제는 일이 없어서 쉬는 평일이 제일 편해졌고, '돈은 있다가도 없는 것'이라는 마인드로 바뀌었다. 지인들이 어떻게 그 성격에 사람들 앞에서 강의를 하냐고 이야기할 정도다. 먹고 살려면 사람은 어쩔 수 없이 변하게 되어 있다.

예전에 어떤 인터뷰에서 유명 작가가 한 말이 생각난다. 글이 가장 잘 써지는 때가 어느 때냐고 물었는데 '곳간에 쌀이 떨어져 갈 때'라고 이야기했다. 피부에 확 와닿았다. '궁즉변 변즉통 통즉구(窮卽變 變卽通 通卽久)'라는 말도 있다. 궁하면 변하고, 변하면 통하고, 통하면 오래간다는 말이다. 궁하면 변하는 수밖에 없다. 변화만이 살길이고 변하면 통하게 되어 있다.

나. 나의 전문 분야는? 나의 관심 분야는?

만약에 여러분이 40대나 50대라면 전문 분야가 있을 것이다. 최소 20년 정도는 분야에서 일을 해 왔을 것이고 당연히 관련된 전문지식도 있을 것이다. 이왕이면 전문 분야를 활용한 비즈니스가 훨씬 유리할 것이다.

여러분들의 전문 분야는 무엇인가?
그 전문 분야의 향후 전망은 어떠한가?

나만의 전문 분야로 비즈니스를 하게 된다면 가장 유리한 점은 경쟁력을 가질 수 있기 때문일 것이다. 관련 분야에 노하우가 있고, 인맥을 알고 있고, 익숙한 분야이니 시간과 시행착오를 줄일 수 있다. 가장 이상적인 SWOT 분석은 SO전략을 만들어 내는 것이다. SO전략은 강점과 기회를 합쳐 만드는 전략이다.

그런데 사람들을 만나 보면 전문 분야나, 관심 분야가 약한 분들도 많다. 오랫동안 관리직에서 일을 했거나, 관심 분야가 비즈니스와 별 상관이 없는 경우들이다.

비즈니스에 도움이 안 되는 일을 해 왔더라도 실망하지 말자. 오히려 전혀 새로운 일을 시작해서 잘되는 경우들도 많다. 전문 분야가 레드오션이어서 전혀 도움이 안 되는 경우도 수두룩하고 도움 안 되는 전문 분야로 창업하다가 인생이 꼬이는 경우도 많다.

필자는 대학에서 패션을 전공했다. 관련 의류업체 등에서 5년 정도 일을 하다가 일반 유통과 온라인 유통 분야로 옮겼다. 개인적으로 인생에서 가장 잘한 선택 중에 하나가 패션업계를 떠난 것이다. 많은 사람들이 자신의 분야를 떠나지 못하고 어쩔 수 없이 업계에 머무르고 있는 경우들을 많이 보았다. 전공과 경력을 두고 다른 분야로 옮기기가 쉽지 않기 때문이다.

자신이 오랫동안 일을 해 온 분야에서 성공하는 것도 좋지만 적성에 맞지 않거나, 전망이 없다면 빨리 떠나는 게 현명한 선택일 수도 있다.

자신이 해 온 일이 비즈니스에 별 도움이 안 된다고 하더라도 상관없다. 새롭게 시작한다는 마음으로 열심히 새로운 아이템을 찾아보도록 하자. 물론 기존에 관련 분야에 있던 사람들보다 훨씬 더 많은 공부와 노력이 필요하다.

4

가장 무서운 말 중에 하나 '배운 게 도둑질'

같은 업계에서 오랫동안 일을 하다 보면 그 업계를 떠나기 어려운 경우가 많다. 그래서 흔히 '배운 게 도둑질'이라는 말을 사용한다.

할 줄 아는 거라고는 관련 분야 일밖에 없으니 그 일을 계속하는 것밖에 방법이 없다. 새로운 일을 찾으려고 하면 시간이 많이 걸리니 도전을 하기도 어렵다.

도둑질을 벗어나기 위해서는 어쩔 수 없이 새로운 기술을 배워야 한다. 1년 2년 정도는 최소한 투자와 시행착오를 거칠 수밖에 없다. 투자를 하기 싫거나 시행착오를 하기 싫다면 어쩔 수 없이 할 줄 아는 도둑질을 하는 수밖에 없다. 그래서 '전과자'가 새로운 일을 하는 것이 어려운가 보다.

새로운 업을 만들고 싶다면 빨리 선택하고 시작해야 한다. 최소한 2년은 투자해야 남들 하는 만큼 할 수 있다. 그리고 그 시간은 생각보다 금방 지나간다.

새로운 분야에서 자리를 잡고 있는 굼벵이농장 사장님

몇 년전에 귀농을 한 대표를 만난적이 있다. 고등학교에서 정년을 마치셨는데, 새로운 인생을 준비하면서 만난 아이템이 '굼벵이'였다.

은퇴 후 농장을 차리기로 하고 공부를 하기 시작했다. 2년이 넘는 기간 동안 900시간이 넘는 교육을 받았으며, 농업마이스터대학, 생명농업대학 등 전문교육을 모두 이수하였고, 그 분야에 전문가가 되었다. 교육에 대한 엄청난 열정으로 최근 만난 대표들 중에서 가장 높은 학구열을 가지고 있는 분이었다. 지금은 분야 전문가로서 후배 귀농인들을 위해 강의를 하기도 한다고 한다.

새로운 트렌드 아이템은 기존 전문가가 많지 않다. 불과 2년 전에 업계에 뛰어든 사람이 업계 최고 전문가가 되어 후학을 양성하고 있는 교육센터 교수인 경우도 많다. 아이템에 따라 여러 가지 상황이 달라진다. 이왕이면 생긴 지 얼마 되지 않은 새로운 분야를 파악하고 미리 선점을 하는 전략도 고민해 보자.

다. SWOT 분석

SWOT 분석은 마케팅 관련 공부를 할 때 가장 기본적으로 배우는 툴 중의 하나이다. S는 Strength 강점, W는 Weakness 약점, O는 Opportunity 기회, T는 Threat 위협을 의미한다.

나의 강점과 약점, 그리고 기회와 위협을 통해서 현재 상황을 파악할 수 있다. 강점과 약점은 내가 컨트롤을 할 수 있다. 그래서 내부환경분석이라고 한다. 목표는 강점을 더욱 강하게 만들고 약점은 최대한 커버를 하는 것이다.

기회와 위협은 나의 의지와는 상관없는 외부의 기회와 위협을 적는다. 그래서 외부환경분석이라고 한다.

아래 표에 최대한 내용을 적어 보도록 하자, 적으면서 정리가 될 것이다. 생각만 하지 말고 꼭 다른 종이에라도 적어 보자.

강점	약점
나의 강점 나의 비즈니스의 강점	나의 약점 나의 비즈니스의 약점

기회	위협
외부적으로 도움이 될 수 있는 요인들 (사회문화, 기술적인 부분 등 모든 분야에서)	외부적으로 위협이 될 수 있는 요인들 (사회문화, 기술적인 부분 등 모든 분야에서)

강점	약점
20년간 관련 분야 업무경력 관련 분야 전공 풍부한 관련 인적 네트워크 풍부한 자금력(퇴직금) 가족들의 전폭적인 지지	처음으로 해 보는 창업 경영마인드 부재 마케팅 능력 부족 사업 파트너의 부재
기회	위협
1인 가구 증가로 인한 시장규모 증가 코로나로 인한 배달시장 증가	지속적인 불경기와 소비력 감소 인근지역 소비인구 감소 급속히 늘어나고 있는 경쟁업체

위의 표는 가상의 인물로 대략적으로 작성해 보았으나, 여러분들은 최대한 자세하게 내용을 많이 채워 보도록 하자. 핵심은 기회를 타고 강점을 강화해 나가는 것이다. 그것으로 경쟁을 피하고 최대한 시장을 장악하는 것이다. 약점은 최대한 커버한다.

	기회(OPPOTUNITY)	위협(THREAT)
강점 (STRENGTH)	**SO전략** 기회를 기반으로 강점을 더욱더 강화하는 전략	위협을 제거하고 강점을 강화하는 전략
약점 (WEAKNESS)	기회를 기반으로 약점을 커버하는 전략	위협을 제거하고 약점도 제거하는 전략

물론 모든 부분을 최대한 반영하여야 하겠지만, 가장 중요한 전략은 SO전략이다. 기회를 기반으로 나의 강점을 더욱더 강화해 나가는 전략이다. 나만의 SO전략은 무엇인가? 나를 더욱 강하게 만들어 줄 기회는 무엇이 있을까? 이 기회를 찾고 강점을 강하게 할 수 있다면

여러분은 충분히 시장에서 살아남을 수 있는 생존력을 가지게 될 것이다.

라. 창업은 왜 하려고 하는가? 창업의 동기는?

창업을 구분할 때 이론적으로 '기회형 창업'과 '생계형 창업'으로 나누는 경우가 있다. 생계형 창업은 말 그대로 먹고살기 위해서 창업을 하게 되는 경우다. 가족의 생계를 부양해야 하기 때문에 어쩔 수 없이 창업을 하는 경우다. 기회형창업은 시장에서 사업의 기회를 발견해서 창업을 하는 것을 말한다. 기회형창업과 생계형창업 중 어떤 것이 유리하냐고 물어본다면 당연히 기회형창업이다. 여러분들은 창업을 왜 하고자 하는가?

사업계획서를 작성하다 보면 맨 처음에 물어보는 항목이 있다. 바로 창업의 동기이다. 이 아이템으로 창업을 하게 된 이유를 묻는다. 뭐라고 작성하면 좋을까? '퇴직을 하게 되어 먹고살려다 보니 어쩔 수 없이 창업을 하게 되었'고 적을 수는 없다.

창업의 동기는
'시장에서 기회를 발견'했기 때문이어야 한다.
발견한 게 아니라도 억지로 기회를 만들어야 한다.

절대 먹고살기 위함이 아니다. 먹고사는 문제도 중요하지만 잠시 내려놓자. 어쩔 수 없이 내가 가장 경쟁이 심하다는 치킨집을 하게 되었더라도 억지로 기회를 만들어 내야 한다. 상권을 분석해 봤더니 상권규모에 비해서 치킨집이 많지 않고, 특히나 창업하려고 하는 중저가대 이런 스타일의 치킨집은 최근에 수요가 급증하고 있는데 지금은 거의 없더라, 그래서 이 시장에서 충분히 수요가 만들어질 수 있다고 판단했다. 등등으로 억지로 비즈니스의 기회를 만들어야 한다.

기회를 만들어 내지 못하면 어쩔 수 없이 생활비를 만들기 위해서 끌려 나와 닭을 튀겨야 하는 비참한 모습이 된다.

기회를 만들어 내면 충분히 시장에서 사업을 만들어 낼 수 있다는 자신감으로 마음가짐이 달라질 수 있다. 모든 일에 적극적인 마인드로 접근해야 하고, 정확하게 작전을 짜서 움직여야 한다. 작전은 사업계획서로 구체화 된다.

당신은 지금 전쟁터에 나가고 있다. 전쟁터에 나가는 목적은 무엇인가? 살아남기 위해서이다. 생존본능을 극대화하자. 살고자 하는 마음이 없으면 살아남기 힘들다.

우리는 지금 '생계형창업'도 아닌, '기회형창업'도 아닌
'생존형창업'을 하고 있다.

마. 하고 싶은 일 VS 돈 되는 일

예전부터 많이 듣던 질문인 것 같다. 그런데 지금은 조금 상황이 다르다. 지금은 나이도 40대~50대가 되었고, 생계를 책임져야 하는 가족도 있다. 물론 내가 좋아하는 일을 가지고 돈이 될 수 있다면 가장 이상적일 것이다. 그러나 좋아하는 일만으로는 비즈니스를 만들기 어려운 경우가 많다. 누구나 우아하게 돈 벌고 싶고, 쉽게 돈 벌고 싶고, 취미생활 하면서 돈 벌고 싶다.

생활에 여유가 있다면 물론 하고 싶은 일을 하면서 살 수 있겠지만, '생존'을 위해서라면 지금 물불을 가릴 때가 아니다. 당장 돈 되는 일이 우선이다.

지금 하고 싶은 일은 무엇인가?
돈이 되는 일은 무엇인가?

앞 장에서 했던 이야기를 잠시 다시 하자면 **창업의 동기는 '시장에서 비즈니스의 기회를 포착했기 때문'**이다. 돈이 되는 기회를 발견했기 때문에 하는 것이다.

하고 싶은 일 중에서 돈이 되는, 사업성이 있는, 시장성이 있는 일을 먼저 찾아보자. 아니면 사업성이 있는 일을 찾아서 그중에서 하고 싶은 일을 찾아보는 것도 좋을 것 같다.

지금 하고 싶은 일 중에서 가장 돈 되는 일은 무엇인가?

생각하는 돈 되는 일 중에서 가장 하고 싶은 일은 무엇인가?

바. 경쟁을 피하는 방법

경쟁을 피하는 방법이라고 썼지만 그리 쉬운 이야기는 아니다. 사업을 하다 보면 어쩔 수 없이 계속 경쟁을 해야 하는 상황이 생길 수밖에 없다. 그러나 지속적으로 경쟁을 피할 수 있는 방법을 찾아야 한다.

'블루오션'이라는 용어가 있다. 잔잔하고 푸른 바다로 경쟁이 없는 시장을 이야기하고, '레드오션'은 경쟁이 치열해서 피를 볼 수밖에 없는 핏빛 시장을 이야기한다.

경쟁을 피하는 방법들을 여러 가지가 있을 수 있다. 특허 등 지적재산권으로 독점적인 권한을 가지고 있어 경쟁업체가 들어오지 못하는 경우도 있고, 경쟁자들이 시장의 존재를 아예 모르는 경우도 있다. 나 혼자만이 시장을 알고 있어서 몰래 사업을 해 나가는 경우다. 투자비용을 많이 들여 압도적으로 시설로 경쟁을 없앨 수도 있고, 뛰어난 기술력이나 노하우가 있을 수도 있다. 무엇이 되었든 나만의 블루오션을 만들 수 있다면 최고의 비즈니스를 만들어 낼 수 있다.

1) 남들이 잘 모르는 시장 찾기

가장 이상적인 경우일 것 같다. 남들은 모르는 나만 알고 있는 비밀 시장이다. 사람들을 만나보면 의외로 독특한 사업 아이템으로 수익을 내는 사람들이 가끔 있다. 자신이 일했던 경험을 기반으로 남들이 모르는 시장을 만드는 경우도 있고, 전혀 생각하지 못했던 아이템을 판매하는 경우도 있다.

몇 년 전 미팅한 어떤 대표는 야한 속옷 판매를 부업으로 하고 있었는데, 상품의 부피가 작아 집에서 한쪽 벽면을 창고로 이용하면서 온라인으로 판매를 하고 있었다. 생각보다 매출이 괜찮다고 하고 사람들이 다소 부담스러워해서 오히려 판매자가 많지 않다고 한다.

최근에 폐기물 처리업체를 만날 기회가 있었는데 일이 험하고 꺼리는 업종이라서 걱정을 했었는데 종합소득세가 너무 많이 나와서 걱정이라고 한다. 법인전환을 하는 등 절세를 위해 다양한 고민을 하고 있을 정도로 사업이 잘되고 있었다.

남들이 꺼리는 아이템이 오히려 나만의 아이템이 될 수도 있다.

2) 변화하는 시장에서 비즈니스 선점하기

대한민국의 시장은 많은 변화를 겪고 있고 앞으로도 예정되어 있다. 변화가 생기면 기회가 생긴다. 기회를 먼저 찾을 수 있으면 경쟁을 줄일 수 있다. 시간이 지나 경쟁이 심해지면 시장을 떠나면 된다. 앞서 창업환경 분석에서 고민했던 인구고령화, 학생 수 감소, 퇴직인구 증가 등 급변하는 시장에서 선점할 수 있는 비즈니스를 찾아보자.

몇 해 전 반려동물 관련 자격증을 교육하는 협회와 미팅을 한 적이 있다. 간단한 자격증이었는데 며칠 정도 온라인 교육을 받고 간단한 시험을 치르면 자격증을 받을 수 있었다. 반려동물 시장이 커지다 보니 민간 자격증으로 교육사업을 하고 있는 것이다. 향후 시장의 변화를 파악하면 어떤 사업이 새로 생기고 번성할지 대략적으로 파악이 가능하다. 시장의 트렌드와 미래 환경 변화를 예의주시 하자.

3) 시장을 좁혀서 경쟁 피하기

시장을 좁힐수록 경쟁은 줄어들고, 영향력은 커질 수밖에 없다. 시장을 줄이는 방법은 고객을 좁히면 된다.

외국인 관광객 유입증가 〉 외국인 음식 시장 증가 〉 비건 및 할랄 등 특수 외식 수요 증가가 예상이 된다. 그중에서도 이슬람 관광객들로 고객을 좁혀 보자. 외국인들이 많이 찾는 홍대 인근에 '할랄' 전문 음식점을 차린다면? 시장규모는 줄겠지만, 경쟁은 확실하게 줄어들게 된다. 아니 독점을 할 수도 있다. 물론 시장성 평가가 필요하다.

(7장 마케팅 전략수립 〉 하. 시장은 좁힐수록 강해진다 참조)

4) 리포지셔닝 / 포지셔닝을 옮겨서 경쟁을 피하기

마케팅에서 STP라는 용어가 있다. S는 시장세분화 segmentation을 T는 타깃팅 Targeting을 P는 positioning을 이야기한다. 포지셔닝은 소비자들이 인식하는 나의 상품과 서비스의 위치를 이야기한다. 경쟁업체들과의 거리를 이야기하는데 포지셔닝맵에서 나의 위치를 이동하는 것을 리포지셔닝이라고 한다.

이때 기존 위치보다 경쟁이 없거나 유리한 상황의 위치로 이동하게 된다. 이를테면 커피숍이 있는데 경쟁업체와 가격도 비슷, 매장도 비슷하여 손님들이 겹치는 경우이다. 이럴 때 콘셉트를 바꿔 일반커피숍이 아닌 디저트카페로 바꾼다든지, 스터디카페로 바꾸는 경우를 이야기한다. 포지셔닝이 바뀌면서 경쟁을 피해 나갈 수 있다.

업종전환 융복합을 통한 리포지셔닝

최근 업종전환, 융복합이라는 단어가 많이 쓰이고 있고, 관심도 많아지고 있다. 정부에서도 지원을 해 주기 위해 노력하고 있는 분야이다. 기존 사업에 새로운 업종을 추가를 하거나 사업 변경을 통해서 돌파구를 찾는 것이다.

커피전문점에서 커피교육 및 체험프로그램을 운영하거나, 향수 도소매업에서 '향수 체험' 서비스를 운영하는 경우도 보았으며, 딸기농장에서 딸기잼을 제조하고 딸기체험까지 하는 경우들도 있다. (이런 경우를 6차산업이라고 한다.)

다양한 업종전환, 융복합 아이디어를 통해서 새로운 시장을 만들어 내고 리포지셔닝을 통해 경쟁을 줄여 나갈 수 있다.

5) 자격증, 총판권, 독점권, 특허 등의 권리

가장 많이 선호하는 경쟁을 피하는 방법은 법적인 권리를 활용하는 것이다. 의사나 약사, 변호사, 세무사, 변리사 등 면허가 있어야 사업을 할 수 있는 직업이 있다. 거창하게 의사가 아니더라도 간단한 민간 자격증도 사업을 하는 데 도움이 된다.

유통사업의 경우 총판권등 의 권리를 확보하여 다른 업체에서 상품을 취급하는 것을 막을 수 있고, 특허와 지적재산권을 통해서 차별화된 경쟁력을 확보할 수 있다.

그래서 사업계획서를 작성할 때 가장 중요한 내용 중의 하나가 지적재산권이다. 취급하고 하는 상품의 지적재산권이 있다는 것은 훨씬 더 편하게 사업을 있는 조건을 당연히 만들어 준다.

사. 고객가치에 집중하기, 핵심가치 만들기

사업을 하는 이유는? 당연히 돈을 벌기 위해서 하는 것이지만, 돈만을 목적으로 사업을 한다고 하면 여러 가지가 복잡해진다. 돈을 버는 것(수익의 극대화)을 목적으로 사업을 하게 되면 외식업의 경우 원가를 낮추고, 서비스를 낮추고, 테이블 회전을 늘려야 한다. 음식을 만들 때도 최대한 빨리 만들고 직원들의 인건비도 줄여야 한다. 악덕 사업주가 되어 간다. 가장 먼저 눈치를 챌 사람들은 물론 고객이다. 서비스 품질이 낮아지니 자연스럽게 고객들도 떨어지게 되고, 매출도 같이 떨어지게 될 것이다.

이번에는 고객가치에 집중해 보자. 고객가치란 상품이나 서비스가 고객에게 전달할 수 있는 쓰임새, 쓸모, 이유를 이야기한다. 쉽게 고객이 우리의 상품이나 서비스를 이용해야 하는 이유를 만들어 내는 것이다. 그중에서 가장 핵심적인 이유를 '핵심가치'라고 할 수 있다. 핵심가치는 사업을 운영하는 가장 중요한 이유이고 운영철학이다.

외식업에서 핵심가치를 만들어 낸다면 '음식을 통해서 고객들에게 행복한 만족감을 선사하기'가 될 수 있을 것 같다. 수익은 다음이다. 핵심가치를 세우고 나면 모든 의사결정이 조금 쉬워진다. 이 핵심가치는 의사결정의 기준이 된다. 거래처에서 품질이 불량한 저렴한 가격의 재료를 가지고 온다면? 수익 극대화를 위해서는 저렴한 가격의 재료를 사용해야겠지만, 고객을 만족을 위해서는 예산이 허락하는 한 가장 좋은 재료를 찾기 위해 노력할 것이다. 원가절감이 목표가 아닌 고객만족이 목표가 되는 것이다.

이렇듯 고객가치에 집중하게 되면 사업의 운영철학이 생기게 되고 보다 높은 수준의 사업운영이 가능해진다.

첫 번째 고객가치를 '고객만족'으로 설정해 보자. 만족한 고객들로 사업이 더 번창하게 되고, 자연스럽게 수익이 늘어나게 된다.

물론 무조건 고객서비스와 상품 품질을 최상으로 맞추자는 이야기는 아니다. 내가 할 수 있는 기준선을 만들어 놓고 고객서비스에 집중해야 한다. 일반 음식점을 운영하면서 호텔 수준의 고급재료와 서비스를 제공할 수는 없다.

중요한 것은 모든 비즈니스의 시작은 '고객'이라는 것이고 '고객'에 집중해야 한다는 것이다.

필자의 핵심가치, 고객가치

독립을 하고 나서 초기에 매출에 집중을 했다. 일이 많아지고 시간이 부족해지니 업무효율이 떨어지고, 서비스 품질이 떨어졌다. 그러다 업무 관련 사고가 몇 번이 나고 나서 마인드를 바꾸기로 하였다. 매출에 대한 생각을 버리고, 업무에 집중하기로 했다.

핵심가치를 돈이 아니라 '어려운 소상공인을 돕는 것'으로 생각을 바꾸고 나서 일을 도와줄 파트너도 구했다. 매출에 대한 생각을 머릿속에서 지우고 나니 일하기도 편해졌고 일이 성과가 나오기 시작했다. 일을 줄이려고 하니 일이 더 늘어났고 매출에 신경을 안 쓰니 오히려 매출이 늘어나는 경험을 하게 되었다. (물론 비용이 많이 나갔다.)

일에서 성과가 나오니, 평가도 좋아지고, 사람들을 만나는 것도 즐거워졌다. 선순환이 이루어지기 시작했다. 고객가치에 대한 기본 사고를 바꾸고 나니 많은 것들이 변화하기 시작했다.

아. 고객이 찾아올 수 있는 명확한 이유 만들기

밸류(VALUE), 가치라고 하는 좋은 단어가 있다. 그런데 이 가치라는 단어를 설명하기가 참 어려웠다. 그래서 지금은 대략 '이유'라고 설명한다. 딱 맞지는 않는데 대충 들어맞을 때가 많다.

고객가치, 핵심가치 등의 단어를 설명할 때 '고객이 우리 매장을 찾아와야 하는, 우리 상품을 구매해야 하는 이유'라고 설명한다. 핵심가치는 그중에서 가장 중요한 이유이다. 기업의 핵심가치는 '고객들이 그 기업의 상품과 서비스를 구매해야 하는 핵심적인 이유'이다. 그럼 지금 창업을 하고자 하는 아이템(상품, 서비스)을 고객이 수많은 경쟁사 상품들 제쳐 놓고 구매해야 하는 이유는 무엇일까?

최대한 많이 적어 보자. 생각이 안 나면 억지로라도 만들어야 한다.

고객이 당신의 상품과 서비스를 구매해야 하는 이유(고객가치)는 무엇인가?

그중에서 가장 중요한 이유(핵심가치)는 무엇인가?

사례: 고객이 커피숍에 찾아와야 할 이유 만들기

오래전에 평택에서 차량으로 5분 정도 떨어진 곳에서 운영하고 있는 커피숍 미팅을 한 적이 있다. 요청사항은 매출이 안 나온다는 것이었다. 매출이 안 나올 만했다, 인근에 상권이 형성되기 전이었고 허허벌판에 듬성듬성 건물이 있었다. 바로 옆에도 큰 공터가 있었다. 유동인구가 없으니 당연히 커피숍에 사람도 없었다.

어떻게 하면 매출이 오르게 할 수 있을까?

시내에서 차량으로 5분 정도 걸리는 커피숍에 고객들이 찾아와야 하는 이유를 만들어야 했다.

대표와 함께 고민을 하다가 억지로 만들어 낸 고객가치(고객이 찾아와야 하는 이유)가 바로 **'평택에서 가장 주차가 편한 커피숍'**이었다. 바로 옆 공터에 차량을 100대 이상은 세울 수 있을 것 같았다. 이러한 이유면 고객들이 찾아올 수 있을까?

필자라면 갈 수 있을 것 같다. 외부에서 고객들이 여러 대 차량으로 오거나, 회의를 조금 편하게 하고 싶거나 등등 매일은 아니더라도 가끔은 갈 수 있을 것 같다. 필자와 같은 생각을 하는 사람이 10%~20% 정도는 있을 것 같다.

그러면 다른 이유를 또 만들어 보자.

이번에는 **'평택에서 가장 회의하기 좋은 비즈니스 커피숍'**이다. 내부 공간도 넓어서 구석에 룸을 만들고 프로젝터라도 하나 가져다 놓으면 충분히 단체 회의공간이 나올 수 있을 것 같다. 회의실이 없거나 단체 손님들이 미팅할 때 사용하는 공간으로 활용한다면 다양한 모임들이 이루어질 수 있을 것 같다. 이러한 단체 고객들이 일주일에 2번만 온다고 해도 한 달이면 최소 8회가 된다. 최소 몇십만 원의 매출을 올릴 수 있다.

이런 식으로 여러 가지 고객들의 니즈를 찾아서 이유를 만들어 준다면 조금씩 매출이 늘어날 것이다. (물론 이유만 만든다고 고객이 찾아오지는 않는다. 적극적으로 그 이유를 세상에 알려 나가야 한다. 본격적으로 마케팅이 필요하게 된다.)

또 다른 사례는 향수와 방향제를 판매하고 체험하는 매장이었다. 임대료도 비싸서 한동안 어려움을 겪고 있었는데 대표가 고민 끝에 만들어 낸 아이디어가 '커플 데이트코스'였다.

일반 향수, 방향제 판매, 체험이 아닌 커플이 와서 향수체험을 하면서 데이트를 하고 나갈 때 '나만의 향수'를 가지고 나가는 것이었다. 대표의 아이디어가 괜찮아서 '체험단 마케팅[72]'을 진행을 하고 여기저기 열심히 홍보를 하게 되었다.

그리고 약 6개월 뒤 그곳은 인근지역에서 가장 유명한 데이트코스가 되었다. 단순히 향수를 체험하고, 방향제를 판매하는 곳에서 전혀 새로운 '이유'를 만들어 홍보를 하게 되니 고객들이 찾아와야 할 이유가 명확하게 생긴 것이다.

이처럼 고객이 찾아와야 하는 이유는 억지로 만들어 줘도 좋다. 다

---

72) 블로그 체험단, 인스타 체험단 등을 불러서 마케팅을 하게 된다.

시 한번 고객이 우리 상품과 서비스를 구매해야 하는 이유는 무엇인지 고민해 보고 적극적으로 만들어 보자.

USP(Unique Selling Point)
비슷한 개념으로 USP라는 용어가 있다. 말 그대로 유니크한 판매 포인트이다. 나만의 차별화된 독특한 판매 포인트는 무엇인가?

자. 나만의 카테고리, 타이틀, 명칭 만들기

최근 컨설팅을 하면서 강조하는 것 중의 하나가 '나만의 카테고리를 만들기'이다. 국내 최초라는 타이틀을 만들고 싶은 것이다. 필자의 직업도 그냥 단순하게 컨설턴트, 강사로 칭하는 것이 아닌 **'비즈니스 큐레이터'**라고 칭해 보았다. 국내 1호 비즈니스 큐레이터가 되는 것이다. (찾아보니 먼저 사용한 분이 있기는 하다.) 창직이라는 말이 있다. 창업은 비즈니스를 만드는 일이지만, 창직은 기존에 없던 새로운 직업을 만들어 내는 일이다. 내가 하고 있는 일에 새로운 가치를 불어넣는 일이다.

최근에 만난 미용실에서 마케팅을 위한 콘셉트를 잡으면서 기존 미용실과는 다른 명칭으로 **'헤어 아뜰리에'**라는 콘셉트를 잡아 보았다. 머리를 깎고 염색을 하는 집이 아닌 헤어를 통해서 작품을 만들 것 같은 분위기를 만들어 본 것이다. 그리고 중년 남성들이 한 달에 한 번 해야 하는 흰머리 염색을 하면서 커트와 두피관리, 페이스관리까지 해 주는 토탈 헤어 & 페이스 케어 솔루션을 만들기로 했다. 기존 미용실과 차별화하기 위해 중년 남성을 타깃으로 잡고 고객들에게 맞는 맞춤 서비스를 만들어 낸 것이다. 그리고 서비스 이름을 **'테슬라 케어'**라고 이름을 정했다. 이름만 새로 멋지게 지어도 전혀 새로운 서비스가 만들어진다.

4년쯤 전에는 동대문에 있는 청바지 브랜드 디자이너들과 미팅을 한 적이 있다. 청바지 하나에 15만 원이 넘는 고가 브랜드였는데 판매를 하다 보면 한결같이 '뭐가 이렇게 비싸냐?'는 문의가 왔다고 한다. 15만 원이 넘으니 필자 같아도 비싸다고 불평을 할 것 같다. 홈쇼핑에서는 6만 원에 3~4벌도 살 수 있는데 말이다. 그래서 고민 끝에 **'신진 디자이너들이 참여해서 만든 데님크루 브랜드'**라는 콘셉트와 명칭을 만들어 냈다. 그리고 판매를 할 때 자신감을 가지고 이 청바지는 신진 디자이너들이 만든 '데님크루 브랜드'라고 설명을 해 보라고 했다.

그리고 한 달 뒤 연락이 왔다. 기존에는 비싸다는 반응이 대부분 이었는데 콘셉트를 잡고 설명을 하자 사람들이 '생각보다 싸네'라는 반응이 나왔다고 한다.

상품을 조금 포장했을 뿐인데 전혀 다른 상품이 된다. 나의 가치는 내가 높여야 한다. 나의 브랜드 가치는 내가 높여야 한다. 내가 나를 존중해 주지 않으면 아무도 존중해 주지 않는다.

직업도 마찬가지이다. 작년 초에 만났던 설기떡을 전문으로 만드시는 대표님이 있었다. 그 대표가 이런 이야기를 했다. 커피를 만드는 사람은 바리스타, 빵을 만드는 사람은 '파티쉐', 초콜렛을 만드는 사람은 '쇼콜라티에', 요리사는 '쉐프' 등 멋진 이름이 많다. 그런데 떡을 만드는 사람은 그냥 '방앗간 집 사장님'이라거나 '떡집 아저씨'라고 한다고 했다. 그래서 멋진 이름을 만들어 보고 있는 중이다. 한국 전통떡을 만드는 사람을 뭐라고 하면 좋을까? 그 이름을 처음으로 사용하는 사람이 국내에서 1호가 되는 것이다.

1등이라는 의미는 마케팅에서 생각보다 중요하다. 달에 간 수많은 우주인 중에서 우리는 '닐 암스트롱'만 기억하고 있는 것과 마찬가지다.

준비하고 있는 사업을 최대한 멋진 이름으로 포장해 보자. 혹시 새로운 명칭이나, 카테고리를 만들 수 있는지 고민해 보자.

차. 노하우 / 노웨어 / 노후

'노하우(know how)'라는 단어가 있다. 말 그대로 어떻게 하는 것인지를 아는 것이다. 그래서 예전에는 책을 보거나 지식을 습득할 때 나의 것으로 만드는 것이 매우 중요했다. 그러나 지금은 정보화 사회로 너무나 많은 정보를 손쉽게 얻을 수 있는 시대가 되었다.

'노하우(know how)'도 중요하지만 '노웨어(Know Where)' 정보가 어디에 있는지가 더 중요한 시대가 되었다. 많은 정보를 모두 습득을 하는 것이 불가능한 시대가 되었기 때문이다. 이제는 '노하우(know how)'의 시대가 아닌 '노웨어(know Where)' 시대가 되었다.

공부를 하고 이 책을 읽는 것도 비슷하다. 앞에 서론에서도 이야기했지만, 이 책을 정독하는 것을 원하지 않는다, 그냥 대충 읽고 어디에 어떤 내용이 있는지만 알아도 된다. 필요한 내용만 찾아서 습득할 수 있으면 된다. 깊게 한 분야에 전문가가 되는 것도 중요하지만 넓고 얕게 아는 것도 중요하다.

그래서 요즘 유행하는 책 중에 《지대넓얕》이 인기인가 보다.

'지적인 대화를 위한 넓고 얕은 지식'이다. 깊게 아는 것보다 대충 넓게 아는 것이 훨씬 좋다. 나의 손에는 스마트폰과 네이버, 구글이 있다.

그리고 다시 '노후(Know Who)'로 연결이 된다. '노후(Know Who)'는 정보를 알고 있는 사람을 아는 것이다. 관련 분야 전문가를 알고 있으면 필요할 때 연락해서 물어보면 된다. 우리가 모든 세무 관련 지식을 다 알고 있을 필요가 없이 필요할 때 세무사에 연락해서 물어보는 것과 같다. 물론 비용이 들어간다.

모든 것을 내가 다 알 필요는 없다. 어디에 정보가 있는지를 파악하고 남은 시간을 보다 효율적으로 사용할 수 있다. 또한 전문가 멘토 등 정보를 가지고 있는 사람들을 주변에 두고 필요할 때 물어볼 수 있도록 하면 된다. 아웃소싱일 수도 있고, 멘토가 될 수도 있다. 세상은 넓고 정보도 많고 모든 것을 내가 다 알 수는 없다.

카. 자영업 정글 생존전략

시장, 마켓은 정글이다. 내가 누군가를 해치지 않으면 살아남기 어려운 곳이다. 최후의 목표는 생존이다. 우리의 목표가 성공이 아닌 생존이 목표가 되는 이유이다.

성공이 아닌 생존

1) 싸우지 않고 생존하기

사업을 해서 생존을 하기 위해서는 어떻게 해야 할까? 가장 좋은 방법은 경쟁을 피하고 숨어서 사업을 하는 것이다. 내가 판매하는 상품을 아무도 다른 사람들이 모르게 하거나 알아도 따라 하지 못하게 하는 것이다. 굳이 가격을 낮출 필요도 없고 그냥 혼자 판매할 수 있는 아이템, 남들이 전혀 모르는 아이템을 판매하는 것이 가장 이상적이다.

경쟁을 줄이고 숨어서 장사하는 것이다. 물론 언젠가는 노출되겠지만, 그때까지 경쟁력을 갖춰서 노출이 되더라도 경쟁할 만하게 만들어야 한다.

치열하게 힘으로 싸우는 방법도 있지만 싸우지 않고 이기는 방법이 가장 좋은 전략이다. 그리고 아무리 적은 싸움이라도 나에게 피해가 생길 수밖에 없다.

2) 싸울 거면 최대한 적극적으로 싸우기

가끔 타사와의 경쟁이나, 싸움을 너무 피하는 경우도 있다.

때로는 너무 우아하게 싸우려고 하는 경우도 있다. 상대방은 이미 온몸에 진흙 묻히고 진흙탕에서 뒹굴고 있는데 나는 정장에 넥타이를 입고 있다. 그리고 너무 우아하게 대화로 싸우고자 한다.

진흙탕 싸움에서 진흙을 묻히지 않고는 싸움을 할 수가 없다. 우아하게 전쟁을 할 수는 없다. 싸울 때는 최대한 적극적으로 싸워야 한다. 아니 죽을 각오를 하고 경쟁을 해야 한다. 남들은 밤새워서 신메뉴를 개발하는데 나는 저녁에 친구들과 술 먹으면서 시간이 없다는 핑계는 통하지 않는다. 싸워야 할 타이밍에 지레 겁먹고 도망가는 경우도 있다.

이럴 때 제일 좋은 방법은 싸움을 하지 않을 업종으로 변경을 하는 것이다. 내가 치열하게 살기 싫고, 우아하게 일하고 싶다면 그 업종을 떠나는 방법밖에는 없다. 나쁜 방법이 아니고 좋은 방법이다. 치열하게 살 수밖에 없는 업종에서는 어차피 평생 치열하게 살 수밖에 없다. 빨리 떠나서 다른 업종을 찾는 것도 좋은 방법이 될 수도 있다. 문제는 다른 업종을 찾아도 상황을 비슷할 거라는 거다. 도망만 다녀서는 안 된다.

독특한 콘텐츠로 교육을 하고 있는 강사

전문 분야를 교육하는 대표님이 있다.
주로 섬유 소재를 위주로 교육을 하는데, 패션관련 종사자들에게 소재별 특성들을 실습으로 교육하는 프로그램이다. 주로 의류매장 판매사원들과 신입사원, 업계 종사자들을 대상으로 교육을 하고 있었는데, 국내에 관련 교육하는 분이 없어 거의 독점적으로 국내에 있는 교육을 모두 평정을 해 버렸다. 더 이상 국내에 수요가 많지 않다고 생각한 후 중국과 일본으로 진출하기 위해 중국어와 일본어로 강의를 준비하고 있다. 지금까지 본 가장 독보적인 콘텐츠를 가지고 있는 분이다.

타. 긍정의 선순환 / 비즈니스의 선순환

'말 한마디가 천 냥 빚을 갚는다'고 한다. '웃는 얼굴에 침 못 뱉는다'는 말도 있다. 여러 가지 의미가 있겠지만 긍정적인 마인드와 태도를 말하는 것일 것이다.

필자가 가장 좋아하는 말 중에 하나가 **'긍정의 선순환'**이다.

긍정의 선순환

좋게 생각하고 행동하니 이게 좋은 일로 이어진다. '웃으면 복이 와요'와 비슷한 의미이다. 좋은 의도가 좋은 결과를 만들기도 한다. 자시작은 간단하다. 긍정의 마음으로 사람을 만나는 것이다. 고객들이 오면 좋은 미소로 응대하고, 식당이면 식사 맛있게 했는지 물어봐 주고, 나갈 때 "감사합니다. 또 오세요."라고 친절한 서비스를 하는 것이다. 다음 프로세스는 이렇게 흘러간다.

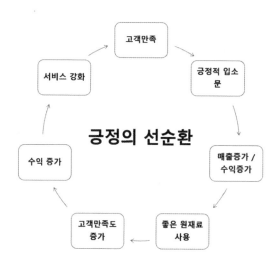

친절한 서비스 〉 고객 만족 증가 〉 고객 평점 증가 〉 고객 방문 증가 〉 매출 증가 〉 수익 증가 〉 원가율 감소 〉 좋은 원재료로 변경 〉 제품 퀄리티 증가 〉 고객 만족도 증가 〉 직원 만족도 증가 〉 서비스 증대 〉

매출 증가 〉 수익 증가 〉 인테리어 개선 투자 〉 시설 만족도 증가 〉 매출 증가 〉 수익성 증대 〉 직원 추가채용 〉 서비스 강화 〉 대표 업무시간 감소 〉 건강증진 〉 가족 만족도 증가 〉 계속해서 선순환 만들기

선순환구조를 만들어 돌아가기 시작하면 모든 것이 순조롭게 돌아간다. 이 고리가 스스로 돌아갈 수 있도록 옆에서 계속 신경을 써 준다.

나만의 선순환 구조를 만들어 보자.

비즈니스의 악순환은 정반대로 흘러간다.

매출이 떨어진다 〉기분이 안 좋다 〉직원들을 갈군다 〉직원 만족도가 떨어진다 〉고객 만족도가 떨어진다 〉매출이 떨어진다 〉재료를 저렴한 것을 사용한다 〉고객 만족도가 더 떨어진다 〉매출이 떨어진다 〉월급이 밀린다 〉직원 만족도가 떨어진다 〉고객 만족도가 떨어진다 〉매출이 떨어진다 〉생활비가 밀린다 〉가족 불화가 생긴다 〉사장 얼굴이 안 좋다 〉직원이 불안하다 〉매출이 떨어진다 〉계속 반복된다

끝도 없이 구렁텅이로 떨어지게 된다.

선순환구조를 만들 것인가? 악순환구조를 만들 것인가? 시작은 '긍정의 마인드'와 '웃음'이다. 우선 긍정적으로 생각하고 웃자. 웃어야 복이 온다.

국수집의 사례

몇 년 전에 서울에 있는 한 국숫집을 우연히 방문했다. 생각보다 너무 맛있었다. 생각했던 가장 이상적인 맛이었다. 조금만 마케팅에 신경을 쓰면 손님이 훨씬 더 많이 올 수 있을 듯하여 계산 후에 사장님과 이런저런 이야기를 해 보고 싶었다. 재능기부로 여러 가지 도움을 주고 싶을 정도로 맛있는 집이었다.

식사를 마치고 계산을 하면서 한마디 하려고 분위기를 잡고 있었는데 사장님은 그냥 찬바람이 쌩하게 불고, 필자는 쳐다보지도 않았다. 계산이나 하고 빨리 나가라는 분위기였다. (손님이 한 명도 없었다.)

도저히 말 붙일 분위기가 아니어서 아쉬움을 가지고 그냥 나왔다. 지금도 가끔 생각난다. '맛있게 드셨어요?' 한마디만 물어봐 줬어도 미친 듯이 도와주고 필자의 블로그에 후기도 엄청 열심히 남겨 줬을 텐데 아쉽다.

마지막 인상이 가장 오래 기억에 남는다

어떤 기업의 대표가 한 말이다. 서비스도 중요하지만 고객이 매장을 나가는 순간에 좋은 인상을 줘야 한다고 한다. 그 대표가 교육을 시킨 한 매장을 모임에서 방문한 적이 있는데 관광버스가 나가는 순간까지 주차장에서 허리를 숙이고 인사를 하고 있었다. 고객들이 나갈 때 최대한 정중하게 인사를 하라고 했다고 한다. 이후로는 강의를 할 때나 컨설팅을 할 때 최대한 마지막을 잘 마무리하기 위해 노력을 하고 있다.

파. 힘을 뺄수록 정확하게 간다, 욕심을 버리고 천천히

요즘 골프가 전 국민적인 스포츠가 되었다. 골프를 칠 때 처음에 가장 많이 듣는 이야기가 '힘을 빼고 쳐라'이다. 멀리 칠 수 있는 드라이버를 치게 되면 보통 200미터 전후로 날아가게 된다. 멀리 칠수록 유리하기도 하고 사정없이 공을 치면서 스트레스가 해소되기 때문에 살살 치기가 더 어려울 때도 있다.

그런데 힘을 세게 주고 치나, 천천히 치나 날아가는 거리는 별반 차이가 많이 나지 않는다. 오히려 힘을 빼고 스윙을 제대로 하는 방법이 더 멀리 가기도 하고, 거리가 적게 나오더라도 똑바로 갈 수 있어 훨씬 유리하기도 하다. 처음의 각도 1도 차이가 200미터, 후에는 몇십 미터 좌우 편차로 결과가 나타난다.

비즈니스도 비슷하다.

죽어라 열심히 해 봐야 뜻대로 안 되는 경우도 있고 마음 비우고 대충했는데 잘되는 경우도 있다. 너무 열심히 해서 몸이 아픈 경우도 많다. 약값이 더 들어간다. 앞으로 일을 20년 이상 해야 한다. 지금 중요한 것은 정확한 플랜을 세우고 페이스를 유지하면서 천천히 앞으로 나가는 거다. 조금씩 앞으로 나가다 보면 어느 순간 목적지에 갈 수 있다.

죽어라 일하다가 자리를 좀 잡고 장사가 될 만하니 아픈 대표들이 있다. 나이가 나이인 경우들도 있고, 물어보면 최근 5년 이상 병원에도 안 가 봤다고 하는 경우들도 있다. 바빠서 병원 갈 시간이 없었다고 한다. 허리 아파서 일을 오래 못 하는 경우들도 몇 번을 보았다. 먹고사는 것도 중요하지만, 건강을 챙겨야 한다. 건강을 잃으면 모든 것이 헛수고가 된다.

하. 폐업도 전략이 필요하다

폐업이 사회적인 이슈가 되어 버렸다. 너무도 많은 폐업자들이 사업을 정리하고 다시 재창업을 하고 있다. 상권도 급변하고 있고, 자영업도 더 늘어날 예정이니 향후 폐업은 더욱더 심각한 사회적인 이슈가 될 것으로 보인다.

생존을 이야기하면서 폐업을 이야기하는 것이 어려움은 있지만 어려운 사업환경을 억지로 끌고 나가는 것보다는 적절한 타이밍에 폐업을 하는 것도 좋은 방법이다. 새로운 출발을 할 수 있는 여력을 남겨 두는 것이다. 끝까지 버티다 보면 결국 아무것도 남지 않는다. 재창업을 할 수 있는 여지를 남겨 둬야 한다.

1) 적절한 타이밍에 빠져나오기

가끔 안 되는 장사를 끝까지 붙들고 있다가 계약기간 끝나서 원상복구까지 하고 나오는 경우를 보게 된다. 적당한 타이밍에 매장을 정리하고 나오는 것도 기술이다. 시간이 지나 비슷한 경쟁업체가 생겨나기 시작해서 매출이 떨어지고 난 후 매장을 넘기기 어려운 경우도 있고, 특히나 지금처럼 상권이 줄어들 것이 너무도 확실한 대학교 상권 등이라면 더더욱 그렇다. 타이밍을 놓쳐 피해가 커지는 경우들도 많다. 시장의 변화를 예의주시해야 할 때다.

2) 폐업 지원사업 활용하기

최근 경기가 좋지 않아서 폐업을 지원해 주는 사업이 많이 생겼다. 대표적으로 소상공인시장진흥공단의 '희망리턴패키지'[73] 사업이다. 점포철거비를 최대 250만 원(2022년 기준) 지원하고 있으며, 폐업을 도와주는 사업정리컨설팅으로 도움을 받을 수도 있다.

3) 재창업 지원사업 활용하기

폐업을 하고 난 이후 지원사업도 있다. '희망리턴패키지'를 확인해 보면 '재도전 역량강화' 사업이 있는데 폐업을 한 소상공인이 대상이다. 2022년 기준 최대 2000만 원의 재창업자금을 지원해 주고 있다.

4) 지자체 폐업지원사업

서울시와 경기도 등 지방자치단체에서도 소상공인들의 폐업지원을 해 주는 사업들이 있다. 보통 200만 원 내외의 점포철거비 등을 지원하고 있다. 폐업은 끝이 아니다. 새로운 시작이어야 한다. 폐업이 끝이 되지 않도록 많은 기관들에서 다양한 지원을 하고 있으니 꼭 참고해야 한다.

---

[73] https://www.sbiz.or.kr/nhrp/main.do

폐업이라는 단어 자체가 정신적으로 많이 힘든 단어이다. 때문에 대표들도 사업이 어려워 폐업을 앞두게 되면 멘탈이 거의 나가 있거나 자포자기하는 경우가 있다. 절대 포기하지 말고 적극적으로 새로운 방법을 찾아봐야 한다. 여기저기 생각하지 못한 지원프로그램이 많이 있다.

5) 국민취업지원제도 www.kua.go.kr

고용노동부에서 운영하고 있는 메인 취업관련 지원프로그램이다. 폐업 이후 취업연계를 적극적으로 지원해 주고 있다.

국민취업지원제도는 취업을 원하는 사람에게 취업지원 서비스를 종합적으로 제공하고, 저소득 구직자에게는 생계를 위한 최소한의 소득도 지원한다. 참여 자격요건을 갖춘 사람에게 고용복지플러스센터에서 관련 취업지원 서비스와 수당(비용)을 지원하고 있다. 기존 '취업성공패키지'라는 이름으로 운영되다가 2021년 1월 1일부터 새로운 명칭으로 운영되고 있다.

5

상권분석 /
온라인에도 상권이 있다

상권분석을 한다고 하면 실제 오픈할 매장 인근에서 유동인구
를 확인하고 상권과 입지를 확인하는 것이었는데
지금은 고객들의 동선이 너무 다양해졌다.
스마트폰으로 검색을 하고 모든 정보를 찾은 후에 매장을 찾아
가니 입지의 중요성이 약해지고 있는 것이다. 예전과 같은 방식
으로는 분석이 어려워졌다.

온라인에도 상권이 존재한다. 온라인 정보가 매우 중요하게 되
었고 고객의 구매여정에도 많은 변화가 생겼다.

보다 효과적인 상권분석을 위해 온라인과 오프라인을 모두 활
용해야 하는 시대가 되었다.

가. 상권분석의 중요성과 향후 과제

상권은 '상거래를 통해서 고객들의 거래가 이루어지는 공간적 범위'를 의미한다. 일반적인 오프라인뿐만 아니라, 온라인에서도 상거래가 이루어지기 때문에 온라인에서의 상권도 큰 의미를 부여할 수 있을 것이다. 상권이 오프라인에만 있는 것은 아니다, 온라인에도 상권이 존재한다.

그렇다면 현재 가장 사람들이 모여 있는 온라인 상권은 어디일까? 생각나는 곳은 네이버, 카카오톡, 유튜브, 인스타그램, 페이스북, 당근마켓, 지마켓, 쿠팡 등등일 것이다. 사람들이 모여서 상거래를 하는 곳을 시장이라고 하고 정보와 이야기를 나누는 곳을 광장이라고 하면 이곳들이 모두 시장이고 광장이다. 사람들이 많이 모여드는 곳이 가장 비즈니스 하기 좋은 곳이다.

오프라인에서 창업을 고민하고 있다면?

가장 중요한 것은 좋은 상권과 좋은 입지의 매장을 구하는 것이다. 그런데 최근에는 예전처럼 매장의 상권과 입지의 중요성이 줄어들고 있다. 온라인 마케팅과 입소문으로 상권과 입지가 좋지 않아도 고객들이 찾아오기 때문이다. 때문에 온라인에서도 상권분석을 해야 할 필요성을 느끼게 되었다.

향후 대한민국의 상권은 많은 변화를 맞을 예정이다. 인구의 변화에 따라서 미래의 상권이 빠르게 변화할 것이기 때문이다. 때문에 진정한 상권분석은 현재 상권의 모습이 아닌 향후 1년 뒤, 3년 뒤, 5년 뒤, 10년 뒤의 모습을 분석할 수 있어야 한다. 이제 상권분석은 오프라인 상권분석과 함께 온라인 상권분석 그리고 상권의 미래변화까지도 파악을 해야 하는 복합적인 분석이 필요하게 되었다.

나. 인구의 변화와 상권의 급격한 변화

대한민국의 상권은 향후 10년 동안 크게 변화할 수밖에 없다. 인구가 급격하게 변화하고 있기 때문이다. 앞에서 인구변화에 대한 이야기를 했지만, 상권과 함께 다시 고민을 해 보도록 하자.

인구의 변화와 상권의 변화

- 인구는 급격하게 고령화되고 있다
고령자가 많은 상권은 쇠퇴할 수밖에 없고 젊은 상권이 살아남는다.

- 청년 인구, 대학생 인구가 급격하게 줄어들고 있다
대학생 인구가 급격하게 줄어들어, 대학교 인근 상권은 지속적으로 쇠퇴하게 된다. 청년 인구 감소, 대학생 인구 감소로 전국적으로 대학가 상권은 향후 5년 안에 25% 이상 상권 규모가 줄어들게 될 것이며, 상권의 외곽에서부터 폐업매물이 늘어날 것으로 보인다.

서울 및 수도권의 대학지역은 상대적으로 상권축소 현상이 늦어질 수 있으나, 결국에는 서울 대학가 지역도 상권이 급격하게 줄어들 수밖에 없다. 혹시 지금 대학가 주변에서 매장을 고민하고 있다면 심각하게 향후 사업성 검토해야 한다.

- 도시집중화로 수도권으로 젊은 인구가 집중되고 있다

청년 인구는 직장 문제로 수도권 특히 서울로 집중화되었으며, 결혼적령기가 되면 주거 문제로 경기도 및 수도권으로 이주를 하는 경향이 강하다. 서울은 20대 30대가 몰리고, 경기도, 인천은 30대 중반 이상이 모이게 된다. 또한 신도시가 생기는 지역의 상권으로 30대가 몰리게 되면서 젊은 소비력을 갖게 된다.

- 지방은 급격한 고령화로 지방소멸의 위기가 다가오고 있다

앞서 이야기한 것처럼 지방소멸의 문제는 갈수록 심각해질 것으로 가급적 지방(?)에서의 창업은 심각하게 고려해야 한다. 지방에서도 거점이 되는 도시로 인구가 몰리게 될 것이므로 향후 거점도시의 변화에 주목해야 한다.

현재 고민 중인 상권의 분석을 통해서 해당 지역이 얼마나 고령화되고 있는지, 기본적인 소비력 있는지, 향후 소비력의 변화가 어떻게 될지 철저한 분석이 필요하다.

다. 상권분석 사이트 활용법

오프라인상의 상권분석의 의미는 '상거래에 영향을 미치는 모든 요소들을 측정하여 상권의 가치를 평가하는 일'이라고 설명할 수 있다. 예전에는 상권분석을 직접 나가서 오프라인에서 분석을 했지만, 지금은 온라인에서도 편하게 분석을 할 수 있다. 온라인 상권분석 솔루션이 너무 편하게 제공되고 있기 때문이다.

필자가 가장 많이 상권분석에 활용하고 있는 곳은 '소상공인시장진흥공단'의 상권분석시스템과 '네이버지도', '다음카카오지도', '구글지도'이다.

요즘은 공인중개사사무실에 가서 상가를 하나 보려고 해도 예전처럼 직접 걸어가서 매장을 보여 주지 않는다. 벽에 걸려 있는 대형 모니터와 연결된 PC로 네이버지도나, 다음카카오지도를 열어 놓고 로드맵을 통해서 매장을 보여 준다. 심지어 로드맵에서는 몇 년 전에 모습들까지도 볼 수 있다.

먼저 지도사이트를 통해서 대략적인 상권의 모습을 파악한다. 그리고 더욱 심층적인 자료들을 얻기 위해서 상권분석 사이트를 이용하게 된다.

소상공인시장진흥공단의 상권분석사이트는 포털 사이트에서 '상권 분석'을 검색하거나, sg.sbiz.or.kr로 직접 찾아 들어가면 된다. 상권 분석 전문가들도 대부분 상권분석 사이트를 참고해서 상권분석을 하고 있다.

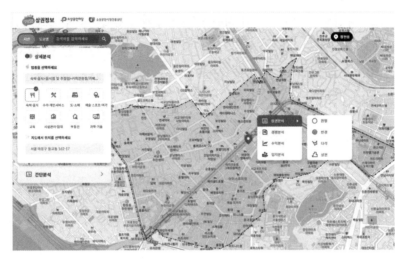

〈소상공인시장진흥공단의 상권분석 사이트 모습 캡처〉[74]

사용방법도 매우 간단하다. 사이트에서 로그인을 한 후 지도를 열고 상세분석을 선택한 후 업종과 지역을 선택하면 끝이다. 상권분석, 경쟁분석, 수익분석, 입지분석 등 다양한 분석을 할 수 있다. 분석을 시작하게 되면 약 10초 정도의 시간이 지나고 나서 다양한 데이터들을 볼 수 있다.

업종분석, 매출분석, 인구분석, 소득소비, 지역분석, 상권평가로 세

---

74) https://sg.sbiz.or.kr/

분화된 자료들을 볼 수 있으며, 각종 그래프들로 매우 쉽게 상권을 파악할 수 있도록 해 놓았다. 많은 자금을 들여서 개발해 놓은 사이트이며, 계속 자료들을 업데이트하고 사용자 편의성에 맞게 업그레이드하고 있어 더욱더 정확성과 사용자 편의성이 좋아질 것으로 보인다.

가장 많은 정보를 얻을 수 있는 항목은 '매출분석'과 '인구분석'이다. 매출분석은 카드사와 연동되어 신뢰 있는 정보를 제공하고 있다. 매출분석은 검색하는 지역의 선택업종의 평균매출이기 때문에 '평균의 오류'가 생길 수 있다. 근처에 대형매장이 많이 있으면 전체적인 매출 평균이 생각보다 많이 나오게 된다. 이를 감안하여 다양하게 분석해 보도록 한다.

또한 분석값은 절대적인 수치가 아니기 때문에 실제로 직접 다시 한번 확인해 보는 절차가 필요하다.

단위 : 만원, 건(%)

구분	업종		'21.07	'21.08	'21.09	'21.10	'21.11	'21.12
분석업종	커피전문점/카페/다방	매출액	883	956 (▲8.3%)	996 (▲4.2%)	1,182 (▲18.7%)	1,167 (▼1.3%)	1,138 (▼2.5%)
		건수	1,062	1,002 (▼5.6%)	1,024 (▲2.2%)	1,080 (▲5.5%)	1,010 (▼6.5%)	971 (▼3.9%)
중분류	음식점 및 주점업	매출액	1,440	1,587 (▲10.2%)	1,674 (▲5.5%)	2,067 (▲23.5%)	2,329 (▲12.7%)	2,144 (▼7.9%)
		건수	811	847 (▲4.4%)	873 (▲3.1%)	1,021 (▲17.0%)	1,040 (▲1.9%)	973 (▼6.4%)
대분류	숙박·음식	매출액	1,478	1,594 (▲7.8%)	1,696 (▲6.4%)	2,054 (▲21.1%)	2,351 (▲14.5%)	2,151 (▼8.5%)
		건수	785	817 (▲4.1%)	845 (▲3.4%)	980 (▲16.0%)	1,003 (▲2.4%)	931 (▼7.2%)

〈점포당 월별 매출액 화면〉

매출분석에서 활용하기 좋은 또 하나의 분석은 '시기별 매출특성'과 '고객별 매출특성'이다. 주말과 주중, 요일별 매출분석, 시간대별 매출분석을 통해서 실제 상권이 어느 요일, 어느 시간대에 매출이 많이 나오는지 확인할 수 있다.

고객별 매출특성에서는 성별과 연령대별로 매출 비중을 파악할 수 있어 실제 상권의 특성을 파악하는 데 큰 도움을 받을 수 있다.

> 주중/주말, 요일별 월 평균 매출

지역	구분	주중/주말		요일별						
		주중	주말	월	화	수	목	금	토	일
분석영역	매출액	152	211	121	145	147	157	189	247	176
	비율	41.8%	58.2%	10.2%	12.3%	12.4%	13.3%	16.0%	20.9%	14.9%

> 시간대별 월 평균 매출

지역	구분	00~06시	06~11시	11~14시	14~17시	17~21시	21~24시
분석영역	매출액	41	108	376	325	236	97
	비율	3.5%	9.1%	31.8%	27.5%	19.9%	8.2%

● 고객별 매출특성

선택업종 - 커피전문점/카페/다방   2021년 10월 기준, 단위: %

● 남성 ● 여성

● 10대 ● 20대 ● 30대 ● 40대
● 50대 ● 60대 이상

> 성별/연령대별 월 평균 매출

지역	구분	성별		연령별					
		남성	여성	10대	20대	30대	40대	50대	60대이상
분석영역	매출액	475	707	0	368	398	211	159	47
	비율	40.2%	59.8%	0.0%	31.1%	33.6%	17.8%	13.4%	4.0%

〈주중 주말 요일별 매출, 고객별 매출특성 분석〉

다음으로 '인구분석'은 유동인구와 거주인구를 통해서 상권을 파악할 수 있는데 지역을 오가는 유동인구와 거주하는 인구의 인구수, 나이대별 현황 등을 효과적으로 분석할 수 있다.

아래 주거인구는 홍대 지역의 주거인구를 분석한 그래프로 딱 봐도 20대가 월등히 많은 분포를 차지하고 있고, 다음으로 30대 순이며 10대 미만 인구는 월등히 작은 것을 쉽게 알 수 있다.

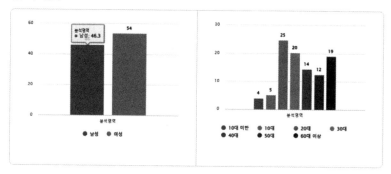

〈주거인구분석〉

이처럼 손쉽게 상권분석을 이용할 수 있으니, 오프라인 매장을 고민하고 있다면 우선 상권분석을 통해서 지역의 상황을 파악해 봐야 할 것이다.

심지어 기존 매장을 양도양수 받을 때 권리금 규모를 파악하는 데도 파악할 수 있다. 상권의 월매출을 통해서 1년 매출을 추정할 수 있고 이를 통해서 영업권리금을 대략적으로 파악할 수 있다. (물론 권리금은 매출액만으로 결정되지는 않으며 시설권리금, 바닥권리금, 영업권리금 등 사업주의 상황에 따라서 다양하게 결정된다.)

이외에도 다양하게 분석할 수 있는 다양한 툴들을 활용할 수 있으니 직접 들어가서 주변 상권의 현재 모습을 직접 파악해 보도록 하자.

소상공인시장진흥공단에서 발간하는 '상권분석과 창업'이라는 간행물이 있다.

인쇄가 되는 매거진인데 실제 모습은 보기가 어려울 것 같고 pdf로 다운을 받아서 볼 수 있다.

공단 홈페이지(www.semas.or.kr) 〉 공단소개〉 홍보마당〉 간행물에 들어가면 16호까지 나온 책자를 볼 수 있다.

이 책자에 전국적인 상권분석에 대한 다양한 정보들을 볼 수 있어서 상권분석에 관심이 있는 분들은 참고해 보기 바란다. 지역의 핫플레이스 상권분석과 백년가게 상권분석 성공요인 등 상권에 대한 전문적인 지식을 찾을 수 있다.

라. 네이버지도, 카카오맵을 활용한 상권분석

필자가 상권분석을 할 때 가장 많이 사용하고 있는 사이트 중의 하나는 네이버지도와 다음카카오지도이다. 많이 사용하는 이유는 네이버지도(네이버 플레이스)와 다음카카오지도를 활용해서 상가들이 홍보를 가장 많이 하고 있기 때문이다. 대부분의 매장들이 검색등록을 하고 있어 경쟁업체를 찾는 데 매우 편리하다. 네이버지도를 열고 검색에서 찾고 싶은 업종을 검색해 보자.

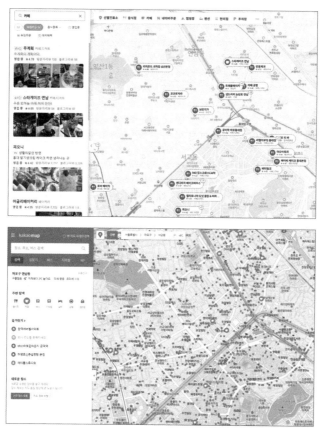

〈네이버지도[75]와 다음카카오맵[76] 화면 모습〉

위의 이미지는 PC상에서 네이버지도와 카카오맵에서 '카페'를 검색

---

75) https://map.naver.com/
76) https://map.kakao.com/

한 결과물이다. 네이버의 경우에는 일부 매장 정보가 노출되고 있어 세부적인 정보를 알기 쉽게 구성하였으며, 카카오맵의 경우에는 전체 매장들이 붉은 점으로 표시되고 있어 전체 시장을 파악하기 쉽게 구성하였다.

상권을 분석할 때는 두 가지 지도 모두 장단점이 있어, 함께 이용하는 것이 좋다. 스마트폰이나 태블릿에서 검색을 할 때는 조금 다르게 UI가 나올 수 있으니 참고하자.

필자는 컨설팅을 할 때 태블릿으로 '미용실', '부동산' 등을 검색하여 인근에 위치한 경쟁업체들을 보여 주는데 '우리 매장 근처에 이런 매장도 있었냐?'면서 오히려 필자에게 물어보는 경우도 많다. 경쟁업체들의 현재 모습을 가장 간단하고 편하게 분석할 수 있다.

1) 경쟁업체 상세분석

대략적인 경쟁업체를 파악했으면 이제 구체적으로 업체의 운영현황을 파악해 보자 네이버지도나 카카오맵에서 매장을 선택하면 매장 사진과 소개글, 메뉴, 찾아오는 길, 리뷰 등을 손쉽게 볼 수 있다. 실제 매장에 가 보지 않아도 온라인상으로 매장의 웬만한 정보들을 거의 파악이 가능하다. 아니 오히려 오프라인보다 더 많은 정보를 찾을 수 있다.

네이버 스마트플레이스는 현재 가장 많은 매장들이 사용하고 있는 프로그램으로 웬만한 매장들은 거의 다 등록되어 있다고 해도 과언이 아닐 정도이다. 물론 검색이 되지 않는 매장과 검색이 되더라도 별

정보 없는 매장들도 많이 있지만, 이런 매장들은 홍보에 관심이 별로 없는 매장이라고 생각해도 좋을 정도이다.

리뷰가 많을수록 사진이 많을수록, 연결되어 있는 블로그 글이 많을수록 온라인에서 고객들이 찾아오기 쉬워진다. 온라인상권에서 유리한 입지를 차지하고 있는 것이다. 실제로 노출에서도 상위에 있을 가능성이 많다.

2) 로드뷰 활용

앞에서 부동산 사무실에서 '로드뷰' 이용을 많이 한다고 했는데 클릭 몇 번으로 간단하게 지역의 모습을 사진으로 볼 수 있다. 현재 로드뷰(거리뷰) 서비스는 네이버지도, 카카오맵, 구글지도에서 제공하고 있다.

다음의 이미지는 홍대역 9번 출구의 로드뷰 모습이다.

〈네이버지도의 로드뷰 모습과 로드뷰 히스토리〉

네이버, 카카오, 구글의 서비스가 조금씩 차이가 있어 세 개의 서비스를 모두 이용하여 상권분석에 활용하는 것이 가장 좋을 것이다. 특히 세 군데 서비스 모두 사진 히스토리를 분석할 수 있는데 오른쪽 이미지는 네이버의 히스토리를 캡처한 모습이다. 2010년부터 2021년 최신까지 16회에 걸쳐서 지역의 로드뷰를 찍어서 올려놓았다. 정말 어마어마한 데이터가 아닐 수 없다.

오프라인의 상권분석에서는 현재의 상권만 분석이 가능하지만 지도 서비스를 통해서 10년 전부터 현재까지의 상권의 변화를 볼 수 있다. 10년 전에 어떤 매장이 어떻게 운영되고 있었는지 온라인에서 마우스만 클릭해도 알 수 있다. 매장을 계약하기 전에 로드뷰 히스토리를 통해서 10년 전부터 현재까지의 그 매장의 히스토리를 꼭 찾아보자. 매년 다른 매장이 운영되고 있었다면 무엇인가 심각한 문제가 있었을 것이고 내가 다시 한번 그 전철을 밟을 확률이 매우 높아진다.

3) 지역의 다양한 고객 유입시설 확인하기

너무 당연하지만, 지도를 통해서 인근 지역에 위치한 대중교통, 지하철, 아파트, 병원, 학교, 극장, 커피숍 등 고객유입 시설들을 간단히 찾을 수 있다. 지역의 고객유입 시설들이 많을수록 상권은 활성화된다. 가장 좋은 고객유입 시설은 병원과 지하철역, 관공서 등이다.

4) 필자가 자주 확인하는 서비스

- 아파트 세대, 준공연도, 세대수, 시세

아파트는 거주인구를 확인하는 데 매우 중요하다. 지도사이트에서 아파트를 클릭하여 자세히 확인해 보면 자세한 정보를 알 수 있다. **세대수**는 얼마나 많은 사람들이 살고 있는지 파악할 수 있고, **준공연도**는 대략 거주민들의 주요 나이대를 알 수 있다. 준공한 지 20년이 되었다면 대략 거주인구는 50대 이상이 많을 것이다. 주로 새 아파트에 30대들이 많이 이사를 오기 때문이다. 물론 중간에 많이 오고 가기는 하지만 대략적인 파악이 가능하다. 특히 인근에 학군이 좋거나 교통이 좋거나 하지 않는다면 이사가 많지 않기 때문에 처음에 이사 오신 분들이 오랫동안 사는 경우가 많다. 어찌 되었건 오래된 아파트에는 오래된 분들이 많이 살고 있을 확률이 높다. **시세**는 거주민들의 소비력을 알 수 있다. 시세가 30억이 넘어가는 아파트와 7억 이하의 아파트와는 당연히 소비력에서 차이가 날 수밖에 없다. 또한 새 아파트에 젊은 세대가 많이 거주하고 있다면 대출이 많아서 소비력이 떨어질 수도 있고 맞벌이로 소비 스타일이 달라질 수도 있다. 30대가 주로 많다면 자녀들이 10세 이하가 많을 테니 주변에 어린이집이나, 초등학교가 있을 것이고 이러한 모든 요소들은 상권을 구성하는 요인과 소비자들의 이동 동선에 영향을 미치게 된다.

5) 인근에 있는 초등학교 중학교

초등학교가 있다는 것은 인근에 30대가 많이 거주한다는 것이다. 초등학교는 지도사이트에 들어가 보면 쉽게 홈페이지를 찾을 수 있는데 학교 홈페이지에 가면 1학년부터 6학년까지 전체 학생 수를 알 수 있다. 전체 학생 수를 파악하면 인근 학부모들의 수도 대략 파악이 가능해진다. 당연히 학교가 위치한 지역에는 학원 및 음식점, 카페 등이 생기게 되어 자연스럽게 인근 지역에 상권이 형성될 가능성이 높다.

6) 인근에 병원이 많이 있는지

상권에 병원이 많다고 하면 유동인구가 자연스럽게 많아진다. 주로 교통이 편리한 곳에 병원이 많이 있고, 병원이 많으면 약국도 많아진다. 또한 병원이 있으면 인근에 다른 분야 병원들이 같이 있을 확률이 높다. 심지어 한 건물에 몇 개의 병원이 같이 있는 경우도 흔하다. 병원의 종류에 따라서 방문하는 연령대들도 달라지게 된다. 성형외과, 피부과같이 젊은 층들이 주로 가는 병원들도 있고 어르신들이 많이 가는 병원들이 조금씩 차이가 있다. 어찌 되었건 병원이 있으면 기본적인 유동인구를 확보할 수 있다. 그리고 보통 인근에서 가장 활성화된 상권이 된다.

7) 유명한 프랜차이즈 매장

유명한 프랜차이즈 매장은 엄격하게 상권분석을 하고 들어오기 때문에 기본적인 수요가 검증된 곳이라고 할 수 있다. 특히 스타벅스나, 파리바게뜨 등 기본적으로 유동인구가 많아야 오픈을 하는 매장들을 확인해 보자. 아는 지인의 매장은 바로 옆에 스타벅스가 있는데 단지 스타벅스가 있다는 이유만으로도 매장의 가치가 높아졌다. 고객들도 어디 스타벅스 옆 무슨 매장~ 이렇게 찾아오기도 한다.

8) 대중교통

지역에서 지하철과 버스정류장을 찾아서 확인해 보자. 특히 버스정류장을 확인해서 버스노선이 몇 개나 지나가는지 확인해 보자. 당연히 버스노선이 많을수록 교통의 요지이다. 지하철은 당연히 환승역이 좋을 것이고 직장이 많은 도심으로 쉽게 갈 수 있는 곳이 당연히 유리하다.

9) 지역 신상권 'ㅇ리단길'을 찾아보자

전국적으로 유명한 길들이 있다. 특히나 경리단길로 시작으로 생겨난 다양한 길들이 있다. 망리단길, 송리단길, 행리단길, 해리단길, 황리단길, 봉리단길, 동리단길, 객리단길, 평리단길 등이다. 처음 들어보는 길들이 많이 생겼다.

지도에서 '망리단길'이라고 검색해 보면 길 위치와 지역의 명소들을 쉽게 찾을 수 있다. 요즘에 유행하는 골목이 있다면 지도에서 찾아보고 어떤 매장들이 인기를 끌고 있는지 확인해 보자.

〈네이버지도에서 망리단길 검색〉

마. 좋은 매장을 구하면 사업은 절반은 먹고 들어간다

컨설팅을 통해서 얻은 매장 운영의 팁 중의 하나가 '좋은 매장이 있으면 사업이 매우 쉬워진다'는 것이다.

좋은 매장의 조건은 어떤 것이 있을까?

- **임대료가 합리적인 매장,**
- **임대인이 상식적(?)인 매장,**
- **상권과 입지가 좋은 매장**이다. 너무 당연한 이야기이다.

그중에서 가장 중요하게 생각하는 조건은 '**임대료**'이다.

아무리 좋은 매장이라고 해도 임대료가 합리적이지 않으면 일만 하고 수익은 임대인이 모두 가져가게 된다. 반대로 상권과 입지가 좋지 않아도 임대료가 합리적이면 충분히 수익이 나오는 경우도 있다. 아무리 임대료가 합리적이어도 임대인이 상식적이지 않으면 1년도 못 버티고 분쟁이 생기는 경우도 허다하다.

그렇다면 좋은 매장은 어떻게 구해야 할까?

- 열심히 발품을 판다.
- 공인중개사와 지속적으로 커뮤니케이션 한다.

- 매장은 인연이 있다. 운도 따라야 한다.

한동안 멘토링을 하면서 열심히 부동산을 쫓아다녔던 적이 있다. 멘토링을 하는 멘티가 창업을 해야 하는데 경험이 없어 매장을 얻는 데 어려움이 많았다. 그래서 필자의 차에 태워서 서울과 경인지역을 함께 부동산을 수십 군데를 다니면서 매장을 알아봤다. 물론 사전에 상권분석도 해 보고, 부동산 관련 온라인 서비스를 통해서 매물도 알아보고 했지만 실제 부동산 공인중개소에서의 미팅에서는 전혀 다른 살아 있는 정보를 얻을 수 있었다.

현장의 목소리를 들을 수 있었고, 추천해 주는 매장과 기타 주변 상권의 이야기도 많이 도움이 되었다. 상권분석의 최종은 결국은 현장이다. 현장에서 실무자들의 이야기를 들어야 판단을 내릴 수 있다.

문제는 부동산 공인중개사도 가지각색이었다는 점이다. 별 관심이 없으신 분, 너무 적극적이신 분, 뭔가 속는 듯한 기분이 드는 분 등 다양한 사람들이 있었는데 어쩔 수 없다. 많이 돌아다니다 보면 좋은 사람을 만나게 되고, 좋은 매장을 만날 수 있게 된다.

현재 수원에서 플라워샵을 하고 있는 대표 한 분은 필자와 함께 3번째로 들른 부동산 공인중개사가 지속적으로 좋은 매물을 소개해 줘서 결국 지금의 매장을 계약하고 3년이 넘게 잘 운영하고 있다. (물론 잘 풀린 케이스고 잘 안 풀린 케이스도 수두룩하다.)

여유 있게 매장을 찾자

4년쯤 전에 매장을 2군데 오픈할 일이 있었는데 정부지원금이 2000만 원 정도가 있었다. 그런데 조건이 3개월 안에 모두 사용을 해야 했다. 갑자기 매장을 찾아 오픈을 하는 상황이 생긴 것이다. 여기저기 급하게 매장을 알아보는데 시간이 없다 보니 모든 칼자루가 상대방에게 가 버리는 상황이 되었다.

조금 여유 있게 매장을 찾으면 더 좋은 매장을 찾을 것 같은데 그러지 못해 결국 뭔가 아쉬운 상황에서 매장을 오픈하게 되었다. 물론 매장이 문제라기보다는 사업 준비가 덜 되어 있었기도 했다. 결국 한 군데 매장은 1년도 안 되어 폐업을 하였고, 나머지 한 군데 매장도 어렵게 운영을 하다가 2022년 최종 폐업을 하게 되었다.

급하게 매장을 찾지 말고, 오픈도 여유 있게 할 수 있도록 준비하자. 급한 모습을 보이면 상대방은 절대 좋은 조건을 이야기하지 않는다. 여유 있게 칼자루를 잡고 협상을 시작하자.

성수동의 임대인 사례

성수동에 창업을 한 매장이 있었다. 계약을 할 당시에 권리금이 1000만 원이었는데 입주를 하고 오픈을 하고 나니 이런저런 비용이 많이 들었다면서 권리금을 1000만 원을 더 요구하는 일이 있었다.

확인해 보니 임대인은 따로 있고, 중간에 건물을 관리하는 관리자가 건물을 리모델링을 해서 임대를 내놓았는데 입주를 하고 나서 1000만 원의 바닥권리금을 더 요구하는 말도 안 되는 상황이 생긴 것이다.

당연히 추가로 권리금을 못 준다고 했는데 그러고 나니 관리자가 화장실 비밀번호를 바꿔 버리고 지속적으로 딴지를 걸어왔다. 결국 적당한 선에서 합의를 보기는 했지만 임차인 입장에서는 정말 분통이 터지는 일이 아닐 수 없다. 생각보다 비상식적인 임대인이 많다.

합법적으로 임차인을 내쫓아 드립니다?

도서 사이트에 가 보면 위와 같은 제목의 책을 판매하고 있다. 이 책의 내용은 제목과는 달리 임차인의 입장에서 어떻게 하면 방어를 할 수 있는지를 알려 주는 책이라고 한다.

일부 부동산 컨설팅 업체에서 임대인에게 접근하여 임차인을 내쫓아 주겠다고 제안하는 경우가 있다. 내쫓고 나서 새로운 임차인에게 바닥권리금을 받을 수 있기 때문이다.

종로구 사례

종로구 북촌한옥마을에서 운영 중인 한 식당은 지하에 위치하고는 있지만 상대적으로 합리적인 임차료로 많은 도움이 되었다. 시세보다 50만 원 이상 저렴했다. 그런데 임차인이 내건 조건이 재미있다. 조건은 '가능하면 전화하지 말 것. 임대료 밀리지 말 것, 간단한 수리 등을 알아서 할 것'이었다. 말 그대로 '임대료 싸게 해 줄 테니 제발 귀찮게 하지 마, 신경 쓰지 않게 해 줘'다. 전화해서 뭐가 고장 났네, 전기가 안 들어오네 등등 요구가 오면 임대인 입장에서 귀찮고 짜증이 날 것이다.

임대료가 합리적이니, 수익률도 좋고 모든 것이 원활했다. 그러다가 코로나로 북촌한옥마을 상권이 완전히 무너져 버렸다. 인근에 관광객이 모두 없어져 매출은 1/3 이하로 줄어 버렸다. 1층 매장은 월 임대료가 700만 원이 넘어가서 결국 버티지 못하고 폐업을 해 버렸고, 인근 많은 매장들이 문을 닫았는데 이 매장은 임대료가 큰 부담이 없어 근근이 버틸수 있었다. 합리적인 임대료가 더욱더 고맙게 느껴지는 순간이었다.

바. 고객의 구매여정

소비자들이 상품이나 서비스를 구매하는 방법은 각양각색이다. 연령대, 성별, 취향 등에 따라서 다양한 소비성향을 가지고 있다. 일반적으로 필요성에 대한 인식 〉 검색 〉 정보수집 〉 구매 〉 공유의 단계를 가지게 된다. 쉽게 배가 고프네 〉 뭘 먹지 〉 검색 해 볼까? 〉 이집 괜찮아 보이네 〉 식사 〉 후기 남기기 등의 순서이다. 물론 시간(Time)과 장소(Place)와 경우(Occasion)에 따라서 전혀 다른 구매여정을 가지게 된다. 1년 동안 돈을 모아 고가의 노트북을 구매하려고 한다면 정말 신중하게 결정을 하게 될 것이고 길을 가다가 목이 말라 간단하게 물을 사야 한다면 첫 번째 보이는 편의점에 들어가게 될 것이다. 때문에 온라인 상권을 가장 잘 활용하기 위해서는 고객들의 구매여정(구매동선)을 잘 확인하여야 한다. 판매하려고 하는 상품이나 서비스가 어떤 구매동선을 가지게 되는지 다양하게 고민해 봐야 한다. 그리고 구매동선의 정중앙에 마케팅을 진행을 하면 된다.

다음은 필자의 구매 동선 프로세스를 간단하게 적어 보았다. 여러분들의 상품이나 서비스들은 어떻게 고객들이 찾아오는지 확인해 보고 단계별로 어떻게 마케팅을 하면 좋을지 생각해 보자.

구매물품	1단계	2단계	3단계
고관여 고급물품 (예: 노트북)	네이버, 유튜브를 통한 구매물품 탐색	에누리, 다나와 랭킹사이트 상위상품검색	유튜브, 블로그 리뷰 검색
	4단계	5단계	6단계
	에누리, 다나와 최저가 검색	최저가 사이트에서 구매	평가(리뷰)
음식점	1단계	2단계	3단계
	네이버지도 검색	리뷰 및 후기 검색	의사결정
	4단계	5단계	
	방문	평가(리뷰)	
커피전문점	1단계	2단계	3단계
	네이버지도에서 커피숍 검색	가까운 커피숍 탐색	선택 방문
	4단계		
	평가(리뷰)		
음식 배달	1단계	2단계	3단계
	배달앱 검색	선호음식 선택	가격, 고객평가 등 종합분석
	4단계	5단계	
	구매	평가(리뷰)	

5

갈비집의 고객 구매여정

최근 미팅한 갈비집 사장님과 이야기를 하다 보니 고객 구매여정이 사람마다 전혀 다르다는 것을 알게 되었다. 사장님은 20대 자녀에게 홍보를 어떻게 하면 좋으냐고 물었고, 돌아온 답은 요즘 젊은 친구들은 인스타그램으로 검색하고 찾아오니 인스타그램을 열심히 해야 한다고 했다고 한다.

연령대와 상황에 따라서 다양한 고객들이 다양한 방식으로 찾아오게 된다. 전단지를 보고 찾아오는 고객, 네이버에서 검색하고 오는 고객, 주변에 있는 사람들에게 물어보고 찾아오는 고객, 지나가다 배너나 현수막을 보고 찾아올 수도 있다. 이렇게 다양한 고객들이 다양한 방법으로 매장을 찾아올 때 매장은 최적의 매출을 유지할 수 있다.

때문에 한군데 홍보를 통해서 갑자기 매출이 나오는 경우는 흔치 않고 매출이 나와도 바람직하지도 않다. 갑자기 다시 매출이 줄어들 수 있기 때문이다. 홍보 마케팅은 흩어져 있는 고객들이 가장 쉽게 방문할 수 있도록 만들어 나가는 과정이다. 시간과 노력이 필요하다.

6

비즈니스 모델과
사업계획서 작성

. . .

머릿속에 있는 사업 아이디어는 적절하게 표현할 수 있어야 사
업화할 수 있다. 아무리 좋은 사업계획이 있어도 문서화되어 있
어야 효과적으로 실행할 수 있다.
비즈니스 모델 구성과 사업계획서 작성은 막연한 아이디어를
구체화하고 현실화할 수 있는 가장 좋은 방법이다.

이번 장에서는 비즈니스 모델과 사업계획을 어떻게 수립하고
구체화할 수 있는지를 간략하게 알아보도록 하자. 디테일한 내
용들보다는 사업방향을 구체화하는 데 초점을 맞추었다. 사업
계획서의 자세한 작성요령은 온라인강좌를 통해서 쉽게 찾아서
들을 수 있으니 참고하도록 하자.

가. 사업계획서 / 여행계획서

사업을 하면서 가장 필요한 것은 좋은 상품을 만드는 기술이겠지만, 사업을 문서로 표현해 내는 작업도 매우 중요하다. 문서 작업이 필요한 이유는 스스로 사업 아이디어를 정리할 수 있기 때문이고, 상대방으로 하여금 나의 사업을 이해시킬 수 있는 가장 중요한 수단이기 때문이다.

그런데 많은 사람들이 이 문서 작업에 두려움을 가지고 있는 것 같다. 문서 작업이 두려운 이유는 글쓰기 자체에 대한 두려움이 가장 큰 것 같고, 작성해야 할 내용이 정리가 되지 않은 것도 크다. 작성해야 할 내용이 머릿속에 정리만 되어 있으면 시간이 걸리더라도 작성할 수 있다.

사업계획서를 작성하는 건 여행계획서를 작성하는 것과 비슷하다. 만약에 4인 가족이 제주도를 예산 100만 원으로 2박 3일 동안 다녀와야 한다면 어떻게 계획을 세워야 할까? 예산이 많지 않으니 최대한 저렴한 항공권과 숙박, 렌트카를 확보하고 방문해야 할 장소와 동선을 잡느라 한동안 즐거운 고민을 하게 될 것 같다. 시간은 걸리겠지만 누구라도 여행계획을 잡을 수 있다. 이렇듯 명확한 정보와 목표가 있다면 계획서는 쉽게 작성할 수 있다.

가장 난감한 경우는 아무런 정보 없이 그냥 '여행계획서를 작성해라'라고 할 때이다. 누가 가는지? 예산이 얼마인지? 어떤 취향인지 알수가 없다면 아무런 계획을 세울 수 없다.

목표와 정보만 있으면 사업계획서와 비즈니스 모델도 쉽게 작성할수 있다. 단지 고민할 수 있는 시간만 있으면 된다.

이 책에서는 거창하게 사업계획서나 비즈니스 모델을 설명하고 싶은 생각은 없다. 그냥 나의 머릿속에 있는 사업 아이디어를 정리할 수있는 가장 쉬운 방법들을 이야기하고자 한다.

사업계획서에 대한 보다 자세한 내용을 공부하고 싶다면 이 책 뒤편에 있는 '지원기관과 교육정보'를 참고해서 기관에서 제공하는 다양한 사업계획서 작성 방법을 교육받기를 권해 드린다.

혹시 창업을 할 계획이 아니라면 사업계획서가 현실에 와닿지 않을 수 있다. 무슨 사업을 해야 할지 모르는 상태에서 사업계획서를 작성하는 것은 앞서 이야기한 것처럼 어디로 가야 할지 모르는 여행계획서를 작성하는 것과 비슷하다. 어차피 나중에 다시 작성해야 한다. 대략적으로만 내용을 파악하고 이후 아이템이 정리가 되면 다시 한번 읽어 보는 것을 추천 드린다. 훨씬 더 내용파악이 쉬워질 것이다.

나. 사업계획서의 목적은? 누군가에게 보여 주기 위함

사업계획서를 작성하는 이유는 '누군가에게 나의 사업을 보여 주기 위해서'가 가장 큰 목적이다. 그렇다면 어떻게 쓰는 것이 가장 좋을까?에 대한 질문이 쉽게 나올 수 있다.

정답은 '바로 상대방이 읽기 쉽게, 이해하기 쉽게 작성'이다.

문제는 상대방이 누구인가?이다.

기본적으로 상대방은 '나를 도와줄 수 있는 사람'이다. 투자자일 수도 있고, 심사위원일 수도 있고, 정부지원사업 담당자일 수도 있고, 은행일 수도 있다. 그렇다면 어떤 내용을 적어야 할까?

이것도 매우 간단하다. '상대방이 듣고 싶은 이야기'를 적어 주면 된다. 투자하고자 하는 사람이라면? '수익률'에 관심이 있을 것이고, 정부지원사업 담당자라면 '사업성', '성장 가능성' 등에 관심이 있을 것이다. 가족이라면? '안정성'이 가장 관심이 있을 것이다. 최소한 망하면 안 되기 때문이다. 상대방이 듣고 싶은 이야기를 중심으로 해서 들려주면 된다.

그다음으로 상대방에 듣고 싶은 이야기를 어떻게 잘 표현하고 작성할지를 고민하면 된다.

지금 사업계획서가 필요한 이유는?

지금 작성하는 사업계획서를 읽을 사람은 누구인가?

그 사람이 나에게 원하는 것은 무엇인가?

나는 그 사람에게 원하는 것이 무엇인가?

사업을 스스로 정리하기 위해 사업계획서를 작성하는 경우들도 많이 있다. 이때의 문제점은 내가 하고 싶은 이야기를 주로 하게 되고 하고 싶지 않은 이야기들은 하지 않게 되는 경향이 있다는 것이다. 잘 모르거나 숨기고 싶은 내용이 자꾸 빠지게 된다. 이런 경우 사업계획서의 기본양식을 다운받아서 작성하는 것이 가장 좋다. 이 장의 마지막 '자료실'에서 양식을 다운받아서 작성을 해 보는 것이 좋겠다.

다. 사업계획서는 제목이 절반이다

사업계획서와 작성하는 가장 좋은 방법은 제목을 잘 정하는 것이다. 제목만 잘 정해지면 사업계획서는 절반은 끝났다고 봐도 된다. 제목 정하기를 **'한 줄짜리 사업계획서'**를 작성한다고 생각하고 작성해 보자.

'한 줄짜리 사업계획서'의 목표는 그 한 줄로 나의 모든 사업을 상대방에게 이해시키는 것이다. 한 줄만 읽고도 '좋은 사업이네요~'라고 이해시킬 수 있으면 대성공이다. 어떻게 작성하면 될까?

진행하고자 하는 사업을 최대한 짧게 '설명'해 보자.
진행하고자 하는 사업을 '한 줄의 문장으로 작성'해 보자.

만약에 여성복 쇼핑몰을 준비하고 있다면? 많이 보아온 사업계획서 제목은 보통 '여성복 의류 쇼핑몰 사업계획서' 정도이다. 그런데 많이 부족해 보인다. 여성복이 너무 분야가 넓어서 구체적이지 않고 모호하다. 보통 이럴 때 여성복을 다 하시려구요?라고 물어보게 된다.

조금 더 구체적으로 '30대 워킹맘들이 입을 수 있는 출퇴근용 이지 캐주얼 여성의류 전문 쇼핑몰'이라고 적어 보았다. '여성복 의류 쇼핑몰 사업계획서'보다는 훨씬 구체적이고 이해하기 쉬워졌다.

사업계획서 제목이 중요한 이유는 사업계획서를 읽는 사람들이 주로 투자자들처럼 비슷한 사업계획서를 많이 읽는 사람들이기 때문에 최대한 빠른 내용을 전달하기 위함이기도 하다. 실제로 필자는 종종 사업계획서 심사를 가는데 보통 하루에 사업계획서를 40개 이상 읽고 심사를 했던 것 같다. 짧은 시간 안에 모든 사업계획서를 읽고 평가를 해야 하기 때문에 내용을 정독해서 읽기가 어렵다. 먼저 제목을 통해서 내용을 파악하고 다음에 요약본과 목차를 읽어 개요를 파악한다. 그리고 나서 내용을 읽게 된다. 이때 가장 중요한 것은 바로 제목이다. 제목만 봐도 대충 이 사업이 어떤 내용인지 알게 해 줘야 나머지 내용도 쉽게 파악이 된다. 가장 읽기 어려운 사업계획서는 제목에서 무슨 내용인지 전혀 파악이 안 되고, 내용을 읽어도 파악이 안 되다가 결론에 중요한 내용이 있는 경우다. 심지어 그냥 제목에 자신이 만든 브랜드 이름만 적어 놓는 경우도 가끔 있다.

제목만 보고도 투자를 결정할 수 있을 정도의 매력 있는 제목을 만들어 보자.

사업계획서 제목을 최대한 내용이 파악 가능하게 작성해 보자

> **사업계획서 제목 솔직하게 작성하기**
> **고양이를 호랑이로 만들 수는 없다.**
>
> 가끔 사업계획서를 보다 보면 아이템이 너무 부실한 경우들이 많다. 이미 너무 뻔한 내용이거나, 시중에 사업화가 되어 있거나 사업성이 없거나 등이다. 사업계획서를 작성한 대표도 이러한 사실을 알고 있다 보니 어떻게든 사업계획서를 있어 보이게 만들기 위해 노력하게 된다. 그래서 사실과는 다르게 포장을 하는 경우가 있다. 호랑이라고 해서 확인해 보니 실제로는 고양이인 것이다.
> 사업계획서는 고양이를 무서운 고양이로 만들 수는 있지만, 호랑이로 만들 수는 없다. 호랑이를 원하면 아무리 약한 호랑이라도 데리고 와야 한다. 아무리 강한 고양이를 데리고 와도 호랑이로 만들 수는 없다.

라. 중요한 내용을 먼저 작성한다

사업계획서를 비롯한 모든 업무상 문서는 중요한 내용을 앞에 써야 한다. 회사에서 대표의 사인을 받아야 하는 문서에 핵심 내용을 맨 마지막에 넣었다고 생각해 보자. 예전 같았으면 서류가 날아올 수도 있을 것 같다. 최대한 제목에서 내용을 알기 쉽게 해 줘야 하고, 문서 본문에서도 중요한 내용을 위에 넣어 파악이 쉽도록, 시간을 최대한 절약할 수 있도록 해 줘야 한다. 만나기 힘든 기업대표를 간신히 복도에서 만나 최대한 빠른 시간 안에 문서를 설명하고 사인을 받아야 한다고 생각해 보자.

그래서 모든 계획서는 두괄식이다. 중요한 내용이 앞에 나와야 한다. 그래야 이해가 쉬워진다. 정리가 쉬워진다.

신문기사를 작성할 때도 비슷하다. 중요한 내용을 맨 먼저 넣는다. 그래서 신문기사는 제목(헤드라인)이 제일 중요하다. 제목을 보고 사람들이 사건을 이해를 하고, 그리고 보다 자세한 내용을 알기 위해서 나머지 기사를 읽는다.

또 하나의 문제는 중요도의 순서이다. 내가 중요하게 생각하는 순서와 상대방이 중요하게 생각하는 순서가 차이가 있다. 그래서 나 위주의 계획서 작성이 아닌 상대방이 생각하는 중요한 순서대로 작성해 줘야 한다. 나는 제품이 가장 중요한데, 투자자는 수익률이 가장 중요할 수 있고, 정부지원사업에서는 수익률 보다는 일자리 창출이 더 중요할 수 있다. 가족의 경우에는 안정적인 사업 운영이 가장 중요할 것이다.

마. 사업계획서 제목 거꾸로 작성하기

그렇다면 사업계획서 제목은 어떻게 작성하는 것이 가장 좋을까? 이 부분도 필자가 여러 가지 고민해서 얻어 낸 요령이 있는데 뒤에서부터 거꾸로 작성하는 것이다

다음 예시처럼 뒤에서부터 작성을 하면 된다.

사업계획서
쇼핑몰 사업계획서
여성복 쇼핑몰 사업계획서
이지캐주얼 여성복 쇼핑몰 사업계획서
출퇴근을 위한 이지캐주얼 여성복 쇼핑몰 사업계획서
워킹맘의 출퇴근용 이지캐주얼 여성복 쇼핑몰 사업계획서
수도권 지역 워킹맘의 출퇴근용 이지캐주얼 여성복 쇼핑몰 사업계획서

큰 대분류(카테고리)를 정하고 점차 작은 분류를 왼쪽 방향으로 작성한다. 먼저 대분류는 지금 하려고 하는 사업은 어떤 사업인지를 파악하는 가장 큰 방향을 말한다. 음식점, 커피숍, 쇼핑몰, 플랫폼, 제조 등 가장 큰 카테고리를 정하면 된다. 사업의 정체성을 파악 할 수 있는 가장 중요한 부분이다.

두 번째 카테고리와 이후 세부 카테고리를 최대한 내용을 채워 왼쪽으로 작성해 나가면 된다.

다음 표에 생각나는 몇 가지 아이템들을 작성해 보았다. 흔하게 볼 수 있는 아이템들이다. 이제 빈칸에 직접 다양한 아이템들을 작성해 보면서 머릿속에 있는 사업 아이템들을 정리, 변형해 보도록 하자.

고객		4단계 (소소분류)	3단계 (소분류)	2단계 (중분류)	1단계 (대분류)
워킹맘	위한	출퇴근용	이지캐주얼	여성복	쇼핑몰
초등학교 학부모를	위한	지역기반	아동용품	중고거래	플랫폼
직장인을	위한	사무실 밀집지역	저가형	테이크아웃	커피전문점
일반성인을	위한		주택가 지역	무인운영	스터디카페
모임 장소가 필요한 소비자를	위한	역세권 지역	무인 운영	비즈니스룸 (모임장소)	임대사업
고령인구를	위한	대체당 활용	배달 전문	샐러드 전문점	음식점
대체당을	활용한	당류 최소화	건강식	반찬	제조업

6

'위한 / 활용한'을 넣어서 정리

또 한 가지는 사업계획서 제목 작성팁은 '위한'이나 '활용한'을 넣는 것이다. '위한'을 넣으면 '워킹맘을 **위한** ○○○○○ 쇼핑몰'처럼 구체적인 대상(소비자)가 생긴다. '활용한'을 넣으면 '소비자 빅데이터를 **활용한** 워킹맘 ○○○○ 쇼핑몰'처럼 기술적인 부분을 강조해서 작성할 수 있어 이해가 쉬워진다.

제목을 뒤에서 작성하는 방법은 조금만 연습해 보면 어렵지 않게 파악할 수 있다. 제목을 여러 가지 방법으로 작성해 보면서 내 사업의 본질이 무엇인지, 구체적으로 어떤 사업을 하려고 하는지 파악해 보자.

※ 주의사항: 항상 이야기 하지만 정답은 없다. 제목을 뒤에서 작성한다는 것이 모범답안도 아니다. 잘 맞는 경우도 있고 아이템에 따라서 잘 맞지 않는 경우들도 생긴다. 상황에 따라서 최대한 활용해 보고 나름대로 최적의 제목을 만들어 보자.

사업의 기본 정체성, 본질 파악하기

사업을 시작할 때 자신의 정체성과 본질을 파악하지 못하는 경우들이 의외로 많았다. 이를테면 내가 운영하고 있는 사업이 제조업인지, 유통업인지, 서비스인지 파악이 안 되는 경우가 많았다. 특히 온라인으로 사업을 하고자 할 때 더욱 그렇다. 쇼핑몰을 통해서 고객들에게 건강기능식품을 판매하고자 한다면 사업의 본질은 무엇일까? 당연히 유통업이다. 쇼핑몰에서 판매를 하건 오프라인 매장에서 판매를 하건 똑같다. 본질은 상품을 판매하는 유통업이라는 거다. 그런데 플랫폼이나, IT사업이라고 생각하는 경우가 많았다. 쇼핑몰은 그냥 유통채널일 뿐이다.

물론 비즈니스 모델이 확장되어 플랫폼으로 확장될 수도 있다. 중요한 것은 현재 진행하고자 하는 사업의 정체성을 명확하게 파악해야 한다는 것이다. 내가 진행해 나가야 하는 메인사업이 유통업인지 서비스인지 제조업인지 파악하지 못하면 자꾸 무엇인가 엇나가는 사업이 될 가능성이 높다.

바. NABC 접근법

간단하게 비즈니스 모델을 정리할 수 있는 방법 중에 NABC 접근법이라는 툴이 있다.

N은 Needs, A는 Approach, B는 Benefit, C는 Competition을 의미한다. 각각 고객의 니즈(불편함), 불편함에 대한 접근법(해결 방법), 고객과 나의 이익, 그리고 경쟁력을 의미한다. NABC에서 필자가 C를 더 추가했다, C는 Customer 고객을 의미한다. 표는 간단하게 작성할 수 있다.

위에서부터 아래 순서로 작성하면 된다.

Customer (고객)	고객은 누구인가? (구체적일수록 좋다.)
Needs (고객의 불편함)	고객은 무엇을 불편해하는가? 고객이 원하는 것은 무엇인가? 고객의 니즈는 무엇인가?
Approach (불편함의 해소방법)	불편함의 해결 방법은 무엇인가? 니즈를 충족시켜 줄 수 있는 방법은 무엇인가?

Benefit (고객과 나의 이익)	고객이 얻는 이익은? 나의 이익은?
Competition (경쟁우위 / 진입장벽마련)	경쟁업체와의 차별화 방안 경쟁력 확보 방안은?

고객은 누구인가? → 고객의 니즈(고객의 불편함)는 무엇인가? → 불편함의 해결방안은 무엇인가? → 고객과 나의 이익(수익)은 어떻게 되는가? → 타 상품과의 경쟁력은 어떻게 되는가?의 순서이다.

위에서부터 차례대로 작성하면 되며 간단하게 내 머릿속에 있는 아이디어를 사업화할 때 편리하게 활용할 수 있다.

샘플로 무인 밀키트 전문점을 적용하여 작성해 보자.

Customer (고객)	주택가 지역의 일반가구 외식보다 집에서 간단하고 저렴하게 식사를 하고 싶은 가구, 1인 가구, 맞벌이 부부
Needs (고객의 불편함)	외부에서 식사를 하기 부담스럽다. 요리를 할 줄 모른다. 먹고 싶은 요리가 있다. 집에서 음식을 해 먹고 싶다.
Approach (불편함의 해소방법)	대단지 아파트지역 인근 상가 1층에 무인 매장으로 밀키트 전문점 오픈
Benefit (고객과 나의 이익)	고객: 합리적인 가격의 밀키트를 구매하여 간단히 조리하여 집에서 먹을 수 있다. 판매자: 최소화된 운영비와 효율적인 매장관리로 사업이 가능하다.
Competition (경쟁력확보)	24시간 영업을 한다. 다양한 상품을 저렴한 가격으로 판매한다. 문제 발생 시 즉각적인 A/S를 해 준다.

간단하게 무인 밀키트 전문점을 적용하여 작성해 보았다. 최근 무인 밀키트 전문점들이 많이 생겨났다. 또한 진입장벽이 낮아 경쟁이 심화될 가능성이 많으며 리스크도 높은 사업이다. 위의 사례는 간단히 적은 사례이니 참고만 하도록 하자.

Customer (고객)	
Needs (고객의 불편함)	
Approach (불편함의 해소방법)	
Benefit (고객과 나의 이익)	
Competition (경쟁력확보)	

이제는 직접 빈칸을 채우면서 사업 아이템을 정리해 보자. 빈칸의 내용은 최대한 많이 채워 보자. 표는 간단하지만, 실제 내용은 그리 간단하지 않다. 위에서부터 아래 방향으로 자연스러운 흐름이 될 수 있도록 작성한다. 작성이 되면 위에서부터 흐름대로 읽어 내려가는 연습을 해 보도록 하자. 막히는 부분은 다시 수정하고 전체적인 윤곽을 만들어 나간다.

NABC모형에서 가장 중요한 것은 니즈와 어프로치 부분이다. 고객의 니즈를 찾고 해결 방법을 만들어 나가는 과정이다. 이 2가지 부분만 작성 하면 나머지 부분들은 어렵지 않게 작성할 수 있다. 니즈와 어프로치 부분은 보다 쉽게 문제발견과 솔루션으로 생각해도 크게 다르지 않다.

니즈 〉 어프로치 ≒ 문제발견 〉 해결 방법

비즈니스 모델을 만드는 것은 흡사 흙으로 모형을 만들어 나가는 것과 비슷하다. 말을 만든다고 하면 먼저 뼈대를 잡아야 하고 대략적인 윤곽을 잡아 계속 흙을 덧붙이고 떼어내면서 디테일을 만들어 나가야 한다. 비즈니스 모델도 대략적인 윤곽부터 시작하여 디테일하게 내용을 잡아 나가야 한다.

사. PSST 방식 / 문제인식과 해결 방법 찾기

최근 정부지원사업계획서에 PSST방식을 가장 선호하고 있다. 주로 기술사업화에 많이 적용을 하고 있는데 다소 난이도가 높은 편이다. 기술기반 사업을 준비하고 있다면 꼭 참고해서 작성해 보는 것이 좋겠다. 내용이 방대하여 간략하게만 알아보도록 하고 자세한 내용은 K-스타트업 창업에듀를 참조하도록 한다.[77]

---

77) www.k-startup.go.kr/edu/home/lecture/LTYPE_006 K-스타트업 창업에듀 온라인강좌 참조.

PSST P는 Problem으로 문제인식 문제발견을 이야기하고, S는 Solution으로 발견한 문제에 대한 해결방안을 이야기한다. 다시 S는 Scale-up으로 사업을 성장시켜 나갈 방안을, T는 Team 사업을 운영해 나갈 팀구성을 이야기한다.

문제를 발견하여 사업 아이템을 선정하고 이를 성장시켜나갈 방법과 이를 실현해 나갈 팀에 대한 내용을 작성하는 것이다. 간단해 보이지만 사실 간단하지 않다. 다음 표에 관련된 내용들을 참조해 보고 내가 준비하고 있는 사업에 관련해서 내용을 작성해 보자. 다만 난이도 높은 기술창업을 할 게 아니라면 그냥 이런 방식이 있다 정도만 알고 넘어가도 좋다.

1. 문제인식 (Problem)	1-1. 제품·서비스의 개발동기 - 자사가 개발(보유)하고 있는 제품·서비스에 대한 개발동기 등을 기재
	1-2 제품·서비스의 목적(필요성) - 제품(서비스)을 구현하고자 하는 목적, 고객의 니즈를 혁신적으로 해결하기 위한 방안 등을 기재
2. 실현가능성 (Solution)	2-1. 제품·서비스의 개발 방안 - 제품(서비스)의 현재 구현정도, 제작 소요기간 및 제작방법(자체, 외주) 등
	2-2. 고객 요구사항에 대한 대응방안 - 고객 및 해당분야 전문가 등이 요구하는 문제점에 대한 개선방안 등
3. 성장전략 (Scale-up)	3-1. 자금소요 및 조달계획 - 자금의 필요성, 금액의 적정성 여부를 판단할 수 있도록 사업비 (정부지원금 + 대응자금)의 사용계획 등을 기재
	3-2. 시장진입 및 성과창출 전략 - 내수시장: 주 소비자층, 시장진출 전략 등 - 해외시장: 글로벌 진출 역량, 수출망 확보계획 등

4. 기입 구성 (Team)	4-1. 대표자·직원의 보유역량 및 기술보호 노력 - 대표자 및 직원(업무파트너 포함) 보유하고 있는 경험, 기술력, 노하우 등 기재 - 개발(한)하는 제품(서비스)의 기술보호 및 비밀보호 계획 등 기재
	4-2. 사회적 가치 실천계획 - 양질의 일자리 창출을 위한 중소기업 성과공유제, 비정규직의 정규직화, 근로시간 단축, 일·생활균형제도 등 사회적 가치 실천계획을 기재

그런데 PSST방식에서도 쉽게 활용할 수 있는 것이 있다. 바로 처음 두 가지인 문제인식과 솔루션이다. 앞에서 언급한 NABC모형과 비슷한 부분들이 많이 있는데 '니즈 〉 어프로치'가 '문제인식 〉 솔루션'과 비슷하다는 것을 알 수 있다. 대부분의 비즈니스 모델 구성과 사업화전략 수립에서 거의 비슷한 이야기를 한다. 문제가 무엇인지만 정확하게 파악을 하면 솔루션을 찾아낼 수 있다. 또한 이 방식은 단순한 사업 아이디어 발굴에 그치지 않고 다양한 분야에서 널리 활용되고 있다.

'문제인식 〉 솔루션'

다음 표에서 문제 인식과 솔루션 부분을 최대한 많이 고민하고 작성해 보도록 하자. 좋은 아이디어를 만드는 가장 좋은 방법은 많은 아이디어를 만들어 내는 것이다.

먼저 내가 생각하는 생활의 불편함을 생각해 보고, 다시 가족들의 불편함, 주변 이웃들의 불편함, 사회적인 불편함을 생각해 본다. 물론 사회적인 불편함에 대한 해결 방법은 내가 고민할 문제는 아니지만, 사회적문제 해결을 통해 사회적경제 기업으로 사업을 시작할 수도 있다. 편의상 왼편의 이슈들을 '불편함'으로 표현하였다. 불편함 ≒ 니즈 ≒ 문제인식 ≒ Problem이다.[78] 비슷하다. 최대한 고민하고 불편함과 문제해결 방법을 찾아보도록 하자.

Problem / 문제인식 Needs / 니즈 불편함 소비자의 불편함	Solution / 솔루션 Approach / 접근방법 해결 방법 사업 아이디어
개인적인 불편함	해결 방법 / 아이디어
가족의 불편함	해결 방법 / 아이디어
이웃의 불편함	해결 방법 / 아이디어
사회적인 불편함	해결 방법 / 아이디어
기타 불편함	해결 방법 / 아이디어

78) = 등호를 사용하지 않고 ≒(근사값)을 사용하였다.

아래에 간단하게 아이디어를 만들어 낼 수 있는 활용방법들을 적어 보았다. 너무 간단하지만 습관적으로 문제를 발견하고 솔루션을 만들어 내다 보면 좋은 사업 아이디어가 만들어질 수 있다.

문제발견	솔루션
약을 먹어야 하는데 자꾸 잊어버린다.	약 먹을 시간을 알려 주고 먹었는지를 확인할 수 있는 앱을 만든다.
운동을 해야 하는데 혼자 하기 어렵고 PT는 부담스럽다.	주변에 함께 운동을 할 수 있는 사람들을 매칭 해주는 앱 개발
노인분들이 겨울에 자꾸 미끄러져 다친다.	빙판에 잘 미끄러지지 않는 신발 외피를 개발한다.
독거사하는 노인들이 많아지고 있다.	독거 노인케어 프로그램을 만들어 운영한다. (자녀들에게 판매)
지방소멸로 빈집들이 많아지고 있다.	빈집들을 리모델링하여 무인으로 임대 서비스에 활용. (에어비엔비 활용)

아. 30초 안에 내 사업 설명하기 – 엘리베이터 피치

투자처를 찾고 있다는 지인을 만났다고 가정해 보자. 사업설명을 하고자 하는데 시간이 많지 않다. 간단하게 어떤 사업인지 이야기해 달라고 한다면 어떻게 간단히 설명해 줄 수 있을까?

이럴 때 사용할 수 있는 방법이 바로 엘리베이터 피치, 엘리베이터 스피치이다. 말 그대로 엘리베이터에서 간단하게 사업을 설명하는 기술이다. 필요한 시간은 엘리베이터에 갇혀있는 약 30초 정도이다. 30초 안에 나의 사업을 설명해야 한다.

나에게 30초라는 시간이 주어졌다면 무슨 이야기를 해야 할까? 정답은 요점만 간단하게, 상대방이 듣고 싶은 이야기를 해 줘야 한다.

상대방이 투자자라면 / 수익률 등이 궁금할 것이고,

상대방이 가족이라면 / 안정적인지가 궁금할 것이다.

상대방이 지원기관이라면 / 성장성에 대한 내용이 궁금할 것이다.

엘리베이터 피치의 가장 간단한 방법 중의 하나가 바로 위에서 설명한 CNABC를 활용하는 것이다. 위에서부터 차례대로 설명하면 된다. 무인 밀키트 전문점을 사업으로 간단하게 사례를 만들어 보았다.

Customer (고객)	30~40대가 많이 살고 있는 김포시 신도시 지역의 가구들을 조사해 보니
Needs (고객의 불편함)	맞벌이로 집에서 간단하게 식사할 수 있는 밀키트 등의 수요가 많이 늘고 있습니다.
Approach (불편함의 해소방법)	그래서 지역 상가에 무인 밀키트 매장을 2개 오픈하고자 합니다.

Benefit (고객과 나의 이익)	고객들은 기존 식사 비용보다 30% 이상 저렴한 비용으로 좋은 퀄리티의 식사를 편리하게 할 수 있으며 매출은 2군데 하루 80만 원 / 월매출 2,400만 원 정도를 예상하고 있습니다. 순이익은 25%로 600만 원 성도를 예상하고 있습니다.
Competition (경쟁우위 / 진입장벽마련)	경쟁력을 갖추기 위해 A회사와 상품공급과 고객 관리 시스템 도입 계약을 맺을 예정이며, 24시간 영업을 할 예정입니다. 별도의 관리자를 두고 고객 AS를 해결해 나갈 예정입니다.

필자가 발표를 해 보니 딱 32초 걸렸다. 설명을 효과적으로 할 수 있도록 내용을 수정해 나가고, 연습을 하다 보면 어떠한 상황에서도 발표가 가능해진다. (또한 사례는 발표를 위한 예시이며, 현실성이 없으니 참고만 하기를 거듭 당부드린다.)

엘리베이터피치를 연습을 하게 되면 다양한 곳에 활용을 할 수 있다. 말을 요점만 이야기하는 습관을 들일 수 있다. 가장 중요한 활용처는 물론 사업계획서 피칭 때이다. 나의 사업을 외부로 발표하는 자리이다.

보통 사업발표는 10분 내외, 짧으면 5분 내외로 발표를 하고 비슷한 시간을 질의응답을 하게 된다. 필자의 경험상 30초 안에 나의 머릿속에 있는 내용을 표현하지 못하면 10분을 줘도 어차피 설명을 하지 못한다. 시간이 날 때마다 계속 사업을 설명하는 연습을 해 보자 익숙해지면 언제 어디서든지 활용 가능해진다.

면접이나, 모임에서 자신을 소개하는 경우도 많다. 특히 사교 모임에서 시간제한을 두고 한 바퀴 돌아가면서 자기소개를 하는 경우가 많은데 이때 보통 부여되는 시간이 30초~1분이다.

필자가 제일 싫어하는 시간이기는 하지만 모임의 목적상 어쩔 수가 없다. 언제든지 자기소개를 30초 정도에 할 수 있도록 연습해 보자. 효과적인 자기 어필로 어쩌면 인생을 바꿀 인연을 만날 수도 있다.

영화 속의 엘리베이터 스피치

예전에 보았던 영화 중에 〈러브 & 드럭스〉[79]라는 영화가 있다. 남자 주인공이 화이자에 입사를 한다. 신입사원 연수를 받는데 성냥을 켜 놓고 제품 설명 연습을 하는 장면이 나온다.

성냥이 켜져 있는 약 10초 정도 안에 효과적으로 약에 대한 설명을 연습하는 것이다. 아래 이미지처럼 집에서도 피나는 연습을 하고 나서 실전에 투입이 된다.

구매 담당자를 주차장에서 만나 병원까지 함께 가면서 상품을 설명하는 장면이 인상적이었다. (이때 영화에서 '비아그라'를 판매한다.)

성냥은 요즘 쓰지 않으니 핸드폰 타이머를 15초~30초 정도에 맞춰 놓고 엘리베이터 스피치를 연습해 보자.

---

79) 2010년에 개봉한 앤해서웨이와 제이크질렌할이 주연인 영화.

자. 비즈니스 모델 캔버스

비즈니스 모델은 '**가치를 창조, 전파하여 어떻게 수익으로 변환하는지를 체계적이며, 쉽게 그려 놓은 모형**'이라고 한다. 쉽게 설명하면 돈을 버는 구조의 핵심을 표현하는 것이다.

비즈니스 모델을 만드는 가장 유명한 방법은 '비즈니스 모델 캔버스'를 활용하는 것이다. 총 9단계로 이루어져 있으며 『비즈니스 모델의 탄생』이라는 책에서 제공하고 있는 유명한 모델이다. 순서는 아래와 같다.

〈비즈니스 모델 캔버스 기본 모형〉

8 KP (핵심파트너)	7 KA (핵심 활동)	2 VP (가치제안)	4 CR (고객관계)	1 CS (고객세분화)
	6 KR (핵심자원)		3 CH (유통채널)	
9 C$ (비용구조)			5 R$ (수익흐름)	

고객과 상품 가치에 대한 부분	
① 고객 세그먼트 Customer Segments 고객	고객은 누구인가? 고객은 무엇을 불편해하는가? 불특정 다수의 대중인가? 특정 계층인가? 그들은 어디에 있는가?
② 가치제안 Value Proposition 상품과 서비스	고객에게 전달할 가치는 무엇인가? 고객의 불편함을 해소시켜 줄 수 있는 상품은 무엇인가? 우리가 제공하는 제품 및 서비스의 실체는 무엇인가?

③ 채널 Channels 유통	어떻게 전달하는가? 고객에게 가치를 전달하기 위해 어떤 통로를 이용하는가? 그 통로가 효율적이며 합리적인가?
④ 고객관계 Customer Relationships	고객과의 관계는 어떻게 지속적으로 유지하는가? 우리는 고객과 접점을 맺고 있는 관계가 얼마나 친밀하며 직접적인가? 고객이 내 상품을 지속적으로 구매하게 할 수 있는 방법은?
⑤ 수익원 Revenue Streams	어디서 돈이 되는가? 결국 수익이 생기는 지점은 어디인가? 어디서 얼마를 벌 수 있는 것인가?
생산성과 효율성에 대한 부분	
⑥ 핵심 자원 Key Resources	이 비즈니스를 하기 위해 꼭 필요한 자원은 무엇인가? 혹은 필요 없는 것은 무엇인가?
⑦ 핵심 활동 Key Activities	우리가 고객에게 제품이나 서비스를 제공하기 위해서 다른 누구보다 잘하고 있는 핵심 활동은 무엇인가? 혹은 무엇이어야 하는가?
⑧ 핵심 파트너십 Key Partners	나를 도와줄 거래처들은 어디인가? 우리가 모든 것을 다 할 것인가? 아니면 다른 누군가의 도움을 받아야 하는가?
⑨ 비용구조 Cost Structure	이 사업을 하기 위해 어떤 비용이 어디서 얼마나 드는가? 그 비용은 꼭 필요한가? 줄일 수 있는 방법은 없는가?

생각보다 조금 어려울 수는 있으나 조금만 이해하고 나면 생각보다 어렵지 않다. 사업계획서를 완전하게 작성하기 위해서는 꼭 필요한 단계이다. 그리고 위의 9단계 중에서 가장 중요한 1번과 2번 단계를 조금 더 집중해서 파악을 하도록 하자. 1번 2번 단계만 정리가 되면 나머지 단계는 사실 모범답안이 있다.

아래는 중소기업들의 마케팅 아웃소싱이라는 아이디어로 간단한 비즈니스 모델을 만들어 보았다. 현재 많이 운영되고 있는 사업이지만, 아래 모형처럼 간단하지는 않다. 그냥 간단하게만 작성해 보았으니, 비즈니스 모델 캔버스의 사용방법에 대해서 간략하게 익혀 보도록 하자.

KP 네이버, 카카오, 다음 등 포털 사이트 각종 마케팅 협력사	KA 기업의 마케팅관리, 브랜딩 관리, 광고관리	VP 중소기업의 효율적인 마케팅 대행, 브랜딩 대행 기업이 가장 효율적으로 마케팅을 진행할 수 있는 아웃소싱 비즈니스	CR 고객 관리 극대화 매출관리 최적화 프로그램 마련운영	CS 기업에서 마케팅 직원을 두기 부담스럽다. 직원을 채용해도 급변하는 마케팅 환경에 대응하기 어렵다.
	KR 마케팅 능력 전문가집단 (디자이너, 브랜드 매니저 등)		CH 대면영업 온라인영업 (페이스북, 인스타그램)	

C$ 직원 15명 4,500만 원 임대료 1,000만 원 운영비 / 마케팅비용 / 2,000만 원 기타 비용 / 500만 원	R$ 고객사의 월관리비 100만 원 (실제 광고비용 별도) 관리회사 100군데 월매출 1억 원 목표

비즈니스 모델에 대해서는 너무 내용이 광범위하여 보다 자세한 내용들은 관련된 전문 서적들을 참고해 보도록 하자. 개인적으로는 전문서적들이 너무 불필요한 내용들이 많아서 그냥 간단하게 내용만 익혀도 충분히 활용이 가능할 수 있다.

이제 여러분들의 머릿속에 있는 아이디어를 A4용지를 펼쳐 놓고 최대한 정리를 해 보도록 하자. 원래는 포스트잇을 활용해서 붙이고 떼고 하면서 작성하게 된다.

쉽게 생각하고 쉽게 제거할 수 있기 때문인데, 가능하면 포스트잇으로 아이디어를 적어서 붙이고 떼 보고를 해 보도록 하자. 훨씬 더 편하게 아이디어를 정리할 수 있다.

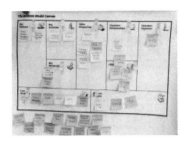

비즈니스 모델 캔버스에 아이디어가 정리가 되면 이번에도 스스로에게 사업을 설명해 보자.

차. 공감지도 활용하기

앞장의 비즈니스 모델 캔버스에서 1번과 2번이 가장 중요하다고 했는데 그중에서도 1번이 더 중요하다. 1번은 바로 고객을 의미하는 CS(Customer Segments)이기 때문이다.

'지피지기면 백전백승'이라는 말처럼 상대방을 알아야 비즈니스에서 이길 수 있다. 고객을 알아야 하고 소비자를 이해해야 한다. 고객과 시장, 소비자는 거의 비슷한 의미라고 봐도 좋을 듯하다.

고객 ≒ 시장 ≒ 사람 ≒ 소비자 ≒ 마켓 ≒ Customer

비즈니스 모델의 첫 번째는 고객과 시장을 이해하는 단계이다. 고객을 이해하려고 할 때 간단하게 활용할 수 있는 공감지도(Empathy

Map) 라는 툴이 있다. 대상을 정하고 대상의 다양한 상황을 공감하며 알아나가고자 하는 툴이다.

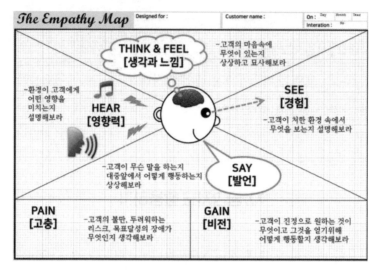

〈공감지도 모형〉

위 그림을 간략하게 표로 만들어 보았다.

대상:	
무슨 생각을 하고 있는가? THINK & FEEL	무엇을 보고 있는가? SEE
무슨 이야기를 듣고 있는가? HEAR	무엇을 말하고 있는가? SAY

| PAIN(고충, 불만, 불편함) | GAIN(이익, 비전, 희망) |
문제점, 장애물	고객이 진정으로 원하는 것

대상을 정하고 대상이 어떤 생각을 하는지, 무엇을 바라보고 있는지, 무슨 이야기를 하고 듣고 있는지 등을 고민해 보도록 하자 이 책에서는 다루지는 않지만 이 내용은 디자인씽킹,[80] 디자인적 사고방식으로 연결이 된다. 검색해 보면 다양한 자료가 나오니 관심이 있는 분들은 참고해 보기 바란다.

이 공감지도에서 가장 중요한 부분은 아래에 위치한 PAIN과 GAIN이다. PAIN은 현재 불편한 것, 고통스러운 것을 이야기한다. 대상의 현재 어려움과 불편함을 찾아서 그 해결 방법을 찾으려는 것이다. 그리고 GAIN은 이익, 비전, 희망 등 고객이 진정으로 원하는 것을 고민하는 곳이다.

나의 고객을 찾아서 고객이 어떤 생각과 고민을 하고 있고, 진정으로 원하는 것이 무엇인지 파악해 보자. 그리고 고객 만족을 위해서 어떤 상품과 서비스를 만들어 나가면 좋을지 생각해 보자. 고객과 공감할 수 있다면 최고의 상품과 서비스를 만들어 낼 수 있을 것이다.

아래 표에 이슈가 되고 있는 1인 가구를 대상으로 공감지도를 작성

---

80) 고객의 공감과 문제발견을 기반으로 만들어 나가는 창의적 문제해결 방법으로 다양한 방법론으로 활용되고 있다.

해 보자. 대상의 연령대, 성별, 직업 등을 구체적으로 적으면 훨씬 더 대상을 공감하기 쉬워진다. 보다 자세하게는 직접 대상을 만나 인터뷰를 해 보고, 관찰을 하면서 작성을 해야 한다. 심지어 대상도 생각하지 못했던 점들을 찾아낼 수 있을 정도가 되면 가장 이상적일 것이다.

대상:
30대 남성, 1인 가구, 서울시 관악구 원룸에서 생활, 강남구에서 직장 생활 중, 연봉 4000만 원 정도

무슨 생각을 하고 있는가?	무엇을 보고 있는가?
무슨 이야기를 듣고 있는가?	무엇을 말하고 있는가?
불편함, 문제점	진정으로 원하는 것

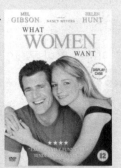

맬깁슨이 나오는 오래된 〈왓위민원트〉라는 영화가 있다. 내용은 광고회사를 다니는 주인공이 어느 날부터 여성들이 마음속 이야기가 들리기 시작하면서 여성들을 이해하기 시작한다는 내용이다.
여성용품 광고기획을 하던 중 여성들의 마음을 이해하게 되어 최고의 광고기획안을 만들게 되는 장면과 여성용품을 직접 사용해 보는 장면들이 인상적이었다.
여성들의 마음을 공감할 수 있다면 가정생활은 물론 인생이 훨씬 더 편해지지 않을까 싶다.

카. 가치제안 캔버스

가치제안 캔버스[81]는 비즈니스 모델 캔버스의 1단계와 2단계를 가지고 보다 자세하게 만들어 놓은 모형이다. 앞의 비즈니스 모델 캔버스에서 필자가 1단계와 2단계가 가장 중요하고 나머지 단계는 저절로 구성이 된다고 했다. 가치제안 캔버스는 그 1단계와 2단계를 심층적으로 파악하기 위해 만들어진 모형이다.

이 가치제안 캔버스는 바로 앞에서 언급한 공감지도와 연관성이 있다. 공감지도의 GAIN과 PAIN이 우측 소비자로 연결되기 때문이다. 고객과의 공감을 통해서 니즈를 찾아내려고 하는 것이다. 쉽게 니즈가 PAIN과 GAIN으로 구성되어 있다고 생각해 보자.

NEEDS ≒ PAIN + GAIN

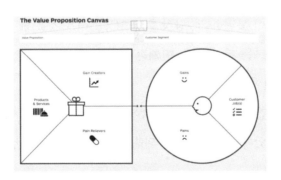

〈가치제안캔버스 모형〉

---

81) 《밸류 프로포지션 디자인》이라는 책에서 보다 자세히 볼 수 있다.
　　https://book.naver.com/bookdb/book_detail.naver?bid=13348752

가치제안캔버스를 통해서 나의 비즈니스를 조금 더 효과적으로 정리해 보도록 하자.

상품 서비스	GAIN CREATOR	↔	GAIN	고객
	PAIN RELIEVERS	↔	PAIN	

왼편에는 나의 상품과 서비스가 있다. 그리고 오른편에는 고객이 있다. 고객군을 정하고 고객의 PAIN과 GAIN을 고민해 본다. PAIN에 대한 해결 방법과 GAIN에 대한 제안을 통해서 상품과 서비스를 가치(Value)있게 만들어 낼 수 있다.

가치제안 캔버스는 크게 2가지 비즈니스 모델을 만들 수 있다. 첫 번째는 고객이 불편한 것, 당장 현재 고통스러운 것을 해결해주는 비즈니스를 만드는 것이고, 두 번째는 고객이 진정으로 원하는 것을 만들어 주는 것이다.

고객들이 건강에 대한 고민이 많아 일반음식점에서 식사를 하기가 불편해지고 있다면 문제해결을 위해서 '건강식 전문음식점'을 만들어 운영하면 된다.

두 번째 진정으로 원하는 것을 만들어 주는 것이 다소 어려움이 있다. 예를 들어 인구가 고령화되어 점점 건강에 대해 고민이 많아지고 있다면 고객이 불편해하기 전에 미리 '건강식 전문점'을 만드는 것이다. 고객은 생각하지도 못했던 것까지 서비스를 만들어 낸 회사에 매우 감사할 것이다.

그래서 혁신적인 상품과 서비스가 이 GAIN CREATOR를 통해서 만들어진다. 세상을 바꾼 스마트폰 같은 경우이다. 아무도 스마트폰이 없어서 불편하지 않았고 기존 핸드폰으로도 잘 사용하고 있었다. 그러나 세상에 상품이 세상에 나오고 나서 전 세계 이용자들을 모두 사로잡아 버렸다.

타. 추정손익계산서

사업계획서를 작성할 때 가장 어려워하는 부분이 숫자에 관련된 것들이다. 매출과 영업이익, 비용, 순이익 등을 계산하려고 하면 일반인들은 어려울 수밖에 없다. 공부가 필요하기 때문이다. 이러한 숫자에 관련된 부분은 양식을 통해서 보다 쉽게 익힐 수 있다.

앞부분 아이템에서는 정말 간략하게 임대료를 기반으로 손익을 계산해 보았으나, 실제로는 매우 디테일하고 복잡한 부분들이다. 이 부분은 손익계산서를 익혀 놓으면 많은 도움을 받을 수 있다.

아래는 서울시 자영업지원센터에서 제공하고 있는 사업계획서 양식의 추정손익계산서이다. 디테일하게 비용 등을 계산할 수 있으니, 사업이 더 구체화되면 자세하게 손익을 계산해 보도록 하자.

〈추정손익계산서〉

구분			(예시)	추정액	비고
매출액 (A)	①	매출액	1500만 원	만 원	■ 월평균 예상 매출액
매출원가 (B)	②	매출원가 (직접원가)	500만 원	만 원	■ 생산원가
매출총이익 (C = A - B)	③	매출총이익	1,000만 원	만 원	■ 매출액 - 매출원가
비용 (D)	④	인건비	360만 원	만 원	■ 종업원 수 × 지급액 × 1.2(각종세금) ■ 4대보험, 퇴직금(연 × 1월) ※ 주 15시간 미만은 국민, 건강보험 제외
	⑤	임차관리비	130만 원	만 원	■ 월세 + 관리비 등
	⑥	광열비 (전기 + 수도 + 가스)	140만 원	만 원	■ 전기(평당 1~1.5만 원), 통신비 포함
	⑦	홍보판촉비	100만 원	만 원	■ 현수막 설치비 등 이벤트 비용 ■ 쿠폰 / 마일리지 전단 제작 및 배포비 ■ 배달앱 등에 홍보, 포장패키지 등
	⑧	자투리비용	20만 원	만 원	■ cctv, 쓰레기처리, 정화조 청소 등 ■ 렌탈비용, 카드수수료, 화재보험 등 ■ 냅킨 외 각종 수리비 등
		소 계	700만 원	만 원	④ + ⑤ + ⑥ + ⑦ + ⑧
영업이익 (E = C - D)	⑨	영업이익	300만 원	만 원	■ 매출총이익 - 소계(비용)
영업외비용 (F)	⑩	감가상각비	50만 원	만 원	■ 투자된 설비 및 인테리어 총액÷60개 월(평균 감가상각기간, 5년) (예시) 총 시설비 30백만 / 60개월
	⑪	대출이자	15만 원	만 원	■ 본 사업에 투자된 타인자금 금융이자
순수익	⑫	당기순이익	235만 원	만 원	* 세전 ■ 영업이익(E) - 영업외비용(F)
기대수익	⑬	기대수익	300만 원	만 원	■ 사업주 자신의 기대 인건비
		기대차액	▼65만 원	만 원	■ 당기순이익 - 기대수익

파. 사업계획서 및 각종 자료실

사업계획서에 관련해서 내용이 너무 방대하고, 쉽게 교육받을 수 있는 곳들이 많아서 이번 장은 간략하게 비즈니스 모델에 대해서만 설명을 하였다. 사업계획서의 양식과 관련 내용을 알 수 있는 곳을 정리해 놓았으니 참고해 주시기 바란다.

또한 필자가 모아 놓은 사업계획서 양식들이 있는데, 혹시 필요하신 분들은 이메일주소 bizi@bizi.kr이나 블로그 bizi.kr 안부게시판에 글 남겨 주시면 메일로 관련된 자료를 보내 드리도록 하겠다.

사업계획서양식	bizi.kr 상단자료실
서울시자영업지원센터 / 사업계획서 양식 (예비창업자)	**사업계획서 양식**
사업계획체험	업종가이드
서울시자영업지원센터 / 사업계획 체험	**서울시 자영업지원센터 / 업종가이드**

 성공실패사례	 업무용서식
서울시 자영업지원센터 / 성공실패사례	기업마당 업무용 서식
 창업길라잡이	 창업보육센터 자료실
k-startup.go.kr 창업길라잡이	창업보육센터네트워크 시스템 정보마당 / 자료실

7

마케팅 전략 /
시장에서 살아남기

전쟁에서 이기는 가장 좋은 방법은 싸우지 않고 이기는 것이라고 한다.

경쟁을 피할 수 있으면 최대한 피해야 하고, 어쩔 수 없이 싸워야 한다면 과감하게 싸워야 한다.
함께할 수 있는 파트너도 필요하고, 보급도 필요하다.

가장 중요한 건 전략을 만들어 내고 전쟁을 이끌어 갈 똑똑한 장수, 리더이다. 바로 여러분들이다.

가. 경쟁을 피하는 방법들 / 미용실의 사례

서울 군자역 인근 미용실 미팅을 한 적이 있다. 주변 100미터에 비슷한 미용실이 열 개 이상 운영되고 있었다. 가격경쟁은 점점 더 심해지고 매출은 줄어들고 있었는데, 이런 경우 아무리 뛰어난 컨설턴트가 방문을 해도 좋은 솔루션을 만들어 내기는 어렵다. 가장 어려운 상황이다. 다행히 그 미용실은 가발로 차별화를 하고 있어 그나마 조금 나은 상황이었는데 가발시장도 경쟁이 치열하기는 마찬가지기는 했다.

몇 달 뒤 경기도 판교에 있는 미용실에 방문을 하게 되었다. 이 집도 어렵겠구나 생각했는데, 생각보다 상황이 좋았다. 큰 빌딩에 미용실이 지하 1층 한 군데밖에 없었다. 건물에는 게임회사와 다양한 사무실들이 있었는데 30대의 젊은 직장인들이 많이 있어 수요층과 소비력도 확실한 시장이었다. 실질적으로 독점을 하고 있는 상황이다. 그런데 원장님이 목표가 하나 있다고 해서 뭐냐고 물었더니 그 빌딩에 다른 미용실이 못 들어오게 하는 것이라고 한다.

어떻게 다른 미용실이 못 들어오게 할 수 있냐고 했더니, 미용실이 들어올 만한 공실이 생기면 자기가 직접 매장을 인수하겠다고 한다. 그 당시 빈 상가가 없는 상황이었기 때문에 부동산 사무실과 친하게 지내서, 미용실이 들어올 만한 평수의 매장이 나오는지 확인하고 찜

새가 미용실이 들어올 것 같다고 생각되면 그냥 자기가 그 매장을 인수하겠다는 것이다.

그리고 자녀 이름으로 미용실을 하나 더 차리겠다고 한다. 그게 경쟁 미용실이 들어오는 것보다 훨씬 더 나은 방법이라고 한다. 매장이 두 개가 되어 임대료는 2배가 되겠지만 경쟁업체가 들어오는 것보다는 나을 수도 있겠다는 생각이 들었다.

같은 업종이 많이 있어서 번성하는 지역들도 있지만, 대체로 경쟁업체가 많다는 것은 영업에 많은 지장을 준다. 위의 사례처럼 물리적으로 경쟁이 없는 상권에 들어가거나, 경쟁업체의 진입을 막는 전략들도 가능하다. 아니면 의도적으로 경쟁을 피해서 도망가 버리거나, 내가 하고 있는 사업을 아무도 모르게 하는 방법들도 있다.

나의 비즈니스에서 경쟁을 최소화하기 위해서는 어떻게 하면 좋을까?

- 월등히 높은 품질과 상품과 서비스
- 월등히 우수한 인테리어(시설)
- 월등히 좋은 가격
- 제품의 콘셉트를 바꾸기(리포지셔닝)
- 제품의 소비자를 바꾸기(리타깃팅)
- 자격증을 통한 진입장벽 구축

- 계약관계를 통한 시장독점
- 시장에서 최대한 노출을 자제

등등 나만의 경쟁회피, 경쟁우의 전략을 최대한 많이 고민하고 만들어 보자. 싸우지 않고 이기는 가장 좋은 방법을 찾아보자.

나. 블루오션 레드오션 퍼플오션

경쟁이 없는 시장을 '블루오션'이라고 이야기한다, 반대로 '레드오션'은 경쟁이 치열한 시장을 이야기한다. 그 사이에 '퍼플오션'도 존재한다. 레드오션에서 새로운 가치를 만들어 블루오션으로 이동하는 것이다. 블루오션과 레드오션의 중간에 위치한다.

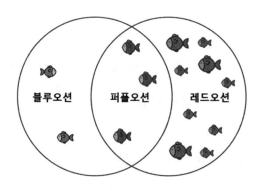

경쟁이 없는 블루오션이 가장 이상적이지만 말처럼 쉽지는 않다.

그래서 레드오션을 빠져 나올 수 있는 퍼플오션에 대한 고민이 필요하다.

최근에 미팅한 정육점도 비슷한 사례다. 기존 정육점에서 새로운 샤브샤브밀키트를 판매를 하기 시작했다. 정육점에 고기를 사러 왔다가 샤브샤브밀키트를 구매하고, 샤브샤브밀키트를 구매하러 왔다가 고기를 추가해 갔다. 정육점도 아니고 샤브샤브집도 아닌 샤브샤브밀키트를 판매하는 정육점이 되었다. 단순하게 메뉴를 하나 넣었는데 매출이 30% 이상이 오르게 되었다.

작년에 만난 곰탕 전문점에서는 몇 년 전부터 와인을 판매하기 시작했다. 내부 인테리어도 젊은 층이 좋아할 수 있도록 개선을 하였다. 곰탕, 수육, 토종닭에 와인이라고 해서 다소 의아해했으나 생각보다 반응이 좋아서 최근에는 젊은 층과 노년층이 함께 방문하는 핫플레이스가 되었다.

30년 이상 된 평양냉면집에서 반려동물을 데리고 와서 식사할 수 있는 공간을 만든 경우도 있었다. 평양냉면, 설렁탕 등 전통적으로 어르신분들이 많은 식당에서 '반려동물'과 함께할 수 있는 공간을 만들었다는 말에 깜짝 놀랐지만 의외로 반응이 뜨겁다고 한다. 기존 평양냉면이라는 올드한 느낌에 반려동물이라는 새로운 콘셉트로 시장을 새롭게 만들어 낸 것이다. 물론 한쪽에 별도의 공간을 만들어 일반 고객들이 불편해하지 않도록 했다.

기존 레드오션에서 새로운 아이디어를 만들어 시장을 개척한 사례는 무궁무진하다. 시장과 소비자들을 파악하고 세심한 서비스와 상품들을 개발해 보도록 하자.

나의 상품과 서비스에 새로운 가치를 넣어 경쟁을 줄일 수 있는 방법은?

현재 레드오션에서 경쟁을 줄일 수 있는 상품과 서비스는 무엇이 있을까?

다. 마케팅 최적화 – 최적의 마케팅 상태 만들기

업무를 진행하면서 '마케팅 최적화'라는 단어를 많이 사용하고 있다. 말 그대로 가장 효율적인 마케팅 환경을 만들어 나가는 것을 말한다. 최소의 노력과 비용을 들여서 최대의 효과가 나올 수 있는 환경을 만들어 놓는 것이다.

가장 효율적인 마케팅 환경은 어떻게 만들면 좋을까?

필자가 추천하는 마케팅 최적화 방법은 비용이 들어가지 않는 마케팅 채널을 먼저 셋업을 하는 것이다. 생각보다 비용을 들이지 않고 효과가 좋은 마케팅 수단이 많다. 네이버에도 스마트플레이스, 모두 홈페이지, 블로그 등 활용할 수 있는 툴들이 많다.

이후 마케팅 예산을 확보하고 효율이 나오는 채널을 우선적으로 셋 업해 나가면 된다. 마케팅 예산은 매출에서 무리가 가지 않는 선으로 잡는 것이 좋다. 필자가 생각하는 수준은 매출의 5%~10% 정도이다. 매출이 3000만 원 정도 나오면 5%면 150만 원 정도이다. 적은 돈은 아니다. 예산을 사용할 수 있는 채널을 리스트업 하여 가장 효과가 좋 을 것으로 예상되는 곳부터 집행해 본다.

〈간단하게 파악하는 마케팅 채널 - 소상공인, 외식업, 서비스업 기준〉

구분	마케팅 채널	비고
네이버	네이버 스마트플레이스	무료
네이버	네이버 마이플레이스 리뷰 관리	무료
네이버	네이버 모두 홈페이지	무료
네이버	네이버 블로그 운영	무료
네이버	네이버 페이	무료
네이버	네이버 예약 / 스마트주문	무료
네이버	네이버 톡톡	무료
네이버	네이버 스마트스토어	무료
네이버	네이버 카페 / 밴드 등 커뮤니티	무료
카카오	카카오 채널	무료
카카오	카카오 톡스토어	무료
카카오	카카오 맵 등록	무료
구글	구글 마이플레이스	무료
인스타그램	인스타그램 비즈니스 계정 운영	무료
인스타그램	인스타그램 광고	광고
페이스북	페이스북 페이지	무료

페이스북	페이스북 광고	광고
유튜브	유튜브 채널 운영	무료
유튜브	유튜브 광고	광고
홈페이지	홈페이지 제작	
광고	키워드 광고	
광고	지도 광고	
광고	블로그 광고	
광고	인플루언서 체험단 (블로그, 인스타그램, 유튜브 등)	
오프라인 광고	인쇄물 제작 및 배포	전단지 등
오프라인 광고	사은품제작 배포	물티슈, 볼펜 등
오프라인 광고	기타 지역 광고	아파트 광고 등
언론홍보 광고	보도자료 배포	
	기타	

대략적으로 홍보 가능한 다양한 마케팅 채널들을 파악해 보았다. 먼저 비용이 들어가지 않는 다양한 채널들을 모두 세팅해 놓고, 이후 비용이 들어가는 마케팅으로 넘어가 보도록 하자.

라. 온라인 마케팅 채널관리

홍보 광고를 할 때 어디에 어떻게 해야 할지 모르는 경우들이 가장 많다. 그러나 생각보다 홍보를 진행할 마케팅 채널은 그다지 많지 않다. 심지어 광고회사에서는 나름대로의 마케팅 진행 모범답안을 가지고 있는 경우도 많다.

외식업 업체의 경우 네이버 스마트플레이스, 모두 홈페이지, 사진 촬영, 블로그 체험단, 인스타그램 활용, 키워드 광고와 플레이스 광고 등 기본적인 마케팅 채널들이 있다. 특별한 기법이나, 어마어마한 노하우는 존재하지 않는다. 간단한데 일반인들은 잘 몰라서 돈을 주고 진행을 하는 경우가 많이 있다.

아래는 운영 가능한 온라인 마케팅 채널들을 정리해 보았다.

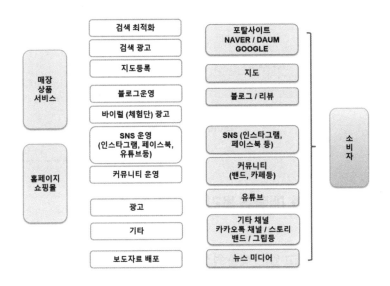

〈온라인 마케팅 채널 정리〉

아래 이미지는 네이버를 기준으로 노출되는 순서대로 마케팅 순서를 만들어 보았다. 그냥 위에서부터 신경 쓰면서 내려오면 된다. 내가 가지고 있는 키워드를 가지고 검색해 보면서 어떤 채널이 더 중요한지 확인해 보면서 관리해 보도록 하자.

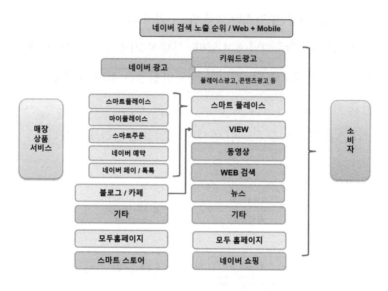

〈네이버 마케팅 채널〉

마. 매출을 올리는 가장 손쉬운 방법

놓치고 있는(새고 있는) 매출 최소한으로 줄이기

필자가 생각하는 매출을 올리는 가장 쉬운 방법은 놓치고 있는 매출, 새고 있는 매출을 잡는 것이다.

최근에 업체들을 미팅하면서 가장 주력하는 것은 드라마틱하게 매출을 올리는 것이 아니다. 줄줄 새고 있는 매출을 먼저 막는 것이 급선무다. 마케팅 최적화가 되어 있지 않아서, 키워드를 잘못 설정해서 충분히 찾아올 수 있는 고객들을 놓치는 경우가 너무 많이 있었다.

그래서 가장 첫 번째 해야 할 일은 충분히 찾아올 수 있는 고객을 놓치지 않는 것이다. 이를테면 어느 날 고객이 찾아와서 진작 알았으면 작년부터 단골이 될 수 있었는데 너무 늦게 알았다거나, 왜 이런 상품을 숨겨 놓았냐거나, 왜 홍보를 안 했냐? 이런 소리는 듣지 않도록 해야 하는 것이다.

경기도에 있는 칼국수 집을 미팅한 적이 있다. 이 칼국수 집은 간판에는 '국수와 김밥'이라고 적혀져 있는 상태였는데 가서 미팅을 해 보니 국수와 김밥보다는 칼국수를 메인으로 판매하는 집이었다. 심지어 칼국수도 일반 칼국수가 아닌 손칼국수를 판매하고 있었다. 주문과 동시에 만드는 진짜 손칼국수였

고 만두도 직접 빚어서 판매하는 손만두였다. 그런데 이 매장에서 손칼국수에 대한 내용을 전혀 찾을 수가 없었다. 손칼국수 손님들이 줄줄 새고 있었던 것이다. 인근에 있는 주민들에게 '손칼국수집'이 있다는 사실만 알려 줘도 충분히 매출은 오를 수 있는 상황이었다.

그래서 제일 먼저 한 일은 네이버 스마트플레이스를 통해서 '주문과 동시에 만드는 진짜 손칼국수집'이라고 홍보하는 것이었다. 배너를 제작해서 세우고, 명함 전단지를 만들어서 인근 아파트 단지에 뿌리기 시작했다.

간판을 바꾸기에는 비용이 너무 부담스러워서 천천히 바꾸기로 하고 최대한 적은 비용으로 할 수 있는 부분을 바꾸어 나갔다. 매출은 당연히 오르기 시작했고 이후 테이크아웃으로 판매 가능한 만두전골 메뉴를 만들어 판매하기 시작했다.

핵심은 주위에 손칼국수를 좋아하는 사람들이 많이 있었을 텐데, 아무도 모르고 있었던 상황이었고 이 사람들에게는 손칼국수 집이 있다는 사실만으로도 충분히 방문할 가능성이 있다는 것이다. 존재만으로도 방문이 가능한 고객들 수천 명을 놓치고 있었던 것이다. 그 고객들 중에서 10%만 방문한다고 해도 수백 명 이상이 방문을 더 했을 것이다.

많은 매장들이 콘셉트를 잘못 정하고, 홍보를 잘못해서 고객들이 찾아오지 못하는 경우들이 많다. 우리 매장에 어떤 고객들이 왜 방문해야 하는지 최대한 많이 적어 보자. 그 이유 하나하나가 고객가치이며 마케팅 포인트이다. 그 모든 이유가 잘 홍보되어 고객들이 찾아오게 된다면 가장 이상적인 매출이 나오게 될 것이다.

또 한 가지는 고객이 무엇인가 불편해서 찾아오지 않는 경우이다. 어떤 매장에 들어갔는데 무언가가 불편하여 다시 방문하지 않게 되는 이유가 있다. 찾아서 모두 없애 준다. 그리고 고객들에게 열심히 개선되었다고 알려 준다.

우리가 놓치고 있는(새고 있는) 다양한 매출들.

고객이 몰라서 방문하지 못하는 경우	마케팅 활용 및 개선방안		고객의 불편함으로 방문하지 않는 경우
숨겨진 메뉴	**메뉴홍보**	**개선**	**고객응대 불만**
숨겨진 매장 내 장소	매장홍보	개선	화장실 불결
숨겨진 서비스	서비스홍보	개선	청소상태 불결
숨겨진 재료	재료홍보	개선	내부 정돈 x
모임하기 좋은 장소	매장홍보	개선	천장 거미줄
넓은 매장	매장홍보	개선	숟가락 젓가락 위생상태 불결
넓은 주차장	주차장홍보	개선	밥에서 냄새
발레 서비스	서비스홍보	개선	물에서 비린내
인근 공영주차장	주차장안내	개선	사장 인상 안 좋아
사진 찍기 좋음	홍보	개선	사장 입은 옷이 불결
데이트하기 좋음	홍보	개선	매장 tv 소리 너무 큼
가족모임에 좋음	홍보	개선	시끄러운 음악소리
아이들이 좋아할 만한 요소	홍보	개선	전화응대 불편
어르신들이 좋아할 만한 요소	홍보	개선	예약이 안 돼
반려동물과 함께 갈 수 있음	홍보	개선	카드사용 어려움
아이들 놀이터	홍보	개선	지역화폐 사용 불편
인근에 유명한 명소	홍보	개선	포장 어려움
수상 경력 있음	홍보	개선	찾아가기 어려워
기타 등등			기타 등등

제대로 홍보를 못하고 있던 경우와 개선이 필요한 경우들을 생각나는 대로 작성해 보았다. 아래 빈칸은 여러분들이 다양하게 작성해 보도록 하자. 새고 있는 매출만 잡아도 매출은 올라간다.

설렁탕집 매장의 주차장

설렁탕집에 미팅을 하기로 했는데 온라인에 있는 정보(사진 등)로는 주차할 곳이 없어 보였다. 어쩔수 없이 멀리 유료주차장에 차를 세우고 5분 정도 걸어서 방문하여 미팅을 하였다.

미팅을 하다 보니 건물 뒤편에 주차를 7대 이상할 수 있었고, 심지어 매장 옆 골목에도 거주자 우선 주차장을 확보하여 2대를 더 주차할 수 있었다. 주차공간만 홍보해도 충분히 올 수 있는 고객들을 모두 놓치고 있었던 것이다. 간단한 홍보 부족으로 매출이 새고 있었던 것이다. 서울 시내에서 주차공간이 9대 이상 있다는 것은 매우 큰 강점이다. 필자도 다음에 가족들과 차량으로 방문하겠다고 약속드렸을 정도이다.

매장 옆에 공영주차장이 있는 매장도 많이 있다. 인근에 저렴한 공영주차장이 있다는 사실만으로도 매장 가치는 20% 이상 올라갈 수 있다.주차 가능은 무조건 홍보 1순위다.

바. FAD FASHION TREND

패션용어 중에 패드, 패션, 트렌드라는 단어가 있다.

패드는 아래 그래프처럼 바짝 유행하다가 없어지는 유행을 이야기한다. 급하게 인기를 끌어 미친 듯이 유행했다가 다음 시즌에 언제 유행했냐는 듯이 사라져 버린다. 지난 몇 년간 생각나는 반짝하고 시들해진 아이템들을 생각해 보자. 생과일 주스전문점, 차돌박이 전문점, 흑당버블티, 대만샌드위치 등등 다양한 아이템들이 생각이 난다. 특히 흑당버블티는 3년쯤 전에 대인기를 끌었던 아이템이었다. 줄이 너무 길어서 먹지 못했던 기억이 있는데 지금은 시들해졌다.

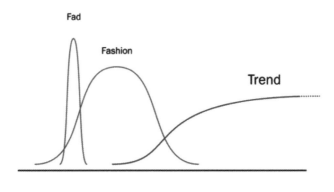

〈Fad, Fashion, Trend〉

상대적으로 패션은 주기가 길다. 그리고 장기적으로 다시 유행이 돌아오기도 한다. 오래전에 유행했던 아이템들이 복고가 유행하면서 다시 사람들의 관심을 받기도 한다.

트렌드는 행동 또는 어떤 현상에서 나타나는 방향성을 이야기한다. 인구가 고령화되면서 고령자들을 위한 식단이 유행을 하게 될 것이고, 청년층 감소로 관련 비즈니스는 점차 시장규모가 줄어들 것이다. 이런 중장기적인 방향성을 파악할 수 있다.

그렇다면 당연히 피해야 할 아이템은? 반짝 유행했다 사라지는 FAD 아이템일 것이다. 지난해 폐업컨설팅으로 만난 꼬막요리 전문점이 있었다. 코로나로 힘들어서 폐업을 하셨냐고 물어보니, 코로나 영향도 있지만, 그것보다는 꼬막이 유행이 지나가서 재방문율이 계속 줄어들었다고 한다. 주변에 비슷한 경우들이 많이 있다. 아이템을 선정할 때 이 아이템이 반짝하고 사라질 아이템인지, 10년 이상 유지할 수 있는 아이템인지 신중하게 파악해봐야 할 것이다. 또한 지금 쇠퇴하고 있는 업종인지 뜨고 있는 산업인지도 파악해 보자. 향후 10년 변화하는 인구구조와 산업의 변화에서 성장산업과 쇠퇴사업은 극명하게 나뉠 것이다.

〈트렌드 이슈와 성장사업 쇠퇴사업〉

트렌드 이슈	성장산업	쇠퇴산업	비고
인구고령화			
청년 인구 감소			
불경기 저성장			
아파트가격 변화			
은퇴인구 증가			
소상공인 증가			
인공지능 강화			
자율주행 차량			
전기자동차 증가			
한류 콘텐츠 강화			
코로나 종료			
한류 관광 증가			

지방소멸			
주가변화			
환율변화			
기타			

표에서 다양한 트렌드 이슈를 확인해 보고 관련되어 성장할 산업들과 쇠퇴할 산업들을 최대한 많이 찾아보도록 하자.

사. 고객이 찾아오게 만들자(인바운드 마케팅)

고객을 대상으로 진행하는 마케팅은 크게 아웃바운드 마케팅과 인바운드 마케팅으로 나눌 수 있다. 아웃바운드 마케팅은 흔히 우리가 고객을 찾아 나가는 마케팅 방법으로 고객들에게 상품과 서비스 정보를 전달하는 방법이다. 전단지를 배포한다거나, 메일을 보내거나, 문자를 보내거나 등의 방법들이다.

인바운드 마케팅은 고객이 스스로 찾아오게 하는 마케팅으로 기본 정보를 깔아 놓고 원하는 고객들이 스스로 찾아서 올 수 있도록 한다. 어떤 것이 성과가 좋을까? 당연히 인바운드 마케팅이 성과가 훨씬 높을 것 같다.

예전에 전국에 있는 사회복지기관을 대상으로 팩스로 홍보를 했던 적이 있다. 목표는 3% 정도 연락이 오는 거였는데, 팩스 비용만 수십만 원 들어가고, 전화는 한 통화도 오지 않았다. 이메일도 최대한 보냈지만, 거의 다 스팸으로 처리되었을 것 같다. 아웃바운드 마케팅의 대표적인 실패사례였다.

고객이 스스로 찾아오게 할 수 있으면 마케팅 비용도 줄고, 불필요한 문의가 줄어 업무비용도 줄어들게 된다.

고객이 스스로 찾아오게 하려면 어떻게 하면 좋을까? 답은 고객이 필요한 정보를 제공해 주면 된다. 먼저 우리가 제공해 줄 수 있는 가치를 파악하고 그 가치가 필요한 사람들에게 전달하면 된다. 흔히 이야기하는 핀셋마케팅[82]이다. 고객이 원하는 정보를 적시 적소에 제공만 하면 된다. 저녁에 딸아이와 파스타를 먹기로 했다면? 필자가 원하는 가장 좋은 장소는 맛있고 + 주차가 편리하고 + 평가가 좋은 파스타집을 찾을 것 같다. 만약에 파스타집 입장에서 주차가 편리하고 + 매장이 넓고 + 평가가 좋은 상태라면 그 내용을 적극적으로 외부에 알려 주기만 하면 된다. 필요한 고객은 알아서 찾아온다. 찾아올 이유만 충분하면.

예전에 가족식사를 할 때는 몸이 불편하신 아버님과 함께 식사를 해야 해서 조건이 조금 더 복잡했다. 주차가능(필수), 휠체어 경사로 확보(필수), 테이블 식사 가능(필수), 편리한 화장실(필수)이었다. 필

---

82) 핀셋으로 콕 집어내는 것처럼 타깃층을 정교하게 세분화해 필요한 곳만 정조준하는 마케팅 기법으로 불특정 다수를 대상으로 하는 판촉활동 대신 특정 고객을 위한 맞춤형 마케팅을 구사하는 것. 불특정 다수가 대상인 매스(Mass) 마케팅과 반대 개념으로, 고급 백화점 등에서 시작돼 산업 전반으로 확산되고 있다. [네이버 지식백과]

수조건이 4개나 되다 보니, 맛이나 메뉴는 상관없었다. 조건만 맞으면 그냥 갈 수밖에 없었다. 서울 시내에는 거의 마땅한 곳이 없어서 항상 경기도 지역이나 멀리 영종도까지 가서 식사를 하고 왔다.

그렇다면 어떻게 해야 효과적으로 고객들이 찾아오게 할 수 있을까? 정답은 **'여러 가지 조건으로 고객들이 방문하게 만드는 것'**이다. 주차가 편리해서 방문하고, 휠체어가 들어올 수 있어서 방문하고, 김치가 맛있어서 방문하고, 후식이 좋아서 방문하고, 사장님이 인상이 좋아서 방문하고, 내부가 청결해서 방문한다. 내부에 룸이 있어서 모임하기 좋아서 방문하고, 화장실이 청결해서 방문한다. 방문할 수 있는 이유는 많을수록 좋다.

수많은 이유(마케팅 셀링 포인트)를 가능한 모든 곳에 모두 뿌려 놓는다. 고객들은 여러 구매 동선에서 방문할 이유를 발견하고 스스로 찾아오게 된다. 그리고 다시 소문을 낸다. 다시 다른 사람들이 알아서 찾아오게 된다. 스스로 긍정의 힘을 만들어 내는 전형적인 선순환 바이럴 마케팅이다.

결국 인바운드 마케팅도 온라인 마케팅으로 가장 효율적으로 운영할 수 있다. 고객이 원하는 내용을 정확하게 파악해 보고 그 부분을 적극적으로 검색이 될 수 있도록 만들어 놓도록 하자. 그러고 나서 고객이 알아서 찾아오기를 기다리면 된다.

7

아. 매출 20% 올리는 방법 / 매출 100% 늘리는 방법

컨설팅을 통해서 기업들을 만나면서 필자가 하는 일 중에서 가장 많은 일은 매출을 올리는 일이다. 예전 직장에서 '매출이 인격'이라고 배운 덕에 매출을 올리는 일에 가장 많은 관심이 있다. 어느 순간 매출을 올리는 일이 그리 어렵지 않다는 것을 알게 되었다.

만약에 의류브랜드에서 매출을 2배 올리라고 하면 어떻게 하면 될까? 매출을 올리는 답은 의외로 간단하다. 판매매장을 2배로 늘리면 된다. 낚시는 하는데 잡는 고기를 2배로 늘리고 싶다면? 낚싯대를 2배로 늘리고 떡밥도 늘리고, 할 수 있는 방법을 다 하면 된다. 고기를 100배 더 잡고 싶다면 고깃배를 사서 그물을 던지면 된다. 생각보다 간단하다. 매출을 늘리고 싶으면 매장을 늘리고 고객을 늘리면 된다.

그렇다면 우리는 어떻게 적용을 하면 될까? 판매매장을 늘리기는 어려우니 홍보를 늘리면 된다. 홍보 마케팅 채널을 최대한 늘리면 된다. 채널을 늘리면 새로운 고객들에게 노출이 되고 고객유입이 늘어나게 된다. 물론 비용도 함께 늘어나게 된다.

매출을 20%를 늘리려고 하면 어떻게 하면 될까? 먼저 해야 할 일은 위에서 이야기한 놓치는 매출을 최대한 줄이는 것이다. 이것만으로도 매출은 10% 정도는 늘릴 수 있을 것이다.

그리로 나서 나머지 10%는 방문을 고민하는 사람들을 방문하게 만드는 것이다. 방문을 고민하는 사람들을 방문하기 위해서는 미끼가 필요하다. 가격인하, 이벤트, 쿠폰 등을 활용하면 된다.

그런데 만약에 매출을 100% 이상 늘리고 싶다면?

이때는 다양한 전략 수립이 필요하다. 기존 마케팅 방법을 조금 수정하는 수준으로는 어렵기 때문이다. 앞에서 이야기한 것처럼 매출이 나올 수 있는 마케팅 채널을 최대한 많이 늘린다.

매장형이라고 하면, 방문고객, 배달, 테이크아웃, 택배 등으로 나눈다. 배달도 채널별로 최대한 많이 확보한다.

온라인 쇼핑몰이라면? 기존 쇼핑몰과 오픈마켓과 백화점 쇼핑몰, 전문몰 등 입점할 수 있는 채널들을 최대한 확보한다. 매출 채널이 늘어날수록 매출은 늘어날 수 있기 때문이다. 물론 관리가 어려워진다.

그런데 매출 채널만으로는 어려움이 있다. 상품과 서비스도 정비를 해야 한다. 기존 상품과 서비스를 보다 강력하게 정비를 해야 한다. 사진도 새로 찍고 사은품 등 다양한 이벤트도 준비한다. 모든 면에서 최적의 전략을 수립해 나가야 한다. 새로운 고객가치, 셀링포인트를 만드는 것이 가장 중요하다. 아무리 유통채널이 많이 확보돼도 상품과 서비스가 경쟁력이 없으면 아무런 의미가 없다. 내부와 외부적으로 많은 변화가 필요하다.

매출이 오르기 위해서는 변화와 투자가 필요하다. 광고와 홍보를 해야 하고, 매장도 바뀌어야 하고, 임직원들도 열심히 노력해야 한다. 그런데 그냥 앉아서 매출이 오르기를 바라는 사람들이 은근히 많다.

홍보 광고를 하자고 하면 고민하는 사람들도 많다. 변화하지 않으면 아무것도 이룰 수 없다. 변화가 없으면 매출은 오르지 않는다. 노력하지 않고는 절대로 결과를 이룰 수 없다. 매출을 100% 이상 올리고 싶다면 그에 맞는 마케팅의 변화가 필요하다.

살을 빼고 싶으면 라이프스타일을 바꿔야 한다고 한다. 똑같이 먹고, 똑같이 자고, 똑같이 TV 보고 있어서는 절대 살이 빠지지 않는다. 안 하던 운동을 하고, 보던 TV 줄이고, 아니면 아예 TV를 없애고, 소파를 없애고, 아예 PT(Personal Training)를 끊어야 한다. 돈 아까워서라도 변화가 생긴다. 변화가 없는 이유는 지금 절박하지 않아서이다. 절박함을 만들면 변화하게 된다.

1인 미용실 매출 2배 올리기

미팅 당시 월매출액 300만 원 정도였는데, 최소 700만 원 이상으로 올려야 여러 가지 문제가 해결되는 상황이었다. 기존 저가 고객들로는 아무리 해도 700만 원 이상 매출이 오르기 어려운 상황이었다. 신규 고객이 필요했다, 어떻게 하면 좋을까? 답은 몽땅 다 바꿔야 한다는 것이었다.

상품과 서비스를 새롭게 만들고, 타깃도 새로 구성했다. 그런데 매장 입지가 좋지 않았다. 조금 임대료가 비싸지더라도 매장을 이전하는 것도 고민해 보기로 했다. 유동인구가 많고 타깃 고객들이 더 많은 지역의 작은 평수를 찾아보기로 했다. 유동고객이 있어야 홍보를 통해 보다 쉽게 고객을 유입시킬 수 있기 때문이다.

목표를 세우고 나면 전략을 세울 수 있다. 물론 세부적으로 전략을 세우고 매장을 이전하는 것이 그리 쉬운 문제는 아니다. 하지만 목표가 명확하면 어떻게든 답을 찾아낼 수 있다.

자. 다양한 비즈니스 모델 만들기 / N잡러

판매할 수 있는 상품이 많은 것은 당연히 사업에 유리하다. 돈이 들어오는 파이프라인도 많을수록 좋다. 매출이 일어날 수 있는 비즈니스 모델도 많을수록 좋다. 물론 관리가 안 되는 것이 문제다. 골목식당의 백종원 대표가 항상 메뉴를 줄이라는 이유도 여기에 있다.

가장 효율적인 방법은 한 가지 상품을 많이 판매하는 것이다. 그러면 원가도 낮출 수 있고 판매가격도 낮출 수 있다. 그런데 그 상품에 문제가 생길 경우 모든 매출이 사라질 수도 있다. 달걀을 한 바구니에 담지 말라는 말도 있듯이 리스크를 줄일 수 있어야 한다.

최근 N잡러[83]라는 말이 유행이다. 다양한 직업을 가지고 있는 사람을 의미한다. 물론 좋은 의미보다는 하나의 직업으로는 먹고 살기 힘든 시대를 상징하기도 한다. 비즈니스도 이제 'N비즈니스 모델'이 필요하다. 매출이 일어나는 채널을 늘려 나가는 것이다. 식당을 운영하면서 매장영업 외에 배달서비스를 하고, 테이크아웃을 한다. 그러다가 인기가 높아져 집에서 간편하게 즐길 수 있는 밀키트를 만들어 판매를 할 수도 있다.

최근에 만난 곰탕집도 자신들의 상호를 넣은 곰탕을 파우치 형태로 만들어 매장에서도 판매하고, 온라인을 통해서도 판매하고 있었다.

---

83) 2개 이상의 복수를 뜻하는 'N', 직업을 뜻하는 'job', 사람이라는 뜻의 '러(-er)'가 합쳐진 신조어로, 생계유지를 위한 본업 외에도 개인의 자아실현을 위해 여러 개의 직업을 가진 사람을 의미한다. [네이버 지식백과]

회사를 운영하면서 다른 일을 하는 경우도 많다. 쇼핑몰을 운영하는 어떤 대표는 쇼핑몰을 직원들에게 맡겨두고, 외부에서 컨설팅과 강의를 하고 있었다.

이제 한 가지 직업만 가지고는 충분하지 않은 시대가 되었다. 적극적으로 새로운 수익 채널을 만들어 낼 수 있어야 하겠다.

차. 새로운 고객과 새로운 비즈니스 모델 만들기

비즈니스 모델을 새로 만드는 좋은 방법은 고객을 새로 만드는 것이다. 새로운 고객이 생기면 새로운 매출이 생긴다. 기존에 고객이 아니었던 사람들을 고객으로 만드는 것이다. 그래서 마케팅에서 고객을 세분화하고 세분화된 고객들을 관리한다.[84]

만약에 30대가 주로 방문하는 미용실에서 50대들을 추가로 유입시킬 수 있다면 당연히 새로운 매출이 일어날 것이다. 50대들을 위한 새로운 서비스를 만들고 적극적으로 홍보하면 된다.

최근 한동안 미용실과 매출증진을 위한 상담을 하면서 고객들을 나누고 다양한 비즈니스 모델을 추가로 만들어 보았다. 성별, 연령별로 나누고, 탈모와 염색 등 서비스 필요성으로 구분을 해 보았다.

---

84) 마케팅에서는 이를 Segmentation 고객세분화라고 한다.

새로운 고객 만들기	니즈 및 상품
30대 이하 남성	커트 / 두피관리
40대 남성	염색/ 커트 / 두피관리 / 페이스관리
50대 남성	염색/ 커트 / 두피관리 / 페이스관리
60대 이상 남성	염색 / 커트 / 두피관리
30대 이사 여성	염색 / 펌 / 두피관리
40대 여성	염색 / 펌 / 두피관리
50대 여성	염색 / 펌 / 두피관리
60대 이상 여성	염색 / 펌 / 두피관리

고객군(타깃)을 정리하고 나니 타깃별로 상품과 서비스를 새롭게 만들 수가 있다. 각각의 타깃별로 홍보를 따로 하고 관리도 따로 할 수 있다. 타깃이 더 세분화될수록 더 좋은 서비스를 만들 수도 있다. 여러분들의 고객들도 최대한 세분화하여 특성을 파악하고 개별적인 서비스 마련과 마케팅을 할 수 있는 방법을 찾아보자.

다양한 고객을 가지고 있는 일식집

최근에 만난 서대문 로타리에 있는 일식집이 있었다.
이 일식집은 신촌에서 20년 이상 영업을 하다가 신촌 상권이 많이 약화가 되어 서대문으로 이사를 오게 되었다. 처음에는 서대문보다는 신촌이 더 낫지 않을까 고민을 했었지만, 여러 가지 분석을 해 본 결과 서대문으로 이사 온 결정을 찬성하게 되었다.

이유는 코로나 이슈 등 여러 가지 변수들이 생기는 경우가 많아졌기 때문이다. 신촌은 오는 고객들이 대부분 비슷하여 이슈가 생기면 매출이 급격하게 줄었는데 서대문 로타리는 고객들이 직장인, 상인, 거주민, 유동인구 등 다양해서 어느 한쪽에 매출이 치우치지 않는 장점이 있었다. 그래서 코로나로 인해서 집합금지가 되어 저녁 장사를 거의 못 했어도 점심장사로 유지를 할 수 있었다. 직장인들이 빠지면 빠진 자리를 지역주민들이 찾아와 주고, 지역주민들이 빠지면 지역 상가에서 찾아와 준다.

최근 상권분석에서 느낀 가장 큰 교훈은 고객이 다양한 상권이 가장 안전한 상권이라는 것이었다. 다양한 고객들을 확보할 수 있으면 안정적인 매출을 확보할 수 있다.

카. 시장의 흐름 파악하기 / 휩쓸리지 않기

비즈니스에도 흐름이 있다. 주가가 올라가게 되면 사람들이 주식에 몰리게 되고, 한동안 가상화폐에 사람들이 미친 듯이 몰리기도 했다. 이후에 보통은 하락장이거나, 먹을 것이 별로 없는 경우가 많다.

커피숍 창업이 붐이었을 때 창업을 했던 많은 분들은 지나치게 많은 경쟁업체들로 별재미를 못 보았을 것이다. 공인중개사 붐으로 자격증 취득자가 너무 많아 활용하기가 어려울 것 같다.

붐이 생기면 누군가 득을 보는 사람이 생기게 되고, 붐에 휩쓸리는 사람들은 누군가의 제물이 되는 분위기다.

향후 약 10년 동안 시장 트렌드는 많은 변화가 생길 것이다. 그리고 많은 사람들이 그 흐름에 휩쓸리게 될 것이다. 휩쓸리는 사람들 중에서 많은 사람들은 앞사람이 먹고 나간 음식값을 지불해야 할 가능성이 많다. 앞 사람들이 돈을 벌고 나가고, 후발주자들은 뒤에서 시장을 정리하는 경우가 생길 수 있다.

1961년생으로 대표되는 1차 베이비부머들도 비슷하다. 커피숍과 치킨집이 엄청나게 유행을 많이 했었으며 너무 많이 생겨 사회적인 문제가 되었다. 지금 50대 전후반 세대들도 비슷한 상황이 생길 가능성이 높다. 다시 창업 붐이 일어날 것이고 새로운 아이템들이 생겨날 것이다.

많은 사람들이 신규 아이템에 투자를 하게 될 것이며, 조만간 다시 포화된 시장으로 사회적 문제가 될 수 있다. 아이템을 선정할 때도 이왕이면 최대한 빨리 선정하고 적당한 타이밍에 빠져나올 수 있어야 한다. 비즈니스는 타이밍이다.

향후 퇴직자들이 많아지면서 이들을 위한 다양한 아이템들이 생겨나고 없어질 것이다. 그런데 이러한 흐름을 잘못 파악하면 남 좋은 일만 하게 될 가능성이 많다. 트렌드를 조금 앞서든지, 뒤편에서 상황을 조심스럽게 관망해 보자.

트렌드 한복판은 개미지옥이다.

흐름이 어떻게 변화해 갈지 미리 고민해 보고 기다리자. 앞서 이야기했던 대한민국 인구변화를 고민해 보면 다양한 아이디어가 나올 수 있을 것 같다. 향후 10년간 생길 변화를 준비하고 대응하는 전략이 필요하다.

타. 80 대 20의 법칙 - 생존하는 20%와 나머지 80%

유명한 파레토의 법칙[85]이라고 있다. 전체 매출의 80%는 상위고객 20%에서 일으킨다는 이론이다. 흔히 80 대 20의 법칙이라고 한다. 이 법칙은 원래 '우리 사회에서 일어나는 현상의 80%는 20%의 원인으로 인하여 발생한다'는 주장을 담고 있다. 그런데 이를 조금 다르게 적용을 해 보자. 이를테면 돈 버는 20%와 못 버는 80%, 기회를 얻는 20%와 얻지 못하는 80%, 수업을 집중해서 듣는 20%와 별 생각 없이 듣는 80%, 트렌드에 휩쓸려 가는 80%와 휩쓸리지 않는 20% 등이다.

여기서 우리는 20%에 주목할 필요가 있다. 앞장에서 이야기 한 휩쓸리는 80%가 아닌 새로운 기회를 만들어 내는 20%가 되고 싶기 때문이다. 요즘처럼 다양한 이슈가 있는 시점에서는 더욱더 그렇다.

생존하는 20%와 그렇지 못한 80%

성공하는 아니 생존하는 20%가 되기 위해서는 어떻게 해야 할까? 어려운 질문이고, 답할 수 있는 질문도 아닌 것 같다. 분명한 건 다른 사람들과 똑같은 행동해서는 좋은 결과물을 얻을 수 없다는 것이다.

---

85) 이탈리아의 경제학자이자 사회학자인 빌프레도 파레토(Vilfredo Pareto, 1848~1923)가 이탈리아 인구의 20%가 국가 전체 부(富)의 80%를 보유하고 있음을 발견한 것을 토대로 하여 생성된 경험법칙. (네이버 지식백과)

파. 파레토의 법칙 – 모든 고객을 만족시킬 수는 없다

앞장에서 이야기한 파레토의 법칙을 비즈니스에서 활용할 수 있는 핵심적인 내용은 '상위 고객 20%가 전체 매출액의 80%를 일으킨다'는 것이다.

백화점 매출의 80%는 주요고객 20%가 일으킨다고 하니, 나머지 80%는 별 도움이 안 될 수도 있다. 그래서 일부러 돈 안 되는 손님들을 못 오게 만드는 전략을 쓰기도 한다. 이른바 디마케팅(demarketing)[86]이다.

그렇다면 실제 신경 써야 하는 고객들은 20%이고 나머지는 신경 쓰지 않아도 된다는 이야기이기도 하다. 어차피 돈 안 되는 80% 고객들은 의미가 없다. 효율을 위해서는 핵심고객에 집중해야 한다. 모든 고객들을 만족시키는 것은 불가능하다. 모든 고객을 만족시키려다 결국 모든 고객을 만족시키지 못하게 된다.

채식주의자인 비건 전문 식당이 있다고 생각해 보자. 일반인들이 와서 무슨 음식에 고기가 하나도 안 들어 있냐고 하거나, 음식이 맛이 없다고 하면 뭐라고 하면 될까? 그냥 '오지 말라'고 하면 된다(마음으로는 '꺼져'라고 외치고 싶다). 핵심고객만 열심히 찾아와 주면 된다. 나머지 사람들이 욕을 하건 말건 상관없다. 어차피 고객이 아니다.

---

86) 기업이 수익에 도움이 안 되는 소비자를 의도적으로 밀어내는 마케팅 방식. [네이버 지식백과]

신경 쓸 필요도 없다.

그런데 많은 사장님들이 모든 고객들을 만족시키기 위해 노력하고 있는 것 같다. 쓸데없이 많은 스트레스를 받고 있기도 하다. 정확히 목표 고객을 정하고 고객이 원하는 서비스를 해 주면 된다.

앞에서 시내에서 떨어진 커피숍을 이야기한 적이 있다. 시내에서 차로 약 5분 정도 걸리는 곳에 위치한 커피숍이다. 주차가 편리하고 비즈니스 하기 좋은 커피숍으로 포지셔닝을 잡았다. 그런데 만약에 사람들이 '커피숍이 너무 멀다, 차량으로 가기 힘들다, 주차장 필요 없다' 등 한마디씩 한다. 이럴 때 그냥 오지 말라고 하면 된다. 필요한 사람만 오면 된다. 고객도 아닌 사람들이 딴지 거는 거에 신경 쓸 필요 없다.

최근 즐겨 찾는 저가형 파스타집이 있다. 가격을 낮추고 대신에 서비스를 줄였다. 모든 것이 셀프고, 마늘빵도 별도 주문이다. 심지어 인건비를 줄이기 위해 자동주문 키오스크가 가져다놓았다. 만약에 나이 드신 고객이 와서 어렵다, 불편하다고 불평불만을 이야기한다면 어쩔 수 없다. 우리 고객이 아니다. 서비스 좋은 고급매장으로 가라고 하면 된다.

- 고객을 모두 만족시킬 수는 없다. 핵심고객만 만족시키면 된다.
- 우리의 고객은 전체 고객 중에서 20%만 있으면 된다.
- 나머지 80%를 억지로 만족시킬 필요는 없다.
- 모두를 만족시킨다는 것은 아무도 만족시키지 못하는 것과 같다.

하. 시장은 좁힐수록 강해진다

타깃(시장)은 좁힐수록 강해진다.

앞서 사례를 든 비건식당도 사실 좁은 시장이지만, 더 시장을 줄이면 '여성비건', 더 줄이면 '20~30대 여성비건'으로 줄일 수도 있다. 타깃을 줄이면 시장은 줄어들지만 보다 타깃이 명확해지면서 고객서비스를 최대한 강화할 수 있다. 대신 시장성 및 사업성에서 적절한 규모를 찾는 것이 중요하다.

온라인 쇼핑몰에서 예를 들어 보자. 가장 많은 사람들이 관심을 가지는 '여성복 쇼핑몰'이라고 하면 너무 큰 시장에서 경쟁업체가 너무 많을 것이다.

이 시장을 여성복 〉 30대 여성복 〉 30대 직장인 여성복 〉 30대 전문직 직장인 여성복 〉 30대 임산부 전문직 직장인 여성복 〉 '30대 전문직 임산부 직장인이 출퇴근하면서 입을 수 있는 이지웨어'로 점점 타깃을 좁혀 나갈 수 있다. 타깃은 좁혀지면서 명확한 콘셉트가 만들어진다.

시장이 좁혀지면서 분야에서 점유율과 영향력은 더 커지게 된다. 시장에서의 힘은 강해지지만 대신 시장규모는 줄어들게 된다.

강의 중에 가끔 극한 타깃 시장을 잡아서 설명을 하는데 바로 'GLBT'라는 소비자 시장이다. 이제는 많이 익숙해진 단어일 것 같다.

'GLBT'에서 G는 게이, L은 레즈비언, B는 바이섹슈얼, T는 트렌스젠더의 앞글자이다. 흔히 우리가 이야기하는 '성소수자'들이다. 그중에서 남성 동성연애자들을 위한 의류전문 쇼핑몰을 운영한다고 하면 어떨까? 일반 남성복과는 약간 다른 콘셉트로 상품을 판매할 수 있을 것이다. (이 부분은 필자의 생각이며, 정확하게 이분들이 어떤 니즈를 가지고 있는지는 잘 알지 못한다.)

국내에도 성소수자들이 약 1%~2% 정도 있다고 예측을 해 보았다.[87] 계산하기 쉽게 2% 정도 있다고 가정하면 전체인구 5000만 명에서 약 100만 명 정도가 된다. 이 중에서 소비력이 있는 남성으로 다시 시장을 구분하면 10만 명 정도라고 파악을 해 보자. 만약에 10만 명을 중에서 1만 명만 나의 브랜드의 충성고객으로 만들 수 있다면? 충분한 사업성을 가질 수 있을 것 같다.

비즈니스 모델이 가능하다면 아마도 그 분야에서는 최고의 브랜드 파워를 가질 수 있을 것 같다. 해외에서도 판매할 수 있을지도 모른다.

여기서 필자는 남성 동성연애자들을 위한 쇼핑몰이 사업성이 있고 없고를 이야기하는 것이 아니다. 시장은 좁히면 좁힐수록 강해진다는 것을 이야기하고 있는 것이다. 그리고 좁힐수록 대기업에서는 절대 진입할 수 없는 작은 시장이 만들어진다.

---

87) 정확한 통계는 없으며 일부 보고서는 미국에서 성소수자 비율을 5% 정도를 이야기하기도 한다. 국내는 최소한의 인원으로 추정을 해 보았다.

야한 옷을 판매하는 쇼핑몰

컨설팅을 통해서 만난 한 업체는 중국에서 의류상품을 수입해서 국내에서 판매를 하고 있었다. 아동복과 캐주얼 그리고 업소(?)에서 일하는 여성분들을 위한 야한 홀복(?)을 판매하고 있었다.

어디서 매출이 많이 나오냐고 했더니 의외로 야한 홀복이 가장 매출이 많이 나온다고 이야기를 한다. 주문이 새벽에 많이 나오기도 하고, 가끔 새벽에 술 취한 고객이 전화가 와서 사이즈나 수량 등을 문의해 오기도 한다고 한다. 그래서 그 이후로 네이버에 키워드광고를 낮 시간이 아닌 저녁 이후 시간과 새벽에 주로 집행한다고 알려 주었다.

광고 키워드 단가도 낮아져서 효율도 높아졌다고 한다. 그리고 새벽에 혹시라도 문의 전화가 오면 꼭 받으려고 노력한다고 한다.

영화 〈300〉에서 배우는 협곡전략

〈300〉이라는 유명한 영화가 있다.[88] 300명의 스파르타 용사들이 '테르모필레 협곡'에서 페르시아 100만 대군과 맞서 싸우는 이야기이다.

싸움의 장소를 선택한 곳이 바로 협곡이다. 아무리 상대방이 숫자가 많아도 어차피 1:1로 싸울 수밖에 없는 좁은 골목에서 전쟁을 하는 것이다. 수적으로 밀리고 있을 때 생존전략은 골목에서 좁게 마케팅을 하는 것 외에는 없는 것 같다.

대형 프랜차이즈 매장이 우수한 인테리어와 많은 직원이 있어도 골목에서 붙으면 해 볼 만하다. 아니 오히려 작은 매장이 유리할 수 있다. (적은 임대료와 차별화된 서비스로 싸워 볼 만하다.) 실제 코로나로 대형매장들의 폐업이 많았지만 골목의 작은 매장들이 생존에 훨씬 유리했다.

---

88) 2007년에 개봉한 잭스나이더 감독, 제라드버틀러가 주연을 한 영화.

오래전에 방문했던 독특한 콘셉트의 바(bar)

오래전에 사부실이 홍대에 있어서 홍대에서 자주 술을 먹곤 했는데 어느 날 지나가다가 간판에 S&M[89]이라고 적힌 바를 발견했다. 거래처 직원과 호기심에 방문을 했는데, 역시나 그 S&M이었다. 평일에 방문해 사람은 거의 없었지만 벽에 채찍과 이상한(?) 도구들이 걸려있었다.

말로만 듣던 콘셉트의 bar여서 다소 당황스럽기도 했지만, 수요가 확실하겠다는 생각이 들었다. 직원 말로는 주말에 사람들이 많이 찾아온다고 하였다. 필자가 지금까지 경험해 본 가장 강력한 콘셉트의 매장이었다. 가장 극한으로 시장을 좁혀서 운영하고 있는 bar였던 것 같다. 이후 미국 유명 여가수 리하나(Rihanna)의 노래 〈S&M〉이 히트를 치는 것을 보고 생각보다 시장이 넓을 수도 있겠다는 생각이 들었다.

거. 여러 골목대장 1등 전략

시장은 좁힐수록 강해진다고 하는데 너무 좁히다 보면 시장성이 없어지게 된다. 골목에서 제일 강한 사업자가 되었는데 매출이 생각보다 너무 적기 때문이다. 이럴 때 어떻게 하면 될까? 골목을 여러 개 늘리면 된다. 여기서 골목은 '카테고리'를 의미한다.

섹시한 여성복 쇼핑몰로 자리를 잡았다고 하면 카테고리를 늘린다.

섹시한 속옷 / 섹시한 액세서리 / 섹시한 외출복 / 이후 다시 조금

---

89) 가학 피학성 변태 성욕(자)(sadism and masochism 또는 sadist and masochist의 약어)
   [네이버 사전]

과감한 외출복 / 클럽에서 입을 수 있는 튀는 옷 /

남성복으로 넘어가서 섹시한 남성 캐주얼 / 섹시한 남성 속옷 / 섹시한 남성 액세서리 / 섹시한 남성 셔츠 등등이다.

글을 쓰다가 보니 이게 말이 되는가 싶기는 한데 그냥 생각나는 대로 적어 보았다(이해를 부탁드린다). 중요한 건 여러 군데 골목을 잡을 수 있다면 수익을 충분히 나올 수 있다는 점이다. 매출이 조금씩 나오는 파이프라인을 여러 개 가지고 있는 것이 매출이 많이 나오는 큰 파이프라인을 가지고 있는 것보다 유리할 때가 있다.

매출은 적지만 내가 확실하게 시장을 장악할 수 있는 시장을 여러 개 만들어 운영할 수 있다면 훨씬 더 안정적으로 운영이 가능할 것이다.

7

섹시한 침구류 전문 유통업체

몇 년 전 침구류를 제작 판매하는 예비창업자를 만난 적이 있다. 침구류 제작, 유통업체도 너무 많아서 걱정이었는데 이분이 생각한 비즈니스 모델이 독특했다. 주로 모텔과 호텔 등 숙박업소에서 사용하는 침구류들을 제작하여 납품하고자 하고 싶어 했다. '숙박업소 전문 침구류 전문 유통업체'이다.

관련된 전문업체가 많이 있을 것 같아서 시장을 조금 줄여 보았는데 대표가 잡은 콘셉트는 숙박업소를 위한 섹시한 침구류 전문 유통업체였다. 숙박업소 중에서도 연인들을 위한 호텔, 모텔들을 대상으로 침구류를 최대한 섹시한 콘셉트로 만들어서 유통하겠다는 것이었다.

이후 일반유통으로도 상품을 판매하여 유통채널을 늘려나간다는 계획이다. 제작과 재고 부분에서 어려움이 있을 것 같기는 하지만 독특한 시장전략과 유통전략이 아직도 기억에 남는다.

너. 롱테일법칙 - 긴꼬리에서 찾는 틈새시장전략

파레토의 법칙에 반대되는 개념이 바로 롱테일의 법칙이다. 긴꼬리 법칙이라고 불리는 이 롱테일법칙은 다수를 차지하는 80%의 시장에서 충분한 성과를 만들어 낼 수 있다는 이론이다.

이를테면 일주일에 한 번씩 찾아오는 단골손님이 있고, 한 달에 한 번 오는 일반손님이 있다고 한다면 어디에 집중해야 할까? 물론 일주일에 한 번 오는 단골손님에 집중을 해야겠지만, 한 달에 한 번 찾아오는 일반손님을 위한 관리도 필요하다. 오히려 한 달에 한 번 찾아오는 고객이 많아질수록 관리가 더 쉬워질 수도 있다.

몇 년 전 만난 미용실 원장님이 이런 이야기를 했다. 돈이 되는 파마나 염색 등의 고객들이 많이 오면 좋겠지만, 한 달에 한 번 찾아와 커트를 하는 남자 손님들도 매출에 큰 도움이 된다고 한다. 일도 쉽고 까다롭지도 않아서 이런 남자 손님들이 30명만 되어도 편하게 운영할 수 있다고 한다. 특히 40대 이상이 되면 흰머리 때문에 한두 달에 한 번쯤 염색을 해야 하기 때문에 염색까지 하고 갈 수 있는 중년 남성 고객들이 좋다고 말한다. 미용실에 갈 때 돈 안 되는 남자 손님이라 눈치 봤던 필자가 오히려 중요한 고객이었던 것이다.

롱테일법칙을 이야기할 때 드는 대표적인 사례는 초기의 아마존서점이다. 지금은 어마어마한 기업이 되었지만, 사업 초기에 잘 판매되지 않는 80%의 서적들을 판매할 수 있는 시스템을 만들고 관리를 하여 성공을 하게 되었다는 사례이다. 소상공인들을 위한 사례에도 적용을 할 수 있는 것들이 많이 있다. 누구나 잘 알고 있는 잘나가는 사업 분야 외에 사람들이 잘 알지 못하는 작은 시장에서도 충분히 사업성을 만들어 나갈 수 있다. 특히 이러한 긴꼬리에도 다양한 시장이 존재하기는 하지만 대기업에서 진입하기에는 다소 무리가 있는 사업들이 많다. 골목시장이나 틈새시장처럼 대기업들이 진출하기도 힘들고, 먹을 것도 없는 계륵 같은 존재이기 때문이다.

동네에서 운영되는 작은 커피숍도 비슷한 경우이다. 동네 사람들이 잠시 쉬어가는 작은 커피숍들이 이제는 골목마다 하나씩은 있는 것 같다. 대형 브랜드 커피숍은 시장성이 없어서 안 들어오지만, 골목에서 작게 부담 없이 운영되는 경우도 많다. 적당한 고객들만 확보할 수 있으면 오히려 비싼 임대료의 매장보다 오히려 알차게 운영할 수도 있을 것 같다.

주변에 있는 사소한 시장에서 새로운 가치를 찾아보자. 한 달에 한 번 방문하는 고객들이 100명만 있으면 충분한 기본 매출을 만들어 낼 수 있다.

일 년에 한번 연락 오는 거래처들이 더 감사

필자는 강의도 하고 있는데, 강의를 많이 주는 기관은 많지 않다. 한두 군데가 조금 규모가 있고 나머지 기관들은 모두 일 년에 1번 정도 연락이 오는 정도 수준이다. 그런데 이렇게 1년에 한 번 정도 연락이 오는 기관이 20군데가 넘는다. 1년에 한 번씩만 연락이 와도 20번 이상의 강의가 잡히게 된다.

실제로 강의를 많이 주는 주거래처도 중요하지만, 개인적으로는 가끔 연락 오는 기관들이 더 반가울 때가 많다. 관리를 할 필요도 없고 혹시 담당이 바뀌어서 연락이 오지 않아도 큰 상관이 없다. 그런데 주거래처는 강의를 하면서도 불안불안하다. 담당자 눈치도 봐야 하고 강의평가도 신경 써야 한다. 강의가 끊기기라도 하면 수익도 많이 떨어지게 된다. 일을 많이 주는 중요기관 몇 군데보다 어쩌다 연락이 오는 20군데 기관이 훨씬 더 마음이 편하고 좋은 이유이다.

소상공인들도 비슷하다. 어쩌다 오는 단체손님보다는 소소하게 계속 끊이지 않게 손님들이 방문해 주는 것이 훨씬 좋다. 직원을 쓰기도 편하고 매출도 예측이 가능해진다.

더. 보랏빛 소가 온다고? 차별화에 대한 고민

'세스고딘'의 《보랏빛 소가 온다》라는 책이 있다. 들판에 수많은 똑같은 소들이 있는데 그중에 보랏빛 소처럼 눈에 확 띄는 소가 있다면 어떨까?

우리는 수많은 똑같은 서비스와 상품들의 정보과잉시대에 살고 있다. 비슷비슷한 경쟁업체들이 너무 많이 있는 것이다. 여기에서 우리의 상품을 돋보이게 할 수 있는 방법은 무엇이 있을까? 확실하게 차별화할 수 있는 방법은 무엇이 있을까?

컨설팅을 할 때 제일 고민인 내용 중의 하나이다. 상권에 비슷한 매장이 수십 개가 있는데 고객들 입장에서는 다 똑같아 보인다. 여기에서 확실하게 눈에 들어올 수 있다면 고객이 보다 더 쉽게 유입될 수 있다.

고객들이 지나가다가 '와~ 저 매장 뭐지?'라고 할 수 있는 마케팅 포인트가 필요하다. 인테리어를 차별화할 수도 있고, 가격을 역대급으로 저렴하게 할 수도 있다. 나만의 차별화된 획기적인 마케팅 방법은 무엇이 있을까? 현실적으로 실현 가능한 것을 찾아보도록 하자.

/ 독특한 매장 인테리어, 콘셉트
/ 독특한 메뉴 / 독특한 서비스
/ 독특한 상호 / 독특한 로고 / 독특한 패키지
/ 독특한 디자인 / 차별화된 고객

등등이 있을 수 있겠다. 최대한 많은 고민을 해 보자 어떻게 하면 우리 상품과 서비스가 똑같은 경쟁업체들 중에서 확실하게 눈에 띄는 퍼플카우가 될 수 있을지.

최근 인스타그램에서 건대 인근에 '감옥포차' 콘셉트의 매장을 본 적이 있다. 매장 인테리어를 '감옥'으로 만들어 놔서 철창 안에서 식사를 하는 것이다. 한번 가 보고 싶기는 하다. 간수복 입은 직원들이 서빙을 한다면 더 독특할 것 같다.

유명한 강사분들 중에 특별한 퍼포먼스가 있으신 분들이 많다. 강의를 하기 전에 큰절을 하시는 분, 강의 중에 일부러 욕을 하시는 분도 있고, 강의를 재미있게 하기 위해 마술을 보여 주시는 분들도 있다. 지루한 수업에서 인상적이고 열정적인 모습으로 교육생들로부터 큰 호응을 받고 있다.

최근에는 유튜브에서 일본 도쿄에 드라큘라 콘셉트의 식당을 본적이 있고, 메이드 카페는 이미 모르는 사람들이 없는 것 같다. 상품을 온라인에서 판매할 때도 마찬가지이다. 의류 쇼핑몰에서 모델이 예뻐서 고객들이 많이 찾아오는 경우들도 많고 쿠팡처럼 새벽배송이 혁신적으로 차별화 되는 곳도 있다. '키작남'처럼 키가 작은 남성을 위한 쇼핑몰도 있다.

시장은 포화상태이고 수많은 경쟁업체들과 싸워야 한다. 고객이 나의 상품과 서비스를 선택해야 하는 나만의 차별화된 퍼플카우전략이 필요하다.

러. 온라인 기본 홍보 및 비용이 들어가는 광고 진행

이제는 홍보 마케팅을 이야기할 때 온라인을 빼놓고 이야기를 할 수 없다. 고객들이 대부분 온라인에서 검색하고 상품을 찾고 있으니, 온라인이 대세인 것은 당연하다. 검색 상위에 노출이 된 것만으로도 매출이 오른다.

검색을 어디에서 하는지도 변수가 많다. 네이버, 다음, 구글 등 포털 사이트도 있고, 인스타그램 같은 SNS에서 검색을 하기도 한다. 요즘은 아예 유튜브에서 검색을 하는 경우도 많이 있는 것 같다. 다양한 홍보채널들을 어떻게 활용하면 좋을지 알아보도록 하자.

1) 비용이 들어가지 않는 마케팅

먼저 비용이 들어가지 않는 1단계 기본 홍보 마케팅 채널을 최적화한다. 네이버와 다음카카오 등을 통해서 할 수 있는 다양한 무료 마케팅 채널들이 많이 있다. 최대한 활용해서 고객이 유입될 수 있도록 한다. 우선 활용 가능한 채널들을 확인해 보자.

- 네이버 스마트플레이스 활용 (지도 + 예약 + 페이 + 톡톡)
- 다음지도 등록, 구글마이비즈니스 등록
- 네이버 블로그 운영
- 네이버 모두 홈페이지 운영
- 카카오톡 채널 운영
- 인스타그램 비즈니스 계정 운영
- 페이스북 페이지 운영
- 기타 커뮤니티 운영 (밴드, 카페 등)

모두 운영하려고 하면 시간과 노력이 많이 필요하고 업종에 따라서 효과가 많지 않은 채널이 있을 수 있다. 최소의 노력으로 운영할 수 있는 방법을 고민해 볼 필요가 있다.

2) 비용이 들어가는 일반적인 홍보 마케팅 광고

기본 무료 채널들을 최대한 활용한 다음 비용이 들어가는 홍보 마케팅을 활용하면 된다. 나의 비즈니스와 가장 적절하고 효율이 나올 수 있는 채널을 찾아 활용할 수 있는 고민이 필요하다.

또한 마케팅을 진행하기 위해서는 '예산'이 필요하다. 적절하게 예산을 확보하고 이를 어떻게 사용할지 전략을 짜야 한다.

- 블로그 체험단

체험단을 초청해서 서비스를 제공하고 블로거들은 자신의 블로그에 글을 써 주게 된다. 중간에 마케팅 업체는 모집을 해 주고 수수료를 받는다. 대표적인 업체는 '레뷰'[90]라는 마케팅 회사로 어떤 방식으로 운영되고 있는지 참고해 보도록 하자. 재능거래 사이트 '크몽'에서도 손쉽게 체험단 모집업체를 찾을 수 있다. [91]

- 키워드광고

키워드광고는 보통 클릭당 비용이 나가는 CPC[92]방식으로 운영이 된다. 경쟁입찰로 금액이 결정이 되다 보니 경쟁이 치열해져 비용이 계속 높아지게 된다. 때문에 인기 있는 키워드는 비용대비 효율이 떨어진다. 최대한 비용이 저렴하고 효과가 좋은 키워드를 찾아야 한다. 네이버 광고를 참조하도록 하자. [93]

---

90) https://www.revu.net/
91) 크몽(www.kmong.com) 〉 마케팅 〉 바이럴 체험단 〉 체험단 기자단
92) Cost Per Click 의 약자로 클릭당 과금이 되는 형태, 고객들이 클릭한 만큼 비용이 나간다.
93) https://searchad.naver.com/

- 네이버 스마트플레이스 광고

'강남역치킨'과 같이 지역명과 업종을 같이 검색할 경우 제일 상단에 네이버플레이스가 노출되며 플레이스 상단에 광고가 2개가 노출이 된다. 생긴 지가 오래되지 않아 비용 대비 효과가 좋다는 평가이다. 네이버광고 계정에서 집행할 수 있다.

- 인스타그램, 페이스북 광고

인스타그램과 페이스북 광고는 지역과 타깃 소비자들의 연령, 관심사 등을 선택해서 할 수 있는 광고채널이다. 내가 진행 가능한 만큼의 예산을 가지고 집행해 볼 수 있어 효과적으로 운영이 가능하다. 페이스북 페이지와 인스타그램 비즈니스 계정을 연동하고 이후 광고를 집행할 수 있다. 내용이 다소 복잡하지만 충분히 효과가 나올 수 있는 광고채널 중의 하나이다.[94] 페이스북 비즈니스에서 관련된 내용을 확인할 수 있다.

- 유튜브 마케팅

최근 가장 많은 사람들이 관심을 가지고 있지만, 소상공인들이 활용하기에는 다소 어려움이 있다. 직접 채널을 만들어 운영할 수도 있고 체험단을 모집하여 활용할 수도 있다. 구글을 통해서 유튜브에 광고를 할 수도 있다.[95]

---

94) https://www.facebook.com/business/ads
95) https://ads.google.com/ 구글 광고 참조.

이외에다 다양한 마케팅 채널이 존재한다. 카페 등 커뮤니티에 광고를 할 수도 있고, 쇼핑검색 광고, 콘텐츠 섬색광고, 디스플레이 광고 등 다양한 온라인 광고가 운영 중이다. 한 개의 채널만으로도 책이 한 권은 나올 것 같다. 채널별 홈페이지 등에서 쉽게 활용 방법을 찾을 수 있으니 각자 확인해 보도록 하자.

블로그 체험단 사례

바이럴을 활용해서 매출이 높아진 사례는 흔하게 있다. 몇 년 전 만났던 딸기체험 농장은 소규모로 운영이 되다가 어느 날 체험단으로 글을 쓴 블로거가 딸기 시즌에 맞춘 기획 노출이 되면서 난리가 났다.
갑자기 여기저기서 단체가 예약이 잡히고 사람들이 너무 많이 방문을 해서 규모를 2배로 키워야겠다고 연락이 왔다.
화장실도 늘려야 하고, 체험실도 늘려야 하고, 선생님도 더 필요한 상황이었다. 대한민국같이 놀러 다닐 곳이 마땅치 않은 나라에서 괜찮은 콘텐츠로 적절하게 홍보가 되면 갑자기 인근 유명명소가 되는 경우들이 종종 있다.

머. 홈페이지 효율적으로 운영하기

많은 회사에서 홈페이지 때문에 고민이 많은 것 같다. 예전에 만들어 놓은 홈페이지 내용을 수정 하려고 하니 제작업체가 연락이 안 되는 경우가 가장 많고, 연락이 되어도 담당이 퇴사를 했거나, 자료가 없거나 등등 매우 비협조적인 경우가 많다. 속 썩는 업체들이 한둘이 아니다. 이유가 무엇일까? 이유는 돈이 안 돼서이다. 초기 제작에는 큰돈이 들어가는데 유지보수는 번거롭고 돈도 안 되는 경우가 많다. 결국 다시 새로 만드는 경우들도 허다하다.

효율적인 홈페이지 제작 운영 어떻게 하면 좋을까?

1) 홈페이지를 만들지 않고 운영한다

홈페이지가 필요하지 않은 경우들도 많다. 공식 홈페이지 없이 공식블로그나, 모두 홈페이지 등으로 대체하여 운영할 수 있다. 기본적인 정보만 제공하면 되는 경우 억지고 거창하게 만들 필요 없다. 심지어 홈페이지 만들어 봐야 포털 사이트에서 검색이 잘 안되는 경우가 더 많다.

2) 가장 많은 사용자가 있는 솔루션을 사용

홈페이지가 꼭 필요한 경우 가능하면 가장 많이 사용되는 솔루션을 사용해서 제작한다. 홈페이지 업체에 맡기면 업체에서 가장 관리하기 쉬운 솔루션을 이용해서 만들게 된다. 이럴 경우 이후에 업데이트 등에 어려움이 생길 확률이 높다.

3) 임대형 홈페이지 제작 솔루션 활용

요즘은 홈페이지도 월 임대료를 내고 운영하는 임대형이 인기이다. 미리 만들어 놓은 템플릿으로 간단하게 만들고 월비용을 내고 운영한다. 때문에 관리도 매우 쉬워 간단하게 내용을 수정할 수 있다. 워드프레스, 윅스, 아임웹, 식스샵 등 다양한 솔루션들이 있는데 최근에 필자가 눈여겨보고 있는 솔루션은 닷홈[96]이다. 닷홈빌더는 저렴한 비용으로 운영을 할 수 있으며, 솔루션이 심플하고 관리하기 쉽다. 자세한 내용은 닷홈빌더 홈페이지를 참고하도록 하자.

4) 이왕이면 '반응형' 홈페이지를 만든다

요즘은 모바일로 더 많이 검색하기 때문에 예전처럼 PC에 최적화 되어있는 것이 아니라 저절로 사이즈가 줄어드는 홈페이지를 제작한다. 접속 디바이스에 따라서 반응하여 줄어들고 늘어가기 때문에 '반응형'이라고 한다.

대신에 반응형은 디자인에 한계가 있다. 한 개를 만들어서 늘었다 줄었다 하다 보니 조금 모양이 어색해지는 경우들도 있다. 그럼에도 불구하고 요즘 대세는 무조건 반응형이다.

5) 이미지를 최소화하여 만든다 / 웹 접근성

요즘은 예전처럼 화려하고 액티브한 홈페이지를 만들지 않는다. 가급적 텍스트 위주로 웹접근성이 좋도록 제작을 한다. 텍스트 위주로 제작이 될 경우 속도도 빨라지고, 검색도 훨씬 더 쉽게 된다. 특히 이런 '웹접근성인증'[97]은 공공기관 홈페이지에서는 필수조건들이다. 이

---

96) https://www.dothome.co.kr/
97) http://www.wa.or.kr/

제는 예쁜 홈페이지가 중요하지 않고 잘 노출되고 정보가 많은 홈페이지가 중요하다.

점점 홈페이지가 필요 없는 경우가 많아지는 것 같다. 홈페이를 대체할 수 있는 간단하고 다양한 채널들이 늘어나고 있기 때문이다. 보다 효과적으로 나의 비즈니스를 알려 나갈 수 있는 홈페이지 운영전략을 세워보도록 하자.

버. 쇼핑몰 효율적으로 운영하기

쇼핑몰 창업이 오랫동안 유행을 해서 다양한 솔루션들이 활용이 되었는데 지금은 거의 천하통일이 되어 버린 분위기다. 바로 네이버의 '스마트스토어'이다. 제작도 쉽고, 운영도 쉽고 검색도 잘되고 수수료도 합리적이다. 그래서 대부분 쇼핑몰을 준비한다고 하면 첫 번째가 바로 '네이버 스마트스토어'[98] 활용이다. 그다음으로 자사몰을 준비하게 된다.

네이버 스마트스토어의 경우 회원관리가 까다롭다. 주문이 들어온 회원이 내 회원이 아니고 네이버 회원이기 때문이다. 별도로 문자나, 이메일을 보내는 건 절대 금물이다. 문제가 생기면 고객은 네이버 고객센터에 연락을 해서 문제를 해결하게 되니 결국 고객은 갑이고, 네

---

98) https://sell.smartstore.naver.com/

이버는 을이고, 회사는 병이 된다. 그래서 장기적으로 자사몰이 필요하다.

대표적인 자사몰 솔루션

많이 사용하는 솔루션으로 cafe24, 고도몰, 메이크샵, 아임웹, 식스샵 등이 있다. 그 외에도 다양한 쇼핑몰 솔루션들이 있으며 각각 장단점이 있다. 그러나 많은 사용자가 있는 솔루션이 직원을 뽑기도 쉽고 관리도 쉬워진다.

회사의 상황에 맞춰 최대한 운영이 손쉬운 솔루션들을 선택하도록 하자. 또한 쇼핑몰 솔루션은 한번 선택이 되면, 다른 솔루션으로 이전이 매우 어렵다. 사전에 신중한 고민이 필요하다.

〈가장 많이 활용되는 홈페이지와 쇼핑몰제작 솔루션〉

이름	도메인	
카페24	www.cafe24.com	쇼핑몰제작
메이크샵	www.makeshop.co.kr	쇼핑몰제작
고도몰	www.nhn-commerce.com	쇼핑몰제작
아임웹	imweb.me	쇼핑몰제작 홈페이지제작
식스샵	www.sixshop.com	쇼핑몰제작
윅스	wix.com	홈페이지제작
워드프레스	ko.wordpress.org	홈페이지제작
닷홈	www.dothome.co.kr	홈페이지제작

브랜딩 전략 / 디자인 전략 / VMD / 언론홍보 전략

기업이 상품과 서비스를 외부에 알려 나가는데 가장 중요한 부분중의 하나가 '브랜드 이미지'이다. 효율적으로 브랜드 이미지를 고객들에게 인지시키기 위해 BI, CI, 상품디자인, 패키지디자인, 광고이미지, 모델등을 관리한다.

소상공인들도 브랜드 전략이 필요하다. 차별화된 브랜드 이미지와 디자인을 통해 경쟁에서 보다 우위를 가질 수 있게 된다.

이번 장에서는 소상공인들을 위한 브랜딩전략, 디자인전략 등을 고민해 보도록 하자.

가. 네이밍 상호 - 잘못 정하면 평생 고생

네이밍은 이름을 정하는 것을 말한다. 쉽게 상호와 브랜드를 만드는 것이다. 예전에는 그 중요성을 크게 인식하지 못했었는데 잘못된 사례와 분쟁, 마케팅의 어려움을 겪으면서 생각이 완전히 바뀌었다. 네이밍은 사업의 시작이자, 가장 신경 써야 할 첫 번째 관문이다. 네이밍을 잘못하면 사업이 시작부터 꼬이기 시작한다.

1) 네이밍에 대한 이슈와 애로사항

- 상표권 이슈(상표권 분쟁이 생기는 경우가 생각보다 많다)
- 마케팅 이슈(상호가 잘못 정해 마케팅이 어려워지는 경우)로 크게 두 가지로 나뉘게 된다.

둘 다 어려움이 많지만, 더 흔하게 어려움이 생기는 경우는 두 번째 마케팅에 대한 어려움이 생기는 경우이다.

2) 생각보다 흔한 상표권 분쟁

의정부 산속에 위치한 한정식집이 있었다. 주차장도 넓고 단체들을 주로 받는 대형 매장이었는데, 어느 날 가끔 찾아오던 손님 하나가 똑같은 상호로 가평에 오픈을 했다고 한다. 거의 비슷한 메뉴에 심지어 특허청에 상표 등록까지 해 놓았다. 분통이 터지는 일이지만 어쩔 수가 없는 상황이었다.[99] 최근 확인해 보니 원조 한정식집은 폐업을 했고, 상표등록을 했던 나중에 오픈한 집은 아직 운영이 되고 있다.

상표권 문제는 여기저기 생각보다 많다. 매출이 없을 때는 큰 문제 안 되는데 장사가 되기 시작하면 브로커들이 상표권을 먼저 출원하고 이슈를 만드는 경우들이 많다. 미리미리 상표권을 등록을 하고 시작하는 것이 좋다. (아래 상표권 확인 및 등록 참조)

3) 상호가 너무 어려워 외우기가 어려운 경우

3년 전에 만난 한 파스타집은 상호가 너무 어려워 지금도 이름을 외우지 못하고 있다. 어려운 이탈리아어로 되어 있어서 아무리 외우려고 해도 잘 외워지지가 않았다. 고객 입장에서 상호를 외우기가 어렵다면 매우 불리한 상황이 생긴다. 소개를 해 주기도 어렵고, 소개를 해줘도 찾아오기가 너무 어려워진다. 상호는 가급적 쉽고, 기억하기 좋게 만드는 것이 유리하다. (물론 정답은 아니다. 일부러 의도적으로 어렵게 만드는 경우도 있다.)

4) 상호가 영문과 한글이 섞여서 타이핑하기가 어려운 경우

상호를 검색을 하거나, 전화번호를 찾으려고 할 때 타이핑이 어려

---

99) 선출원주의로 먼저 출원한 자에게 특허권을 부여해 준다.

워 자꾸 오타가 나오는 경우도 많다. 영문과 한글을 섞어서 사용하거나, 발음이 어려워 다시 이름을 물어보는 경우들도 많다.

(예: 마포 DMC 공인중개사사무소 / 한글 〉영문 〉한글을 입력해야 해서 매우 번거로워진다.)

5) 상호가 너무 흔한 상호여서 검색하면 너무 많이 나오는 경우

'21세기 공인중개사'라는 상호의 부동산 공인중개사를 미팅한 적이 있는데, 상호를 검색해 보니 수십 개가 전국적으로 운영 중이었다(프랜차이즈가 아니었다). 홍보를 해야 하는데 너무 많은 업체가 검색이 되다 보니 많은 어려움이 생길 수밖에 없었다. 흔한 이름이 좋은 경우들도 있지만 적극적인 홍보에 많은 어려움이 생길 수밖에 없다.

6) 다른 업체가 먼저 선점하여 사용하고 있는 경우

성수동에 위치한 '젤라또팩토리'라는 브랜드는 직접 공장을 운영하고 있을 정도로 사업 확장과 프랜차이즈까지도 고민 중인 매장이었다. 그런데 포털 사이트에서 '젤라또팩토리'라고 검색을 하면 아이스크림 매장은 전혀 나오지 않고 네일아트 업체가 제일 먼저 나온다. 심지어 미팅 당시에 모델이 소녀시대의 '태연'이었으며, '태연' 이미지가 제일 먼저 노출이 되고 있었다.

광고로 아이스크림 매장을 노출하기 위해서는 훨씬 많은 비용이 들어갈 수밖에 없었다. 결국은 상호를 변경하기로 하였다. 상호를 변경하는 데 6개월 이상 정도 걸렸고, 간판 교체와 기타 등등에 많은 비용이 들어가게 되었다. 그중에서 가장 큰 손실은 시간이었다.

네이밍 시 고려해야 할 사항

① 상표권 등록을 확인하자.
특허정보 검색 사이트 키프리스[100]에서 상표등록 관련하여 검색해 보고 상표권 문제가 없는지 확인해 보자

② 네이버 및 포털 사이트 검색 결과를 확인하자.
다른 업체가 혹시 사용하고 있는 이름인지 검색해 보자 가능하면 나만이 사용할 수 있는 이름이 가장 좋은 이름이 된다. 상호를 검색했을 때 우리 매장만 노출되는 것이 가장 이상적이다.

③ 도메인 확보가 가능한지 확인하자.
whois.co.kr 등 도메인 등록을 하는 사이트에서 사용하고 싶은 이름의 홈페이지 주소, 도메인을 구매할 수 있는지 확인해 보자.
현재 도메인은 .kr이 대표이고, com, co.kr 등으로 순으로 구매하면 좋겠다.

④ 머릿속에 잘 기억이 되는 이름을 찾자.
외우기 어려워지면 검색하기 어려워지고 방문도 어려워진다.

⑤ 입에서 잘 발음되는 이름을 찾자.
입에서 잘 발음이 되어야 당연히 외우기 쉬워진다.

⑥ 검색하기 좋고, 타이핑하기 좋은 이름을 찾자.
이왕이면 영문, 한글 한 가지로 헷갈리지 않는 이름이 좋다.
애, 얘, 예 발음의 경우 셋 모두 비슷한 발음으로 들리고, 뜻이 모호하여 꼭 한 번씩 더 설명을 해 줘야 하는 경우가 많다.

---

100) http://www.kipris.or.kr/ 특허정보를 검색할 수 있는 사이트

상표권 등록 확인 및 등록

상표권 등록확인은 키프리스 사이트에서 쉽게 확인이 가능하다. 키프리스 http://www.kipris.or.kr에서 생각해 둔 상호를 검색해 보면 된다. 상표권 등록은 보통 변리사를 통해서 하게 되는데 요즘은 본인이 직접 등록하는 경우도 흔하게 있다. 변리사 비용은 보통 40~50만 원 정도 드는데 변리사마다 차이가 있다. 요즘은 검색해 보면 매우 저렴한 금액에 등록을 해 준다는 업체들도 있다.
포털 사이트에서 '특허로'를 검색해서 직접 등록도 가능하다.
유튜브에서 상표권등록 검색해 보면 등록하는 방법을 자세히 알려 주고 있으니, 참고해서 시간이 있다면 조금 공부해서 직접 등록하는 것도 나쁘지 않을 것 같다.
특허로 사이트 https://www.patent.go.kr/

최근에 네이밍을 해 주는 업체들이 많이 있다. 심지어 기존에 작명소에서도 요즘은 네이밍을 해 주는 것을 본 적이 있다. 재능거래 사이트 '크몽'에서도 네이밍 관련업체들을 쉽게 검색할 수 있으니 참조하도록 하자.

네이밍도 디자인처럼 개인의 호불호가 심하다. 필자도 가끔 네이밍을 도와주고는 한다, 그런데 보통 필자는 마음에 드는데 의뢰인은 마음에 안 들거나, 필자는 마음에 들지 않는데 의뢰인은 마음에 들어 하는 경우들을 많이 보았다. 서로 애매한 신경전을 벌이기도 한다. 그래서 어려운 요청의 하나가 '저희 상호 좀 하나 예쁘게 만들어 주세요'라고 이야기할 때이다.

개인적으로 직접 네이밍을 하는 것을 추천한다. 서점에 가 보면 《브랜드 네이밍 백과사전》이라는 책이 있다. 네이밍을 도와주는 책인데 카테고리별로 한글 단어를 세로로 나열하고 한글 단어를 영어, 일본어, 중국어, 프랑스어, 독일어, 라틴어, 이탈리아어, 러시아어 등으로 번역해 놓은 책이다. 자연, 생명, 개인, 사회의 큰 카테고리에서 다양한 단어를 조합해서 만들어 낼 수 있다.

개인적으로 여러 번 도움을 받은 책이라서 혹시 네이밍에 고민을 하고 있다면 참고해 보기 바란다. 온라인 독서사이트 '밀리의 서재'에서도 서비스되고 있다.

나. 브랜드 디자인하기

네이밍이 잘 정리가 되었다면 다음은 브랜드를 본격적으로 만들어야 할 때다. 가장 먼저 할 일은 BI를 정리하는 것이다. BI는 Brand Identity의 약자로 브랜드 자체에 매력을 부여하고 소비자에게 강하게 인식시키는 일련의 작업을 이야기한다.

보통 BI라고 하면 로고를 만드는 것을 이야기 하지만 사실은 훨씬 더 복잡한 과정을 거치게 된다. 그냥 브랜드의 정체성을 만들고, 예쁘게 만드는 작업이라고 생각하면 되겠다. 이왕이면 다홍치마라는 말도 있다. 브랜드로 예쁘고 매력적으로 만들면 당연히 고객만족도가 높아지게 된다.

일반 소상공인들은 업무에 바빠 브랜드를 관리하는데 시간을 투자하기 어렵다. 그래서 간판, 메뉴판, 명함 등 외적인 부분에 신경을 못 쓰는 경우들이 많다. 플랜차이즈 매장과 차이가 가장 많이 나는 부분들이다.

본사가 없는 일반 매장에서는 디자인 등에 크게 신경 쓰기 힘들지만, 조금만 찾아보면 큰 비용 안들이고 브랜드 디자인을 할 수 있고 신경을 쓰는 만큼 브랜드의 가치는 높아진다.

1) 로고 만들기

정식으로 디자인 회사에 BI 제작을 의뢰하면 최소 몇백만 원 정도의 금액이 나온다. 금액이 부담스럽다면 디자인 제작 사이트를 통해서 간단하게 만들 수 있다(아래 박스 참조). 크몽 같은 재능거래 사이트에서 프리랜서 디자이너를 찾으면 대략 20만 원 정도의 금액으로 로고를 만들 수도 있다. 어마어마한 퀄리티가 필요한 것이 아니면 충분히 활용가능하다.

2) 각종 디자인 제작하기

로고가 만들어졌으면 이후로는 다양한 디자인이 가능해진다. 명함, 메뉴판, 현수막, 브로슈어, 홈페이지를 제작해야 한다. 이러한 것들도 위에서 이야기한 크몽과 디자인 사이트들에서 손쉽게 만들 수 있다.

브랜드를 만들어 나가는 일들만으로도 충분한 책 한 권이 나올 수 있는 내용이지만 우리는 활용하는 방법만 알면 된다. 디자인인은 외부 전문가에게 맡기는 것이 가장 효과적일 것 같다.

참고사이트 - 미리캔버스 / 망고보드

미리캔버스와 망고보드는 온라인에서 디자인을 도와주는 사이트이다. 다양한 템플릿을 미리 만들어 놓고 선택한 템플릿에서 간단하게 디자인을 할 수 있다.

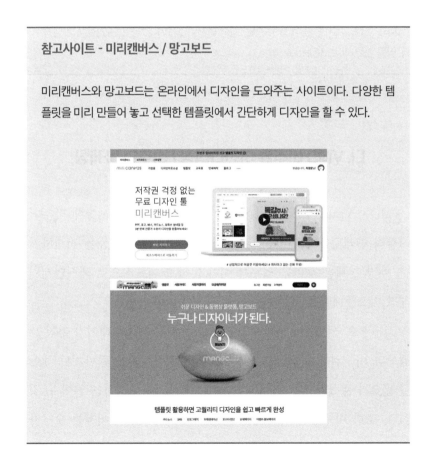

미리캔버스와 망고보드 모두 월 사용료를 일부 지불해야 정상적으로 사용이 가능하다. 디자이너를 직원으로 채용하기 위해서는 적어도 250만 원 이상의 인건비가 들어가는데 이 사이트에서는 한 달에 몇만 원의 비용으로 전문 디자인 서비스를 이용할 수 있다.

디자인 종류로 프리젠테이션, 문서서식, 인포그래픽, 유튜브, 팟빵, 상세페이지, 소셜미디어, 인스타그램, 카드뉴스, 웹포스터, 이벤트팝업, 로고, 프로필, 웹배너, 배경화면, 북커버, 디지털명함, 배너, 명함, 스티커, 현수막, 밴너, 포스터, 실사출력, 책자, POP, 엽서, 머그컵, 의류, 전단지, 종이컵, 리플렛, 어깨티, 봉투, 메모지, 달력 등 거의 모든 종류의 디자인을 위한 템플릿을 제공하고 있으며, 디자인 후 간단하게 인쇄물 제작 서비스도 함께 제공하고 있다.

나의 브랜드가치를 높여 줄 수 있는 최고의 서비스들이다. 꼭 한번 활용하여 디자인을 업그레이드해 보도록 하자.

다. VMD 비주얼 머천다이징 / 비주얼 마케팅

VMD는 Visual Merchanding의 약자로 브랜드의 콘셉트에 맞추어 시각적 마케팅을 관리하는 일을 이야기한다. 주로 제품을 전시하거나, 매장 전체를 꾸미는 업무를 이야기 하고 대표적으로 패션업계의 매장 디스플레이를 하는 사람이나 업무를 이야기한다.

그러나 요즘은 의미가 확장되어 단순한 매장 디스플레이가 아닌 브랜드의 비주얼을 관리하는 역할, 브랜드 매니저의 역할까지도 해야 할 필요가 생겼다. 말 그대로 비주얼로 브랜드를 관리하는 일이 된 것이다. 또한 비주얼의 의미도 온라인까지 확장되었다. 이제는 오프라인보다 온라인에서의 브랜드 관리가 더 중요해졌기 때문이다. 큰 기업의 경우에는 업무가 세분화되겠지만, 소상공인들의 경우에는 모두 다 대표가 관리해야 한다. 브랜드 비주얼 마케팅의 모든 요소들을 관리할 수 있는 능력이 필요하다.

역할이 커지는 온라인 VMD

온라인에 관련된 업무는 별도로 온라인 VMD로 영역을 세분화할 수 있을 정도로 전문성과 넓은 업무 범위를 가지고 있다. 기존 온라인 마케터의 역할에 브랜드 관리자의 역할을 합쳐 놓은 느낌이다. 홈페이지, 쇼핑몰 관리에서부터 온라인 평판관리, SNS 관리 등의 업무 등 광범위한 업무를 통해서 브랜드 이미지를 관리해 나가야 한다.

〈VMD의 마케팅 영역 확장〉

오프라인	온라인
간판	BI CI 관리
내부 인테리어	온라인 브랜드 이미지 관리
외부광고, POP	홈페이지(쇼핑몰) 관리
상품진열	포털 사이트 노출 관리
고객 동선 관리	브랜드 평판 관리
외부 언론홍보	SNS 관리
인쇄물 관리	온라인 광고 관리
상품촬영 / 이미지 관리	온라인 매체 관리
기타	기타

라. 비즈니스 최적화 사진, 이미지 관리

브랜드를 외부로 알리고 홍보하는 데 있어서 가장 효과적인 것은 바로 사진이다. 최근 가장 인기 있는 sns가 인스타그램인 것처럼 100마디 말보다 예쁜 사진 한 장의 위력은 상상을 초월한다. 컨설팅을 위해 매장 방문을 하게 되면 가장 쉽게 브랜드 가치를 높일 수 있는 것이 매장 사진을 쾌적해 보이기 찍는 것이다. 대부분 매장 사진이 제대로 없어 너무 어두워 보이거나, 일부분만 보이거나, 가장 강조해야 할 부분을 빼먹는 부분이 많다. 매장이 넓은 것이 강점인데 너무 좁아 보이는 사진이 있다든지 하는 경우다. 이런 경우 효과적으로 매장 사진만 노출되어도 고객들이 늘어날 수 있다.

요즘은 스마트폰도 사진이 너무 잘 나와서 전문적인 프로필 사진이나, 조명을 활용한 메뉴 사진 등을 찍을 때 외에는 큰 차이가 안 나는 것 같다. 가장 좋은 사진을 위해서는 포토그래퍼를 불러야 하지만 하루 출장을 오려면 최소 40~50만 원은 들어가기 때문에 많이 부담스럽다. 우선은 최대한 스스로 찍어 보도록 하자.

스마트폰으로 비즈니스 사진 잘 찍는 요령

1. 일단 렌즈를 닦고 찍는다.
   렌즈만 잘 닦고 찍어도 사진이 훨씬 잘 나온다.
2. 이왕이면 최신기종이 잘 나온다.
   사진 잘 나오는 좋은 핸드폰을 사용하든지 주변에 흔하게 있는 최신기종으로 잠시 사진을 부탁해 보자.

---

3. 사진을 찍기 전에 매장을 최대한 정리하고 찍자. (이 정도는 기본이라고 생각했는데 의외로 귀찮아하는 대표들을 많이 보았다.)
4. 매장이나 상품을 최대한 구도를 맞춰서 찍는다. 또한 가능하면 최대한 넓어 보이게 찍는다. (최대한 뒤로 가서 찍거나 광각으로 찍는다.)
5. 빛이 좋으면 아무리 나쁜 카메라도 사진이 잘 나온다.
   이왕이면 밝은 곳에서, 조명이 좋은 곳에서 사진을 찍는다.
6. 배경지를 사용하자.
   쇼핑몰에서 배경지를 검색하면 몇천 원만 주면 쉽게 다양한 배경지를 검색할 수 있고 활용할 수 있다. (상품사진을 촬영할 때 유용하게 사용할 수 있다.) 한 지도 좋은 배경지가 된다. 문구점에서 쉽게 구매할 수 있다.
6. 사진 앱을 활용한다.
   요즘 사진 찍는 앱이 너무 잘 나온다. 가장 잘나가는 사진 촬영하는 앱을 몇 개 사용해서 사진을 찍어 보자.
7. 사진 촬영 후 후보정을 한다.
   이것도 앱을 통해서 후보정으로 색깔 등을 간단하게 보정할 수 있다.
   조금만 노력해도 고가 카메라와 큰 차이 안 나게 찍을 수 있다.

8

내부에서 직접 찍은 사진도 중요하지만 방문했던 고객들이 사진을 찍어 SNS에 올릴 수 있도록 하는 것이 더 중요하다. 매장이 사진에 잘 나올 수 있도록 조명을 신경 쓰는 것도 좋고, 한쪽에 포토존을 만드는 것도 좋을 듯하다. 이때 매장 상호가 나올 수 있으면 더 좋겠다. 매장에서 찍은 사진을 해시태그와 함께 업로드해 주면 간단한 서비스 음료나, 쿠폰 등으로 적극적으로 고객들이 참여할 수 있도록 하자. 다양한 아이디어는 '인스타그램'을 참고해 보도록 하자.

미리 준비해 놓아야 할 이미지 자료들

홍보를 하기 위해 로고나 회사 사진, 상품사진을 달라고 하면 아예 준비가 되어 있지 않은 경우가 많다. 미리 스마트폰에 별도로 저장을 해놓고, 각종 홍보 이미지들도 틈나는 대로 미리 만들어 놓으면 좋겠다. 로고 〉 회사(매장) 이미지 〉 상품(서비스) 이미지 〉 찾아오시는 길 〉 각종 홍보 이미지들을 순서대로 준비해 보자.

사진을 통한 매장홍보 사례

종로에서 운영 중인 지하 1층 식당이 있었다. 식당은 생각보다 쾌적하고 넓어서 고객들의 만족도가 좋았다. 또 인근에 그렇게 넓은 식당이 없어서 단체 손님들도 종종 있었다. 문제는 바깥에서는 매장이 넓고 쾌적한지 고객들이 알 수가 없었고, 지하 1층으로는 고객들이 잘 내려오려고 하지 않는다는 것이었다.
그래서 매장의 넓고 쾌적한 이미지를 최대한 잘 찍어서 매장 입구와 계단 중간에 붙이고 배너에도 넣어 입구에 세워 놓았다. 결과는 대성공이었다. 고객들이 넓고 쾌적한 이미지를 보고 예전보다 쉽게 내려오기 시작했고, 단체 문의도 더 많이 들어오기 시작했다. 물론 매출도 함께 늘어났다. 사진 한 장의 위력은 생각보다 크게 작용한다.

대표(사장)의 이미지를 활용한 마케팅

대표(사장)의 얼굴을 대놓고 홍보하는 경우들도 많이 있다. 심지어 대표의 등신대(사람의 크기와 같은 크기의 사진)를 제작하여 입구에 세워 놓는 경우도 있다. 대표의 사진을 넣는다는 것은 얼굴과 이름을 걸고 장사를 한다는 자신감의 표현이다. 고객들도 사장이 얼굴을 걸고 장사하는데 사기는 치지 못하겠다고 생각할 것이다.

여러분들도 프로필사진을 적극적으로 찍어서 활용해 보도록 하자 특히 서비스 업종에서는 브랜드의 신뢰도를 높이는데 큰 도움이 될 수 있다.

마. 인쇄물 판촉물 효과적으로 제작 활용하기

온라인 마케팅이 매우 중요하지만, 오프라인 매장에서 실질적으로 가장 많이 활용되는 것은 외부 홍보 인쇄물이다. 배너, 현수막, 명함, 전단지, 브로슈어 등이다. 필자는 컨설팅을 진행하면서 직원과 함께 간단한 디자인 작업들을 재능기부로 도와주고는 했는데, 브로슈어, 명함, 배너 등 인쇄물 작업을 200건 이상은 한 것 같다.

인쇄물 작업은 생각보다 노력이 많이 들어가고, 신경 쓸 일도 많지만 가장 효과적으로 사용되는 마케팅 방법이다. 인쇄물이야 말로 디자인이 가장 중요한 마케팅툴인데 대충 만드는 경우들이 많다. 물론 제대로 만들려면 디자인 비용이 많이 들어간다. 처음에 만들 때 조금만 더 신경 써서 만들어 보자. 인쇄물만 잘 만들어도 훨씬 더 고급스러운 이미지를 만들어 낼 수 있다.

두 사람을 면접을 봐야 하는데 한 사람은 정장을 입고 있고 한 사람은 트레이닝복을 입고 있다고 생각해 보자. 당연히 신경을 쓰고 온 사람에게 더 호감과 신뢰가 갈 수밖에 없다.

3년쯤 전에 오픈한 지인의 식당 메뉴판과 배너, 명함 등을 만들어

준 적이 있다. 전문 디자이너의 손을 거쳐서 배너를 제작했더니 역시나 함께 걸러 있는 다른 매장 배너들보다 월등히 예쁘고 눈에 확실히 들어왔다. 비슷한 가격과 조건이라면 예쁜 배너를 보고 고객들이 방문을 하는 것을 쉽게 확인할 수 있었다.

저렴한 광고회사에서 대충 만든 배너와 콘셉트에 맞춰서 별도로 디자인한 배너가 같을 수가 없다.

판촉물 활용

인쇄물과 함께 판촉물도 활용을 많이 할 수 있다. 가장 대표적인 것이 물티슈, 볼펜, 포스트 잇, 수건 등이다. 100원~300원 정도의 저가 판촉물부터 몇 천원이 넘어가는 고가들도 많이 있다.

필자가 가장 많이 활용한 것은 물티슈였다. 고객들도 항상 필요하고 뿌리기 좋은 판촉물이기 때문이다. 홍보 명함과 함께 도로에서 전달하기도 하고 아파트단지와 길거리 매장 인근 자동차에 올려놓기도 했다.

대표적인 사이트는 광고가 많이 나오는 고려기프트[101] 등이 있으며 수많은 판촉물 회사들이 운영 중에 있다. 로고를 인쇄로 넣어야 하기 때문에 최소주문수량이 있다.

인쇄물 디자인은 간단하게는 앞에서 이야기한 디자인사이트(미리캔버스, 망고보드 등)에서 하는 방법이 있으며, 조금 비용을 들이더라

---

101) adpanchok.co.kr 고려기프트

도 제대로 해 보고 싶다면 '크몽'에서 프리랜서를 찾는 방법을 추천한다. 디자인 전문 회사도 매우 좋다(대신 비용이 많이 들어간다).

각종 인쇄물 활용 참고사이트

· 성원애드피아 / 애즈랜드

인쇄물을 만들 수 있는 사이트 중에서 가장 유명한 곳이 바로 성원애드피아와 애즈랜드이다. 파일만 있으면 직접 인쇄를 할 수도 있는데 동네 광고회사에 맡기는 것보다 1/2 이하의 금액으로 제작할 수 있을 것 같다. 조금만 공부하면 전문 인쇄 방법도 어렵지 않게 익힐 수 있다.

· 미리캔버스 / 인쇄서비스

앞서 이야기한 미리캔버스에서 디자인을 한 후 그 파일을 바로 인쇄를 할 수도 있다. 미리캔버스에서 인쇄를 할 경우 인쇄소에 의뢰하는 것보다는 조금 더 비싸지만 안전하고 간편하게 인쇄를 할 수 있는 장점이 있다.

바. 명품을 만드는 디테일 업그레이드

명품과 짝퉁의 차이점은 어마어마한 퀄리티의 차이가 아니다. 모두가 잘 눈치채지 못하는 바느질 같은 디테일에 있다. 우리 상품과 서비스도 비슷하다. 잘나가는 매장과 우리 매장의 차이가 백종원급의 어마어마한 인재가 있고 없고의 차이가 아니다.

물론 명품호텔 뷔페와 동네 작은 식당을 비교할 수는 없지만, 동네 작은 식당이라고 명품이 되지 말라는 법은 없다. 고객이 인정할 수 있는 상품과 서비스를 만들면 된다.

그렇다고 갑자기 상품과 서비스를 최고 수준을 만들 수도 없고, 매장 인테리어를 통째로 바꿀 수도 없다. 그렇다면 현재 상황에서 가장 손쉽게 할 수 있는 일은 바로 디테일에 신경 쓰는 일이다.

우선 현재 상황에서 할 수 있는 것들을 조금씩만 업그레이드해 보자. 많이도 필요 없다. 3% 정도면 된다.

조금 더 좋은 식재료, 조금 더 좋은 매장환경, 조금 더 좋은 미소, 조금 더 좋은 고객서비스, 조금 더 좋은 가격, 조금 더 깨끗한 매장, 조금 더 좋은 화장실, 조금 더 좋은 옷차림, 조금 더 예쁜 명함 메뉴판, 간판 사진 등이다.

지금은 사소한 변화라고 생각이 들겠지만, 매일 혹은 매주 3%씩 개선이 된다면 한 달 뒤, 1년 뒤에는 전혀 다른 곳에 위치할 것이다.

구분	3% 업그레이드하기
사업장	매장청소, 정리 상태
	화장실 청소, 화장실 비품 관리
	원재료, 식재료
	대표 옷차림
	직원 옷차림
	감사인사, 고객응대
	기타
마케팅	로고 BI
	상품 사진, 회사소개, 상품소개
	온라인 최적화 상태
	SNS활용, 리뷰 관리 등
	광고관리
	기타
개인	운동하기, 공부하기
	10분 먼저 출발하기
	가족과 함께 있는 시간 늘리기
	기타

여러분들은 어떤 부분들 3%씩 업그레이드할 수 있을지 최대한 적이 보고 실천에 옮겨 보도록 하자. 지금 3%의 작은 변화가 이후에 큰 변화로 나타날 것이다.

우스개인데 우스개 같지 않은 이야기
곰이 달려오고 있다면 어떻게 살아남을 수 있을까?

두 명이 걷고 있는데 갑자기 곰이 나타났다.
어떻게 하면 살아남을 수 있을까?
죽어라 달리거나, 나무 위에 올라가거나, 죽은 체하거나?

'옆 사람보다 조금만 빨리 달리면 된다'

옆집과 경쟁에서 이기기 위해서 매장을 통째로 바꾸거나, 메뉴를 통째로 개선할 필요가 없다. 그냥 옆집보단 조금 더 저렴하거나, 조금 더 친절하거나, 조금 더 부지런하거나, 조금 더 맛있으면 된다. 고객은 조금이라도 우수한 서비스를 가진 매장에 방문하게 될 것이다.
경쟁자가 없다고 하더라도 마찬가지이다. 지금 현재 나의 모습에서 디테일을 조금 더 업그레이드 할 수 있는 방법은 무엇일지 찾아보도록 하자.

사. TPO(시간, 장소, 경우)에 따른 전략수립

TPO는 패션업계에서 사용하는 단어로 TIME(시간), PLACE(장소), OCCASION(상황)의 약자이다. 시간과 장소 경우에 따라서 옷을 입어야 한다는 의미이다. 마케팅에서도 다양하게 활용이 될 수 있다. 나의 상품과 서비스를 시간과 장소, 상황에 따라서 여러 가지 판매 가능한 TPO를 만들어 보는 것이다.

커블체어의 마케팅

'커블체어'라는 허리를 편하게 해 주는 보조의자가 있다. 어느 날 광고를 보는데 **'당신의 아이의 의자에는 커블이 있나요?'**라고 광고를 하고 있었다. 그래서 우리 딸 하나 사 줘야겠다고 생각을 하고 2+1로 상품을 구매하였다. 그리고 나서 다시 광고를 봤는데 이번에는 '당신의 부모님의 자리에는 커블이 있나요?'라고 광고를 하는 것이 아닌가? 그래서 어머님께 하나를 선물해 드렸더니 너무 좋아하셨다.

그리고 나서 다시 광고를 보게 되었는데 '당신의 자동차에는 커블이 있나요?'라고 광고를 하는 것이 아닌가? 그리고 다시 '당신의 사무실에는 커블이 있나요?' 이렇게 TPO에 따라서 광고를 여러 가지 버전으로 광고를 하고 있었다. 나중에는 슬며시 짜증이 나기는 했지만 정확한 사용처를 알려 주니 사실 개인적으로는 편하게 구매하고 사용할 수 있었다.

아이들이 집에서 공부할 때, 부모님들이 TV 볼 때, 아빠가 운전할 때, 사무실에서 일할 때 사용하라고 구체적으로 이야기하고 있다. 만약에 '누구에게나 언제든지 좋은 커블체어'라고 광고했으면 관심을 갖지 않았을 것 같다.

우리 상품도 비슷하다. 고객들에게 구체적으로 언제, 어디서, 어떤 경우에 사용하면 좋을지 알려 줄 수 있으면 훨씬 구매하기 쉬워질 수 있다. 우리 상품과 서비스도 TPO에 따라서 구매해야 하는 이슈를 만들어 보자.

〈TPO에 따른 상품구분 만들기〉

상품 / 서비스	시간 TIME	장소 PLACE	상황 OCCASION	비고
커블체어	일상 시간	공부방	공부할 때	지녀
커블체어	일상 시간	집	TV 볼 때	부모님
커블체어	근무시간	직장	일할 때	본인
커블체어	근무시간	차 안	운전할 때	본인
커피숍	오후 시간	사무실	졸릴 때	배달
커피숍	출근시간	회사 앞	카페인이 필요한 피곤한 아침	테이크아웃
커피숍	점심시간	회사 인근	식사 후 필요한 후식	테이크아웃
당신의 상품				
당신의 서비스				

여러 가지 조건으로 다양한 판매 가능한 상황을 만들어 마케팅에 활용할 수 있다. TPO에 성별, 나이, 지역 등을 넣으면 상품과 서비스는 무한대로 늘어날 수 있다. 그중에서 가장 마음에 드는 TOP를 골라서 활용하면 된다.

아. 충성고객 3만 명 만들기

한동안 온라인 쇼핑몰 강의를 할 때 충성고객 3만 명을 이야기했었다. 3만 명의 고객을 만들 수 있으면 게임이 끝난다는 이야기이다. 쇼핑몰을 만들었는데 충성고객이 3만 명이 있으면 무서울 게 뭐가 있을까? 인터넷 카페에 회원이 3만 명이 있으면 충분히 카페를 통해서 다양한 비즈니스 모델을 만들 수 있다.

그렇다면 지금 진행하고 있는 비즈니스에 필요한 충성고객은 몇 명이나 될까? 물론 많으면 많을수록 좋긴 하겠지만 적절한 수를 찾아보자. 외식업이라고 하면 단골 고객 500명만 있어서 충분할 것 같고, 쇼핑몰이라면 정말 3만 명 정도 회원이 있다고 하면 비즈니스가 쉬워질 수 있을 것 같다. 필자와 같이 강의와 컨설팅을 하는 사람이라면 거래처가 100개 정도만 되어도 충분히 일거리를 확보할 수 있을 것 같다.

여기서 핵심은 나의 상품과 서비스를 좋아해 주는 충성고객을 만드는 일이다. 처음에는 만들기 어렵겠지만, 10명으로 시작해서 다시 20명 50명 100명 이렇게 늘려나가면 된다. 초기에 100명까지는 시간과 노력이 많이 필요하겠지만, 이후로는 시간이 지나면서 지속적으로 배수가 될 것이다. 초기에 10명이 가장 힘들 것 같다. 충성고객이 만들어 질 수 있는 기본적인 역량이 있어야 하기 때문일 것이다. 식당이라면 정말 차별화된 맛이 있어야 하고, 좋은 서비스가 필요하다. 필자 같은 강사라면 좋은 강의 콘텐츠와 역량이 필요할 것이다.

그럼 가장 먼저 할 일은 기본 역량을 확보하고 고객서비스에 집중하는 것이다.

고객은 왜 당신의 충성고객이 되어야 하는가?

충성고객을 만들기 위해서 당신이 해야 하는 역할은 무엇인가?

어떻게 하면 충성고객이 만들어질 수 있을까?

필자가 좋아하는 종로3가 칼국수

종로3가 뒷골목에 필자가 좋아하는 '할머니 칼국수'라는 유명한 칼국수집이 있다. 이곳에 가려면 차를 타고 30분은 가야 하고 당연히 주차장도 없다. 사설 주차장에 1시간에 4000원 정도 주차비를 내야 하고, 피크타임에 가면 20분은 기다려야 자리가 난다. 그런데 주차비 4000원을 내고 20분을 기다려도 즐거운 마음으로 방문을 하게 된다. 심지어 나오면서 다시 언제 올 수 있을지를 기약하면서 나온다. 이 집에 가는 이유는 이 집에서만 먹을 수 있는 진한 국물과 즉석에서 만드는 쫄깃한 면발 때문이다. 그리고 20년이 넘는 오랜 추억도 있다. 이곳은 아마도 필자와 같은 충성고객이 최소 1000명은 넘을 것 같다.

여러분들이 가장 좋아하는 매장을 떠올려 보자. 그곳을 좋아하는 이유와 반대로 어떻게 하면 고객들이 똑같이 나에게 느끼게 할 수 있을지 고민해 보자.

할리데이비슨 광고

유명한 할리데이비슨 광고에서 이렇게 이야기한다.

전 세계 타투랭킹 1위는 엄마(MOM), 2위는 '할리데이비슨'

왜 자기의 몸에 남의 브랜드 이름을 새기고 난리일까? 이건 마치 여러분의 팔뚝에 'LG디오스', '삼성전자 갤럭시', '동부건설'이런 상호를 문신으로 넣는 것과 같다. 얼마나 이 브랜드를 사랑하면 이렇게 문신으로 로고를 새길 수 있을까? 이러한 브랜드를 '러브마크'[102]라고 이야기한다. 브랜드가 사랑을 넘어서 존경의 단계에까지 이른 상태를 이야기한다.

우리의 브랜드를 몸에 문신으로 새길 수 있을 정도로 우리 브랜드를 사랑하고 존경할 수 있도록 만들기 위해서는 어떻게 하면 될까?

---

102) 도서 《러브마크: 브랜드의 미래》 참조.

자. 퍼스널 브랜딩 / 내 이름으로 브랜드 만들기

유명한 미용실 브랜드 중에는 자신의 이름을 걸고 사업을 하는 경우가 많은 것 같다. 이철헤어커커, 박승철헤어 등등이다. 자신의 이름을 내걸고 사업을 한다는 것은 그만큼 신뢰를 줄 수 있다.

이렇게 개인을 하나의 브랜드로 보고 마케팅을 해 나가는 것을 '퍼스널 브랜딩'이라고 한다. 말 그대로 개인의 브랜드화하여 비즈니스를 활성화시키는 것을 이야기한다. 대한민국에서 가장 유명한 퍼스널 브랜드는 누구일까? 아마도 유재석, 이효리 등과 같은 TOP급 연예인과 백종원 같은 유명한 사업가들일 것이다. 그 사람의 이름만으로도 충분히 신뢰를 줄 수 있는 사람들이다.

그 외에도 개인을 브랜딩으로 사업을 하는 경우는 흔하게 볼 수 있다. 미용실 헤어 디자이너, 보험설계사, 요리사, 학원 강사, 건축사, 변호사 등등 조금만 주변을 찾아봐도 명함에서 이름을 건 상호나 프로필 사진을 흔하게 볼 수 있다.

그렇다면 '나'라는 퍼스널 브랜드는 누가 만들어 주는 걸까?

내가 열심히 하다 보면 저절로 나라는 브랜드가 생겨나는 것일까? 전혀 그렇지 않다. 오히려 '나'라는 브랜드를 홍보하기 위해서는 스스로 브랜드가 되어야 한다. 그리고 스스로 '나' 자신을 홍보해야 한다. '나'라는 브랜드를 만들고 열심히 세상에 내가 여기 있다고 외쳐야 한다.

일반 브랜드도 마찬가지고 퍼스널 브랜드로 마찬가지다.

그러면 나를 브랜드로 만들기 위해서는 어떻게 해야 할까?
퍼스널 브랜드도 일반 브랜드와 거의 비슷하다.

먼저 브랜드 콘셉트를 정해야 한다.

나는 누구이고 어떤 브랜드를 만들고 싶은가?
나라는 브랜드의 정체성은 무엇인가?
나는 어떤 브랜드가 되고 싶은가?
외부에서 어떤 브랜드로 보이고 싶은가?

퍼스널 브랜드의 BI를 만드는 것이다.

그리고 그다음 단계는 '세상에 나를 알려 나가기'이다. 내가 이 분야의 전문가라는 사실을 알려나가고 고객들과 소통해야 한다. 분야별 전문가로서 활동할 수 있는 블로그, 홈페이지 SNS 계정 등이 필요하다. 퍼스널 브랜드를 활성화하기 위해 할 수 있는 일들은 다음과 같다.

퍼스널 브랜딩 활성화를 위한 전략들

1. 퍼스널 브랜드 블로그 운영하기.
2. 퍼스널 브랜드 홈페이지 만들기.
3. 책 출간하기.

4. 퍼스널 브랜드로 유튜브 채널 운영하기.

5. 퍼스널 브랜드로 SNS 활동하기.

6. 나의 브랜드를 알릴 수 있는 보도자료 만들어 배포하기.

등이다.

가장 손쉽게 할 수 있는 것은 블로그를 만들어 운영하는 일이다. 네이버에서 블로그를 개설하고 나의 브랜드를 알릴 수 있는 글을 지속적으로 꾸준히 작성한다.

그리고 공식적인 홈페이지를 만들어서 운영한다. 홈페이지는 간단하게는 네이버 모두를 활용해서 운영할 수도 있으며 조금 더 노력을 들여 홈페이지 솔루션을 활용하여 제작할 수 있다.

이후에 책을 출간하는 작업을 해 보자. 요즘은 그리 어렵지 않게 만들 수 있다. 책을 만들면서 많은 내용들을 체계적으로 정리할 수 있고 대외적으로 인정받는 퍼스널 브랜드가 될 수 있다.

차. 셀프 브랜딩 / 스스로 브랜드 만들기

스스로 자신을 브랜딩 하는 것을 '셀프 브랜딩'이라고 한다. 스스로를 가치 있게 만들어 나가는 과정이다. 남들이 나를 가치 있게 만들어 주지 않으니 스스로 가치 있게 만들 수밖에 없다.

직업상 자신의 이름이 중요한 직업에서는 더욱더 효과적으로 활용

될 수 있다. 앞서 이야기한 전문직이나, 디자이너, 요리사 등 활용할 수 있는 분야는 무궁무진하다.

1) 퍼스널 브랜딩 VS 셀프 브랜딩

퍼스널 브랜딩은 개인을 브랜딩 하는 것이고, 셀프 브랜딩은 스스로 브랜딩을 하는 것이다. 결국에는 나를 브랜딩 하는 것이지만, 셀프 브랜딩을 하는 것은 나를 극복해야 한 과정들이 필요하다. 자신이 자신을 홍보하고 마케팅을 한다는 것이 가끔은 민망하기도 하고 이렇게 까지 해야 하나 싶을 때가 있을 수도 있다. 그러나 어쩔 수 없다. 과감하게 진행해 보자.

2) 보자기장인의 셀프 브랜딩 사례

최근에 컨설팅을 하면서 만난 보자기 장인이 있다. 보자기 제조 쪽에서는 거의 최고 수준의 제작기술을 가지고 있는 분이었다. 나이가 있으셔서 마케팅에 대한 부분이 부족한 상황이었고 이분에게 상품을 구매해서 브랜드를 붙여 비싼 가격에 파는 사람들도 있었다. 그래서 이분을 보자기 브랜드 작가로 만들기로 했다. 마침 지원금을 일부 사용할 수 있어 일이 훨씬 쉬웠다.

목표는 대표의 브랜드와 퍼스널 브랜드를 강화하고 이를 통해서 보다 업그레이드된 '작가 브랜드'로 만드는 것이었다.

· 목표: 기존 보자기 공장 사장님에서 작가 디자이너로 만들기

· 세부전략: 작품전 열기, 신문기사 내보내기, 작품집 만들기, 주변
　　　에 열심히 홍보하기

　작가는 어떻게 만들면 될까? 간단하다 작품전을 열면 된다.

　그래서 작은 갤러리에서 작품전을 개최를 했다. 포스터와 작품집 브로우셔를 제작하고, 신문기사를 위해 보도자료를 배포했다. 기사 내용은 '전통 보자기 장인 ○○○ 작가 첫 번째 작품전 개최'였다. 작품전은 성공적으로 끝났고 130여 군데 신문기사가 나갔다. 지인들에게 엽서와 브로우셔를 보내고 첫날에는 간단하게 다과회도 열었다. 작품전 데뷔도 했으니 이제 어디에 가도 작가라고 당당히 이야기할 수 있을 것 같다.

　물론 작품전 한 번 열었다고 갑자기 유명한 디자이너와 작가가 되지는 않는다. 그러나 가장 큰 걸음을 걸었고 앞으로 지속적으로 브랜드를 강화해 나가고 사업을 번창시킬 일만 남았다.

네이버 인물등록 활용하기

네이버에 이름이 검색이 되는 것만으로도 퍼스널 브랜딩 효과가 극대화된다. 네이버에서 공식적으로 인정하는 느낌이 들기 때문이다.
네이버 검색등록을 생각처럼 어렵지 않다. 네이버 인물정보에 직접 등록을 하면 된다. 유명한 연예인이나, 정치인, 유명 기업인들이야 네이버에서 알아서 등록을 하겠지만, 그렇지 않은 일반인들은 스스로 등록을 요청을 해야 한다.
심사를 거쳐야 하지만 충분히 시도해 볼 만하다.

자세한 내용은 '네이버 인물등록 본인참여'페이지를 검색해서 확인해 보도록 하고, '인물등록 등재 기준'을 확인해 보고 등록이 가능한지 확인해 보도록 하자.

네이버 엑스퍼트 활용하기

최근에 네이버에 '엑스퍼트[103]'라는 서비스가 생겼다. 말 그대로 전문가들을 모아 놓고, 지식들을 판매할 수 있는 플랫폼을 만들어 놓은 곳이다.

각종 법률, 비즈니스는 물론 어학, 운동, 심리 등 다양한 분야의 전문가들이 활동을 하고 있다. 엑스퍼트로 등록을 할 수 있는지 자격조건을 확인해 보고 등록 후 나만의 콘텐츠를 판매해 보는 것도 좋을 것 같다.

카. 블로그를 활용한 브랜딩 강화

가장 오랫동안 효과적으로 활용되고 있는 마케팅 채널을 꼽자면 필자는 블로그를 꼽을 것 같다. 네이버 블로그가 2003년부터 서비스를 했다고 하니 20년이 넘는 시간 동안 가장 많은 콘텐츠를 만들어 낸 채널이기도 하다. 블로그가 가장 영향력이 있는 이유는 오랫동안 만들어진 막강한 콘텐츠의 힘이다. 거의 모든 분야의 정보를 스스로 작성해서 올려주고 있으니 네이버 입장에서는 정말 고마운 채널이기도 할 것이다.

정보가 많다 보니 필요한 고객들이 스스로 찾아오고, 고객들이 찾

---

103) https://m.expert.naver.com/

아오니 블로거들이 더 많은 정보를 또 업로드 하는 선순환구조가 이루어진 것이다.

최근에는 유튜브가 대세이기는 하지만 네이버 입장에서 최고의 콘텐츠는 단연코 블로그이다. 네이버에서 검색을 하면 주로 VIEW 라는 이름으로 검색이 노출되고 있다.

블로그는 '나'라는 브랜드를 세상에 알릴 수 있는 가장 효과적인 채널이다. 그냥 글만 쓰면 되니 더 이상 편한 플랫폼이 없을 것 같다. 글을 쓰면서 내가 가지고 있는 콘텐츠를 정리할 수도 있고, 외부에 전문성을 알려 나갈 수 있다. 물론 글 쓰는 것이 그리 쉬운 일이 아니다.

블로그를 활용 마케팅 및 글작성 방법

- 가장 쉽게 네이버에서 블로그를 시작하자

네이버가 가장 많이 사용을 하고 있기도 하고 가장 간편하게 활용할 수 있다. 네이버 아이디가 있으면 누구나 블로그를 운영할 수 있다.

- 블로그를 나의 홈페이지라고 생각하고 운영하자

회사 공식 홈페이지, 나의 공식 홈페이지라고 생각하고 운영을 하자. 홈페이지답게 회사소개, 브랜드소개, 상품 서비스 소개 등을 넣으면 된다.

- 타이틀이 가장 중요하다. 주제에 맞는 이름을 정해 보자

어떤 내용으로 글을 쓸 건지 정하고 멋진 이름을 잡고 기본 세팅을 한다. 그리고 제목에 맞는 전문성 있는 글들을 적어 나간다.

- 블로그의 명확한 콘셉트를 잡아서 운영한다

자신의 주제에 맞는 글을 올리는 것이 가장 좋다. 콘셉트에 맞지 않는 글을 가급적 올리지 않는다. 공식 블로그에 지난주 산에 가서 막걸리 먹고 온 글 등은 어울리지 않는다.

- 명확한 목적을 가지고 글을 쓴다

나를 알리는 것이 목적이라면 나를 알리기 위한 글을 쓰고, 상품판매가 목적이라면 상품정보와 후기 등 소비자들이 관심 가질 수 있는 내용을 올린다. 상업적인 글을 올리는 것에 부담스러워 하는 사람들이 있는데 상관없다. 우리 회사 공식블로그에 상품소개를 올리는 것은 전혀 이상하지 않다.

- 독자(타깃)에게 이야기하듯이 글을 쓴다

글을 쓰는 것이 가장 어렵다. 그냥 쉽게 이야기한다고 생각하고 글을 쓰는 것이 가장 편하다. 시작은 안녕하세요?라고 시작해서 이런저런 이야기를 하고 마지막은 감사합니다로 마무리하는 식이다. 어렵다면 비슷한 다른 블로그의 글들을 찾아서 읽어 보고 따라서 하면 된다. 절대로 딱딱하게 쓰면 안 된다.

- 블로그 키워드에 집중해서 글을 쓴다

비즈니스 블로그에 글을 쓰는 목적이 나의 상품과 서비스를 알려 나가는 것이기 때문에 명확하게 키워드를 정리해서 작성하는 것이 중요하다. 키워드는 온라인에서 무조건 돈이다. 좋은 키워드를 잘 활용할 수 있다면 매우 유리하게 마케팅을 효율적으로 할 수 있다.

요령보다 다양한 콘텐츠를 만드는 데 집중하자

블로그 마케팅 관련된 글들을 보면 글을 몇 줄 쓰고, 이미지를 몇 장 이상 넣으라는 공식이 있다. 너무 신경 쓰지 말고 먼저 좋은 콘텐츠를 확보하는 데 집중하자. 요령에 신경을 쓰면 점점 글이 산으로 간다.

블로그에 관련된 정보는 여기저기에서 쉽게 찾을 수 있다. 다양한 정보들을 보면서 나만의 글 쓰는 요령을 만들어 보자.

타. 보도자료와 언론홍보

기업과 비즈니스를 홍보하는 데 가장 좋은 방법은 뉴스에 나오는 것이다 이왕이면 TV에 나오는 것이다. 저녁뉴스에 나오면 가장 이상적일 것 같다. 이처럼 언론홍보는 모두가 가장 신뢰하고 영향력이 가장 큰 홍보 방법이다.

TV 뉴스에 기사가 나오게 하기는 어렵겠지만 온라인에 있는 신문사를 통해서 기사화하는 것을 그리 어렵지 않다.

필자는 업체들을 만나면서 보도자료를 만들어 활용한 적이 여러 번 있다. 실제로 보도자료를 배포해서 기사화를 시키는 것이다. 이러한 언론홍보 마케팅은 가장 효과가 좋은 마케팅 방법 중에 하나이다. 언론홍보를 통해서 우리의 비즈니스를 매우 신뢰 있게 효과적으로 홍보할 수 있다.

언론홍보는 홍보 마케팅 중에서 난이도가 꽤 높은 편이다. 기사거리도 있어야 하고, 기사도 작성해야 하고, 보도자료도 배포를 해야 하는데 경험하지 못한 영역이라 대부분 어떻게 해야 할지조차도 모른다.

보도자료 배포하는 방법

언론홍보는 조금 접근하기 어려운 광고라고 이해하는 게 더 쉬울 것 같다. 하지만 몇 가지 요령만 있으면 누구나 활용 가능하다.

- 언론홍보 배포사이트를 활용

필자가 주로 사용하고 있는 언론홍보 채널은 뉴스와이어[104]이다. 10년 전부터 이용하고 있는 뉴스채널이며, 다양한 언론홍보 방법들을 알 수 있어 활용도가 높다. 상단에 교육에 들어가 보면 언론홍보를 하기 위한 다양한 정보들과 노하우 등을 배울 수 있다. 그리고 서비스에 가 보면 언론홍보에 필요한 비용을 정확하게 노출하고 있다. 베이직, 스탠다드, 프리미엄, 해외 홍보로 나누고 있는데 적게는 66,000원의

---

104) https://www.newswire.co.kr/

비용으로 언론사에 우리 회사의 뉴스거리를 외부에 노출할 수 있다.

- 크몽의 마케팅 〉 언론홍보 활용

크몽(kmong.com) 〉 마케팅 〉 언론홍보에서 다양한 언론홍보 대행사를 찾을 수 있다. 큰 비용들이지 않고 보도자료를 작성하고 배포할 수 있다. 금액은 매체마다 대행사마다 다르지만 대략 6만 원에서 30만 원 사이 정도이다.

- 온라인 미디어는 큰 비용이 들어가지 않는다

언론홍보라고 하면 큰 비용이 들어간다고 생각할 수 있으나, 유명 신문사가 아닌 온라인 신문사에 노출되는 것은 큰 비용이 들어가지 않는다. 부담 없이 시작할 수 있다. 적게는 6만 원 수준으로 언론홍보가 가능하다.

보도자료 언론홍보 활용방법

- 뉴스소재, 기삿거리, 이슈를 만든다

뉴스소재는 말 그대로 news 새 소식이다. 새로운 브랜드가 런칭되었거나, 새로운 이벤트가 시작되었거나, 신메뉴가 나왔거나 등이 가장 좋은 뉴스거리이다. 뉴스소재를 만들기가 그리 쉽지는 않다. 항상 똑같은 모습으로 잘하고 있다는 뉴스는 뉴스가 아니기 때문이다. 변화하는 모습 속에서 뉴스를 만들 수 있다.

- 기삿거리를 확보했으면 다음으로 보도자료를 작성해 보자

기사를 작성해 본 적이 없는 사람이 기사를 작성하기는 어려움이 있다. 일기와도 다르고 블로그와도 다르다. 보도자료는 '육하원칙'으로 작성하면 된다, 누가 언제 어디서 누구를 어떻게 했는지를 사실 그대로 알리는 것이다. 쓸데없는 형용사는 최대한 자제한다. 가장 쉽게 작성할 수 있는 방법은 비슷한 다른 기사를 참조해서 내용을 바꾸는 것이다. 보도자료 형식 등이 있으니 참고하면 된다.[105]

- 보도자료를 외부에 배포한다

언론홍보는 이제 효과적인 홍보 마케팅 채널 중의 하나가 되었다. 비용을 지불하면 보도자료를 내보낼 수 있다. 네이버에서 언론홍보라고 검색을 해 보면 광고를 하고 있는 홍보 대행사가 약 146건이 나오고 있는 치열한 시장이다. 뉴스와이어나 앞서 이야기한 크몽 등을 활용하면 된다.

뉴스와이어 홈페이지에서 교육 〉홍보 마케팅 전략보고서에 방문해 보면 다양한 관련된 교육자료들을 볼 수 있다.

- 기업홍보전략 수립은 어떻게 하나
- 기사화되는 보도자료 작성 노하우 12가지
- 유형별 보도자료 작성 방법

---

105) 뉴스와이어 〉교육 〉보도자료 작성을 참조하도록 하자.

- 뉴스 가치를 높이는 방법
- 멀티미디어를 이용한 홍보 아이디어
- 언론사 기자와 친해지는 방법
- 효과적인 기업 뉴스 발표 전략
- 온라인 홍보 전략 8가지
- 언론홍보가 중요한 10가지 이유
- 보도자료를 이용한 마케팅 전략
- 해외 홍보 전략과 체크 포인트
- 소셜 미디어 홍보 전략

그 외 다양한 관련 자료들을 볼 수 있으니 참고해 보자.

9

다양한 사업가 유형 및 시행착오

2010년부터 현재까지 1000명이 넘는 예비창업자와 기업대표들, 자영업 사장님들을 만나면서 많은 사례들을 만나 보았다. 뛰어난 추진력을 가지신 분들도 많았지만, 시행착오를 거치고 있는 경우들이 더 많았다.

이번장 에서는 겪었던 다양한 시행착오와 성공사례들을 이야기 해보려고 한다. 타산지석으로 삼으면 이후 보다 효율적인 사업 운영에 도움이 될 수 있을 것이라 생각한다.
가벼운 마음으로 다양한 사례를 만나 보도록 하자.

가. 당신의 성공을 바라는 사람은 아무도 없다

당신이 성공하기를 진심으로 바라는 사람은 얼마나 있을까? 생각보다 많지 않을 것 같다. 사촌이 땅을 사도 배가 아픈 마당에 주변에 있는 사람이 돈을 잘 번다고 하면 딱히 좋아할 이유도 없다. 그 돈 나눠 줄 것도 아니고, 괜히 비교만 된다. 성공한 지인이 생겨도 애매해진다. 매번 얻어먹기도 불편하고 수준 맞추자니 부담스럽다.

일이 많고 돈을 조금 번다고 소문이 나면 주변에 돈 빌려 달라고 하는 사람들과 견제하는 사람들이 생기기 시작한다. 일이 바빠서 힘들다고 이야기했더니 돌아오는 대답은 '바쁘고 돈 많이 벌어서 좋겠다'는 비아냥이다. 그래서 언제부터인가 '나의 성공을 진정으로 원하는 사람이 아무도 없다'는 생각을 하게 되었다.

필자가 만났던 기업의 대표들에게 이런 이야기를 했더니 비슷한 경험이 많다고 한다. 심지어 가족들도 별로 도움이 안 되는 경우들도 있다. 어떤 대표는 사업을 확장을 하고 싶다고 하니 와이프가 이혼을 하자고 했다고 한다(물론 사업을 좀 지나치게 확장을 하고 싶어 했다). 가족의 입장에서는 남편이 무리하게 사업을 확장하는 것보다 지금 상태로 유지해 나가기 바랄 것 같다.

다른 어떤 대표는 회사를 퇴직하면서 와이프와 약속을 했다. 1년간만 해 보고 싶은 사업을 해 보고 잘 안되면 다시 취업을 하기로 했다. 안정적인 가정을 원하는 와이프 입장에서는 쓸데없이 어려운 길을 가려고 하는 남편이 마음에 안 들었을 것 같다. 당시 대표 입장에서는 다시 돌아갈 직장도 사실 마땅치 않은 상황이었다. 무조건 성공시켜야 하는 상황이었다.

예전에 지인에게 대학원을 가서 공부를 하겠다고 했더니 40이 넘어서 무슨 공부냐는 대답이 돌아왔다. 그냥 직장이나 잘 다니라고 한다. 물론 가장 현실적인 답변이었을 수도 있다. 한번은 지인에게 대학원을 가서 공부를 하라고 했더니 와이프와 동생이 말렸다. 쓸데없이 대학원가서 돈쓰지 말고 일이나 더 해라 이런 논리였던 것 같다.

진정으로 당신의 성공을 바라는 사람은 많지 않다.
당신이 현실에 안주하기를 더 원할 수도 있다.
잘되면 시기하고, 시도하려고 하면 발목을 붙잡는다.
결국 모든 결정을 혼자 하고 책임도 혼자 짊어져야 한다.

이럴 때 오히려 서로 관계가 없는 남들이 더 많은 고민을 해 주고, 걱정을 해 주는 경우가 많다. 서로 연관이 없어 오히려 진심 어린 이야기를 해 주게 된다. 필자의 경우 직업상 다른 사람들의 고민을 많이 듣게 되고, 조언을 해 주게 되는 경우가 많다. 상대방과 아무런 이해관계가 없고 상대방이 잘되면 비즈니스 파트너가 될 수 있기 때문에 오히려 더 진심으로 이야기를 해 줄 수 있었던 것 같다.

세상으로 나가서 여러분들을 응원해 줄 파트너들을 만나자. 그리고 모든 결정과 결과는 여러분의 몫이다. 아무도 여러분이 성공하기를 바라지 않는다. 많은 고민과 현명한 선택이 필요하다.

> 직원들은 사장의 성공을 바라고 있을까?
> 사업이 잘돼서 월급을 올려 주면 좋아라 하겠지만, 사업이 잘되면 일이 많아진다. 편의점 알바도 손님이 많아지면 피곤해한다.
> 사업이 잘돼서 좋은 건 사장밖에 없다. 나머지는 모두 다 피곤해진다.
> 가장 좋은 직장은 망하지 않을 정도의 매출이 나오는 한가한 회사라고 한다. 그래서 교직원들을 꿈의 직장이라고 하나 보다. 물론 요즘 학교가 어려워서 교직원들도 잘려 나가는 상황이기는 하다.

나. 시장의 변화에 빠른 적응이 필요하다

그렇지 않아도 빠르게 변화하는 시장상황에서 코로나는 더욱더 빨리 세상을 바꾸어 버렸다. 잠깐 한눈팔고 있으면 적응하기 어려운 세상이 되어 버렸고, 예전에 잘되던 비즈니스가 갑자기 사업이 어려워지기도 한다. 사람이 넘치던 매장이 코로나로 일순간 매출이 없어져 버렸던 상황, 사람 하나 없는 공항의 모습들도 경험하였다. 변화에 적응하는 비즈니스만이 생존할 수 있는 세상이다.

2021년 초에 명동에서 상담을 했던 한 매장은 자기 앞집 식당이 한 달 월세가 7000만 원이라고 이야기를 해 주었다. 코로나 전에는 관광객이 넘치던 식당이었는데 그 당시 계약기간이 많이 남아 나가지도 못하고 있다고 한다. 최악의 상황이었다.

이런 상황에서도 변화에 준비를 했던 업체들, 온라인으로 발빠르게 움직였던 업체들은 매출이 오른 업체들도 상당히 있다.

1) 생존력 최고의 사진 스튜디오 대표

인천에서 스튜디오를 하는 대표와 미팅을 한 적이 있다. 지금까지 만난 대표들 중에서 가장 변화에 적응을 잘하는 사람이었다. 미팅을 해서 몇 마디 하고 나면 다음 주에 모든 것이 정리가 되어 있었다. 그러고 다음 단계를 물어본다. 나중에는 '더 이상 알려드릴 게 없으니 하산하라'고 농담처럼 이야기했다.

이 스튜디오는 사진만으로는 시장에서 생존하기 어렵다는 것을 이미 알고 있었다. 유튜브가 대세가 되자 바로 적응하여 사진과 함께 동영상 촬영을 해서 기업들에게 제공해 주기 시작했다.

이후에 자연스럽게 라이브커머스를 통해서 상품을 판매하는 비즈니스로 넘어가게 되었고, 스튜디오가 일이 없을 때는 시간 단위로 스튜디오 렌탈을 하기 시작했다. 이후 기업들과 인플루언서를 매칭하는 서비스를 제공하고 있으며, 지금은 보다 더 업그레이드되어 기업의 마케팅 관련 컨설팅과 업무대행을 하는 단계에 와 있다. 첫 미팅을 하고 불과 2년 동안 변화무쌍하게 사업을 해나가고 있는 모습을 옆에서 지켜보았다. 변화에 두려움이 없이 일단 부딪치고 적극적으로 해결해 나가는 모습이 너무 보기 좋았다. 그리고 항상 열린 마음으로 주변에 멘토를 만들어 지속적으로 도움과 조언을 구하고 조언을 적극적으로 반영하여 사업을 이끌어 나갔다.

2) 배달을 하는 아이스크림 전문점

성동구에서 만난 아이스크림 매장은 코로나로 많은 어려움이 생긴 상황에서 배달과 온라인 판매를 늘려 오히려 매출과 많이 늘어났다. 아이스크림을 배달과 온라인으로 판매를 한다는 게 잘 상상이 되지 않았는데 생각보다 배달은 물론 택배 주문도 많다고 한다. 적극적이고 빠른 대응이 위기를 오히려 기회로 만들었다.

3) 변화하지 않는 사람과 변화가 두렵지 않은 사람

만난 사람들 중에는 변화를 두려워하는 사람들이 많았다. 나이가 먹어서 변화를 거부하기도 하고, 컴퓨터에 약해서 변화를 싫어하기도 했다. 요즘 시대에 컴퓨터를 못하면 변화를 하고 싶어도 어려움이 있을 수밖에 없다. 게을러서 변화하고 싶지 않은 사람도 있었다. 퇴직 후 남들에게 시키던 일을 직접 하려니 힘들어하는 사람들도 있었다.

필자가 4년 전에 만났던 거의 70대가 되어가는 대표님은 그 당시 쇼핑몰을 하고 싶다고 하셨고 컨설팅 이후 지금은 쇼핑몰 운영, 온라인 광고와 바이럴 마케팅 등을 모두 혼자서 하고 있다. 나이는 문제가 아니다. 의지가 있느냐 없느냐의 차이일 뿐이다.

향후 10년 동안 대한민국이라는 시장은 많은 변화가 예고되어 있다. 시장과 상권, 소비자들 모두 급변하게 될 것이다. 이러한 상황에서 스스로 변화해 나가는 생존전략이 가장 필요한 능력이 될 것이다. 비즈니스도 적자생존이고, 상황에 맞게 진화를 해야 살아남을 수 있다.

다. 가장 위험한 사장은 멍청하고 부지런한 사장

강의를 할 때 아이스브레이킹으로 이야기하는 똑부, 똑게, 멍부, 멍게 이야기가 있다.

대표들의 리더쉽 관련된 이야기를 할 때 사용하는 이야기로 리더의 유형을 간단하게 4가지로 나누어 설명을 한다.

똑게는 똑똑하면서 게으름, 똑부는 똑똑하면서 부지런함, 멍게는 멍청하면서 게으름, 멍부는 멍청하면서 부지런함을 이야기 한다. 가장 리더로서 이상적인 유형은 어떻게 될까? 그리고 직원은 어떤 유형의 직원이 필요할까?

가장 이상적인 궁합은 똑똑하면서 게으른 사장이 똑똑하면서 부지런한 직원을 만나는 것이다. 여기서 게으르다는 의미는 오히려 시간을 효율적으로 사용한다는 의미가 더 강하다. 권한을 넘기고 남는 시간을 보다 더 고부가가치를 만들어 낼 수 있는 곳에 집중할 수 있다.

〈똑부, 똑게, 멍부, 멍게 - 상사 부하 유형〉

구분		상사(리더)			
		멍부	똑부	멍게	똑게
부하 직원	똑게	갈굼 불편불만	조짐 임기응변	요청만 함 건성건성	지켜봄 불안함
	멍개	갈굼 짖어라	조짐 안 맞다고 생각	평화	지켜봄 상사를 천사라 생각
	멍부	절친궁합	조짐 숨막혀 하며 열심히 함	요청만 함 그냥 열심히 함	가르침 잘하고 있다고 생각
	똑부	갈굼 잡아먹음	조짐 맞짱	그냥 맡김 알아서 함	이상적인 궁합

그렇다면 가장 최악의 리더의 조건은 무엇일까?

멍청한데 게으른 거? 아니다 '멍청한데 부지런한 사장'이다. 멍청한데 게으르면 그나마 사고는 안 치고 다니는데 멍청하고 부지런하면 사고란 사고는 다 치고 다니며 직원들과 가족들을 최악의 상황으로 만든다.

나는 어떤 유형의 리더의 모습일까?

예전에 만난 한 대표는 진행했던 사업이 잘돼서 여기저기 술자리와 모임이 많이 있었다. 모임에서 돌아오면 직원들과 회의를 한다. '이번에 기가 막힌 아이디어를 가지고 왔는데 추진해 보자고' 하면서 프로젝트를 진행한다. 그리고 4개월 정도 지나서 모든 프로젝트가 흐지부지 끝나거나, 중간에 '이건 아닌 것 같다'라고 정리를 한다. 이런 프로젝트가 계속 진행이 되고 없어지고를 반복을 한다. 고생을 하려면 혼자서 고생을 하면 되는데 직원들까지 고생을 시키고 있는 것이다. 혹시 내가 이런 멍청하면서 부지런한 리더가 될 가능성이 있는지 다시한번 생각해 보자.

멍청한 아군장수는 백만 적군보다 무섭다고 한다. 우스갯소리로 군대가 산 정상에 올랐는데 앞에 다른 큰 산이 있는 것을 보고 장수가한마디 한다. '이산이 아닌가벼.' 능력은 없는데 의욕만 앞서는 경우가장 최악의 결과를 만든다.

라. 양아치와 거지근성 버리기

사람들을 만나면서 가장 가까이하고 싶지 않은 사람들을 꼽자면 '양아치'들과 거지근성'을 못 버리는 사람들이다.

의리 없는 양아치는 생각보다 주변에 많다. 모든 일을 받기만 하고베풀 줄 모르는 사람들이다. 파트너라는 개념은 없고, 일이 생기면 열심히 이용하고 나중에는 연락 끊는 유형이다. 일을 진행할 때 정확하게 이야기하지 않고, 앞뒤를 끊고 중간만 이야기하거나, 정보를 자기만 알고 있는 사람들도 많다.

진심으로 사람을 대하는 것이 아니고, 열심히 머리를 굴리며 작은 이익에 의리를 저버리는 경우들도 많다. 인사가 만사라고 한다. 좋은 사람들을 만나는 것이 가장 중요하다.

1년에 한 번 연락 오는 후배

1년에 한 번 정도 연락이 오는 후배가 있다. 개인적으로 친하고 싶은 후배인데 필자 혼자만 친하고 싶은가 보다, 연락이 와서 미팅을 하게 되면 개인적인 안부들보다는 정보에만 관심이 있다. 어디서 주로 일을 하는지 요즘 다른 곳은 어떤지 등등 열심히 물어보기만 한다. 한참 이야기를 하다 보면 결국 필자 혼자 이야기하고 있다. 그리고 다시 비슷한 시즌에 연락이 온다. 이제 손절을 해야 할 것 같다.

비슷하게 필요할 때만 연락 오는 지인도 있다. 항상 무언가 아쉬울 때만 연락을 한다. 재능기부도 몇 번 해 줬는데 도움 되는 연락은 한 번도 온 적이 없다. 재능기부를 몇 번 해 줬더니 너무 당연하게 다음 일을 연락하는 분도 계시다. 일이 좀 어려움이 있어서 거절을 했더니 오히려 역정을 낸다. 점점 손절해야 할 사람들이 많아지고 있다.

유치하지만 필자의 좌우명 중에 하나가 '양아치가 되지 말자'이다. 같이 일하는 동료들과 파트너들에게 보다 신뢰 있는 모습을 보이고 싶기 때문이다. 하지만 가끔 의리를 저버리고 싶을 때도 있다, 눈 한 번 감으면 조금 더 이익이 생기는 경우이다. 그럴 때마다 생각한다. '양아치가 되지 말자'.

비슷한 말로 '거지근성'이라는 단어가 있다. 기분이 나쁜 단어인데, 거지라는 단어가 주는 나쁜 의미 때문이다. '거지근성'이라는 단어를 찾아보면 '무슨 일을 하든지 다른 사람의 도움을 받아 일을 처리하려고 하는 성질'이라고 나온다.

자신이 할 수 있는 일인데도 우선 남에게 부탁을 하는 사람들이다. 사실 누구나에게 다 있는 기질이다. 귀찮아서 가족들에게 심부름을 시키거나, 친한 친구들에게 부탁을 하는 경우들도 많이 있다. 잘 모르는 사람들에게는 부탁을 할 수가 없지만, 직장이나 지인들 친한 사람들에게 오히려 더 부탁하기 쉽기 때문이다.

조금 친해지게 되면 부탁을 하는 경우들이 종종 있다. 먼저 노력을 해 보고 어려움이 있으면 도움을 청하면 모든 사람들이 어떻게든 도와주려고 할 것이다. 그런데 해 보지도 않고 우선 부탁을 하는 경우가 있다. 자연스럽게 좋은 사람들이 떠나가게 된다.

유명한 말 중에 '호의가 계속되면 권리인 줄 안다'는 말이 있다. 잘해 주면 그냥 그게 당연한 줄 아는 사람들이 있다. 주변에 좋은 사람들이 많이 남아 있어야 선순환을 만들 수 있는데 이런 사람들 주위에는 아무도 남아 있지 않게 된다. 그리고 부정의 악순환이 시작된다.

고민해 보자 나는 혹시 '거지근성'이나, '양아치근성'을 가지고 있지 않은지? 사람들이 떠나고 있는지, 사람들이 모여들고 있는지.

마. '아는 사람' VS '선수' VS '잘 아는 선수'

사업을 시작할 때 가장 주의해야 하는 사람 첫 번째는 '아는 사람'이다. 많은 사람들이 '아는 사람'과 일하다가 온갖 사고(?)를 당하게 된다. 사기를 당하는 가장 많은 사람들이 바로 '아는 사람'들이다. 지인이 더 무서운 경우들이 많다.

몇 년 전에 창업을 했던 대표는 매장 인테리어를 아는 친구에게 맡겼다. 처음부터 조금 불안하기는 했는데 역시나 공사가 조금씩 늦어지더니 두 달 뒤에 공사를 개판 쳐 놓고 도망을 가 버렸다. 매장 앞에 있던 작은 작업실로 들어가는 문은 닫히지도 않았고, 공사는 마무리도 되지 않았다. 도면도 없이 공사를 해서 수습도 어려운 상황이었다. 인테리어 비용도 추가로 많이 들어갔고, 오픈이 늦어진 기간 동안 임대료와 뽑아 놓은 직원 인건비 등등 정말 손해가 막심했다. 이런 경우가 주변에 생각보다 많다. 아는 사람들과 일하는 게 편하기는 하지만 많은 주의가 필요하다.

파트너를 구할 때 일을 잘하는 사람을 찾는 것이 아닌 주변에서 아는 사람을 소개받는 경우가 많다. 소개받은 사람이 일을 잘하는 사람이라면 좋은데 대부분 실력과는 상관없이 소개를 해 주고, 심지어 소개해 준 사람이 중간에 커미션을 받기도 한다. 일이 잘될 수가 없다. 사고가 나도 소개해 준 사람이 있어서 고소도 못 하는 경우가 많다. 앞에서처럼 아는 친구라고 하면 더욱 더 어쩔 수가 없다. 도움 안 되는 친구는 좀 멀리하도록 하자.

그렇다면 일은 누구랑 해야 할까?

당연히 일 잘하는 사람 속칭 **'선수'**와 일해야 한다.

선수는 어디서 찾으면 될까?

그냥 포털 사이트에서 검색하면 수두룩하게 나온다. (포털에도 사기꾼들이 많으니 철저한 검증이 필요하다.) 전화해서 상담하면 제대로 된 견적을 받을 수 있다. 제발 실력 없는 아는 사람들과 일하지 말자.

'선수'라는 단어 참 좋아하는 단어이다.

전문가라는 말의 약간 친근한 버전처럼 들린다.

믿고 일을 맡길 수 있는 누군가의 '선수'가 되어야 한다.

그런데 현실적으로 사람을 찾을 때 어쩔 수 없이 지연, 학연들을 찾게 되는 경우가 많다. 새로운 사람들이 불안하기도 하고 내가 준비가 안 되어 있는 경우도 많다.

이럴 때 가장 이상적인 건 '잘 아는 선수'인 것 같다.

지인에서 소개받았는데 너무 일을 잘해서 소개해 준 사람까지도 고맙다는 소리를 받을 수 있는 사람이다.

주변 사람들에게 '잘 아는 선수'로 기억된다면 가장 이상적이지 않을까 싶다.

최근에 봉사활동으로 만나는 모임이 있다. 봉사가 주제다 보니 다들 기본적인 경제적 여력과 시간적 여력을 가지고 있다. 주변에 비슷한 사람들이 모여 있다 보니 좋은 사람들을 소개받기가 너무 좋았다. 전화 한 통화만으로도 쉽게 사람을 소개받을 수 있었다. 좋은 사람 주변에 좋은 사람들이 모여 있다. 그래서 자꾸 좋은 모임과 좋은 사람들과 인맥을 쌓으려고 하는 것 같다.

바. 아무리 말려도 어차피 하고 싶은 대로 한다

오랫동안 예비창업자들을 만나면서 가끔은 이 사람이 준비가 아직 안 되었다는 생각이 드는 경우가 있다. 음식점을 하기에는 아직 실력과 아이템이 부족하다거나, 오픈을 하기에 상권이나, 입지가 기대만큼이 아닌 경우 등이다.

주변에서 아무리 말려도 말을 잘 듣지 않는 경우가 많다. 이미 답은 정해져 있는 '답정너'[106]인 경우다. 왜 물어보는지 알 수가 없다. 최근 서울에서 카페를 오픈하고 싶다고 2명이 개인적으로 연락이 왔었다. 모두 20대 청년이었는데 사업계획서도 없이 그냥 카페를 창업하고 싶다고 이런저런 것을 물어본다. 이런저런 설명을 해 주었더니 기분이 좋지 않은 눈치이다. 듣고 싶은 이야기가 아닌 거다. 잘될 것 같다는 희망찬 이야기가 아니라, 계속 어렵다는 이야기를 주로 했던 거였

---

106) '답은 정해져 있고, 너는 대답만 하면 돼.'를 줄여 이르는 말.

다. 나중에 알고 보니 이미 오픈을 하기로 결정해 놓고 좋은 얘기 들으러 만나러 온 거였다.

가끔은 재능기부 하고 욕먹는 경우들이 생긴다.

물론 필자가 이야기하는 것이 정답은 아니다. 모든 결정은 대표가 해야 하고, 책임도 모두 대표의 몫이다. 가끔은 너무 부정적인 내용만 이야기해서 다시 연락을 한 적도 있다. 내 말이 정답이 아니니 너무 새겨듣지 말고 참고만 하라고 이야기한다.

정반대로 성공한 케이스도 있다. 6년쯤 전에 20대의 젊은 예비창업자가 의류브랜드를 창업을 한다고 해서 멘토링을 한 적이 있다. 패션을 전공을 하지는 않았지만, 나름 열심히 하고 있었고 집에 돈도 조금 있는 듯했다. 열심히 멘토링을 해 주고 결국 오픈까지 잘했다.

사실 필자는 그 대표가 6개월 정도 사업하다가 수업료로 몇천만 원 정도 날리고 사업도 정리할 것이라고 생각했다. 그런데 1년쯤 뒤에 연락이 왔다. 너무 매출이 많이 나와서 세금을 줄여야 하는데 도와달라는 전화였다.

헉~ 이런 경우도 있구나 싶었다. 무신사에서 매출이 많아서 거의 자리를 잡은 브랜드가 되었다. 정답은 없다. 열심히 고민해야 하고 운도 필요하다.

제주도 서귀포 인근에 감귤농장을 가지고 있는 대표와 컨설팅을 할 기회가 있었다. 그 땅에 커다란 베이커리 카페를 오픈하고 싶어 했다. 최소 20억 이상은 들어가는 사업이었다. 그런데 사업성 평가를 해 보니 아무리 좋게 봐도 성공하기 힘든 상권과 입지였다. 추정손익 계산을 통해서 손실이 훨씬 클 것 같고 신중히 생각해 보라고 의견을 전달했다.

그런데 대표 마음은 80% 이상 오픈을 하고자 하고 있었다. 필자와 오픈 전에 이미 설계도면까지 받아 놓은 상황이었다. 어떻게든 오픈해야 할 이유를 찾고 있었던 것이다. 그 이후로 컨설팅은 매장을 최대한 성공할 수 있는 방법을 찾기 위해 노력하는 걸로 바뀌었다. 아무리 말려도 오픈할 거 같으니 최대한 실패를 줄일 수 있는 방법을 찾아야 했다.

제목처럼 어차피 다른 사람들의 의견을 잘 받아들이지 않는 경우가 많다. 아무리 말려봐야 어차피 마음먹은 대로 창업을 할 것 같고, 아무리 추천을 해 줘도 망설이다가 하지 않는다. 잘못되었다는 것은 아니다. 어차피 정답은 없다. 자기가 스스로 결정하고 책임을 져야 하고, 다른 사람들의 이야기는 적당히 걸러 들어야 한다. 어차피 그 사람이 책임져 줄 것도 아니다.

한번은 정부지원자금을 받아 창업을 할 수 있게 된 대표가 있었는데 아무리 봐도 아직 창업하기에 이른 상황이었다. 그런데 지원금 2000만 원이 선정이 되어 창업을 하면 사용할 수 있고, 아니면 포기를 해야 하는 상황이었다.

컨설턴트 입장에서 포기하라고 할 수도 없고, 그냥 밀어붙이라고 할 수도 없는 참 애매한 상황이었다. 오픈을 해서 최대한 성공할 수 있게 돕는 것이 정답이기는 한데 실패할 확률이 더 높은 경우가 많다. 이런 경우 2년 이상 성공적으로 운영된 적이 거의 없었던 것 같다.

그래서인지 많은 사람들이 정부지원금을 '양날의 검'[107]이라고 이야기한다. 좋은 면과 나쁜 면을 동시에 가지고 있다. 지원을 해 줘서 좋기는 한데 이상하게 지원을 받으면 사업이 꼬이는 경우가 많다. 그래서 제대로 된 사업을 하기 위해서는 지원금 받지 말고 해야 한다는 이야기도 있다.

사. 내 가치는 스스로 높여야 한다

스스로 가치를 높이지 않으면 아무도 내 가치를 높여 주지 않는다. 두려워하지 말고 스스로 가치를 높여 나가야 한다. 내가 비싸다고 생각하고 나를 아껴야 남들도 나를 아껴 준다.

생각보다 자신의 가치를 낮게 생각하는 사람들이 있다. 자존감이 많이 떨어져 있는 경우들도 있고, 마음이 약한 경우들도 있다. 시장의 상황이 어쩔 수가 없어서 가치가 상대적으로 떨어져 있는 경우도 있다. 자신의 가치가 떨어져 있으면 가장 어려운 경우가 '비용', '돈' 이야기를 할 때이다. 당당하게 비용을 요구하고 받아야 하는데 어려워하

---

107) 유용한 면이 있는 반면에 위험한 요소도 동시에 가지고 있음의 비유.

는 경우들이 많다.

한복공방에서 며칠 동안 고생하여 제작한 상품을 최저 임금에도 미치지 못하는 가격으로 판매를 하는 경우들을 많이 보았다. 시장가격이 원하는 데로 받기 어렵다고 이야기를 한다. 3일 내내 시간 들여 만든 상품을 플리마켓에 나가서 20만 원도 못 받고 판매하는 경우다. 인건비도 안 나온다. 이런 경우 어떻게든 제값을 받을 수 있는 방법을 찾아야 한다. 부가가치를 높이기 위해 최선을 다해야 한다.

반대로 남들이 일한 시간에 대한 가치를 인정해 주지 않는 경우들도 많다. 고객 서비스를 받는 것에 대해 너무 당연하게 생각하고 비용을 지불하는 것에 인색한 경우다.

몇 개월 전 TV에서 어떤 대표가 나왔다. 제조업을 운영하는 대표였는데 회사에 편한 옷을 입고 가면 자꾸 일을 하게 된다고 한다. 급한 일이 생기면 직원들도 대표에게 도와줬으면 하고 눈치를 준다고 한다. 그래서 이후부터는 정장에 넥타이를 매고 다닌다고 했다. 정장을 입고 있으니 직원들도 대표는 공장에서 실무는 안 하는 사람으로 인식을 했다고 한다. 그 뒤로 시간 여력이 생겨 외부로 영업도 나가고 본인의 업무를 볼 수 있는 시간을 늘릴 수 있다고 한다.

남들에게 가치를 인정받기 위해서는 나를 먼저 존중하고, 대접받을 만한 가치가 있다고 표현해야 한다. 이런 표현이 처음에는 익숙하지 않지만 시간이 지나면 익숙해질 수 있다. 비슷하게 만들어진 옷인데 어떤 옷은 플리마켓에서 20만 원에 판매가 되고 어떤 옷은 200만 원에 판매가 된다. 차이가 무엇일까? 비슷하게 남성 머리를 커트를 해도 동네에서는 1만 원을 받고 시내 브랜드 미용실에서는 3만 원을 넘게 받는다.

나를 비싸게 만들 수 있는 방법을 최대한 고민해 보자.

아. 일 좀 합시다 다른 데 신경 그만 쓰시고

공기업에서 은퇴를 하고 창업을 한 대표님이 있었다. 국비지원을 받아서 창업을 했는데 오픈 이후에 여기저기서 소상공인 관련 행사에 참석해 달라고 연락이 많이 왔다.

워낙 외부행사를 좋아해서 참석을 많이 하니 기관에서도 행사만 생기면 연락이 왔다. 어느 날은 국회의사당 소상공인 행사에 참석할 예정이라고 한다. 속으로 '제발 쓸데없는 데 신경 쓰지 마시고 일이나 하세요~~'라고 이야기하고 싶었다.

아무리 봐도 일에는 관심이 없고 여기저기 행사에 가서 사진 찍히는 거를 더 좋아하는 듯했다. 그 당시 임대료도 간신히 내고 있는 상황이었다. 결국 그 대표님은 2년 뒤에 폐업하고 다른 사업을 준비하고 있다.

혹시 일이 목적이 아니고, 대외적으로 내가 이런 사업을 하고 있다는 걸 보여 주고 싶은 마음이 있다면 마음을 내려놓으시길 바란다. 오랫동안 직장생활 해서 후배들에게 멋있게 성공한 모습을 보여 주고 싶은 마음은 이해하겠는데 사업에는 도움이 안 된다.

또 예전 직장생활에서 간부로 일하던 습관을 못 버리는 분들이 많다. 그래서 커피숍이 그렇게 인기가 좋은지 모르겠다. 우아하게 음악 틀어 놓고 알바 쓰면서 할 수 있는 사업이라고 생각하는 것 같다. 물론 현실은 그렇지 않다. 창업을 하겠다고 마음을 먹었으면 남들의 시선이 중요하지 않다. 가장 중요한 것은 직원들 급여와 이번 달 임대료, 집에 가져다 줘야 할 생활비다. 소상공인 자영업으로는 우아하게 돈 벌 수 없다.

자. 개발자의 오류 / 기술자들의 최대오류

많은 기술기반 사업을 하는 대표들이 하는 오류들 중의 하나가 바로 '개발자의 오류'이다. 개발을 하는 사람들, 기술자들이 사업을 할 때 시장과 소비자들을 고민하지 않고 상품이나, 서비스를 만드는 경향이 많다.

필자가 많이 만나 봐서 '개발자의 오류'라고 별도로 용어를 만들었을 정도다.

오래전 직장생활을 할 때 어떤 제조업체 대표가 '자가발전 경광봉'이라는 상품을 만들어서 판매해 달라고 찾아 왔다. 공사장에서 사용하는 불나오는 경광봉에 모터를 달아 손으로 움켜쥐면 자가발전이 되는 상품이었다. 대량생산을 해서 판매만 하면 되는 상황이었다. 이미 수천 개를 제작했다고 했다.

그런데 아무리 봐도 쓸데가 없는 상품이었다. 공사장에서 일하기도 힘든데 사람의 손으로 직접 모터를 돌려야 하는 경광봉이니. 그래서 이야기했다. "대표님 이거~ 저 같으면 그냥 건전지 넣어서 사용하겠어요." 했더니 "최 팀장(그 당시 최 팀장이었다). 이게 반영구적이고, 건전지 비용도 아끼고, 운동도 된다구~~"라고 했다. 그 상품이 현장에서 전혀 쓸모없다는 사실을 인정을 하지 않으려고 했다. 안타까웠다. 그 이후로 한 번도 그 상품을 본 적이 없으니 아마도 상품을 많이 팔지 못했을 것 같다.

왜 그런 아무도 사용할 것 같지 않은 상품을 만들었을까?

정답은 '만들고 싶으니까!'이다.

많은 개발자들이 소비자들은 고민하지 않고 그냥 만들고 싶어서 상품을 만든다. 기존에 있던 제품에 자신이 알고 있는 기술을 하나 더 넣고 재미있어 보이는데 한번 만들어 볼까? 이런 식이다. (물론 그렇지 않은 개발자분들이 더 많을 거라고 믿는다.)

이게 필자가 생각하는 시장을 생각하지 않는 '개발자의 오류'이다. 경험상 이공계 출신들이 이런 경우들이 많이 있었던 것 같다. 다들 새로운 것을 만드는 것을 너무 좋아하고 새로운 기술을 접목시키는 것을 좋아한다. 만들고 나서도 스스로 너무 흡족해 한다. 물론 잘 만들어서 시장에서 좋은 반응이 올 수도 있지만, 만들기 전에 시장을 먼저 파악해야 한다. 시장에서 필요한 상품을 만들어야지 자기가 만들고 싶은 것을 만들어서는 안 된다.

차. 작가의 오류 / 작품으로는 사업이 어렵다

'개발자의 오류'가 있다면 '작가의 오류'도 있다. 똑같은 상황이다. 주로 디자이너들이나, 작품을 만드는 예술가 등 주로 작가들이 이런 경우가 많다.

비즈니스를 위해서는 '상품'이 필요하다. 그런데 종종 '작품'을 만들어 오는 경우가 있다. 가장 어려운 케이스는 '다이소'에서 3000원이면 살 수 있을 것 같은 상품을 30만 원은 받아야 하는 작품으로 만들어 오는 경우다.

많이 볼 수 있는 곳은 공방이다. 수작업으로 작품을 만들 때 난이도가 있는 상품들은 최소 2일~3일이 걸린다. 3일 동안을 만들었다고 하면 얼마에 판매해야 할까? 하루 인건비를 10만 원만 잡아도 인건비만 30만 원이고 재료비에 기타 비용까지 생각하면 최소 40~50만 원을 받아야 한다. 그런데 현실은 그렇지 못하다 플리마켓에 가서 15만 원이나 받으면 다행이고, 그나마 비싸다고 깎아 달라고 한다. 이건 팔수록 마이너스다. 그냥 편의점에서 알바를 하는 게 낫다.

디자인 관련 제품들은 작가의 손에서 작품성이 있는 예술작품이 된다. 그런데 우리는 사업을 할 거라서 예술작품은 필요 없다. 예술작품을 할 거면 그냥 작업실에서 혼자 작품활동하고 작품세계를 알아봐 줄 고객을 만나면 된다. 우리는 치열한 경쟁에서 나에게 돈을 벌어다 줄 경쟁력 있는 '상품'이 필요하다.

　대한민국의 현실은 다소 복잡하다. 이미 인건비는 아시아에서 최고 수준이고 수제품으로는 중국이나, 베트남, 미얀마, 말레이시아, 인도네시아 등에서 만들어 수입되는 상품과 가격경쟁을 할 수가 없다. 어쩔 수 없이 고부가가치 사업으로 갈 수밖에 없는 구조다.

수세가방을 만드는 작가

　몇 년 전 바느질로 수제가방을 만드는 작가분을 미팅한 적이 있다, 주로 원데이클래스나 교육을 주로 하고 계셨다. 만들어 놓은 가방이 너무 예뻐서 가격을 물어봤더니 파는 물건이 아니라고 한다. 왜 판매를 안 하냐고 했더니 가방 하나 만드는 데 최소 일주일은 걸리고, 인건비만 생각해도 70만 원 이상은 받아야 하는데 가격 이야기하면 욕먹는다고 한다. 판매하지도 않을 가방을 시간 날 때마다 작품으로 만들고 있다. 강남에서 멋진 갤러리를 오픈하지 않는 이상 상품 판매는 어려울 것 같다.

　작가들이 대한민국에서 살아남기 위해서는 '판매가 잘되는 고부가가치 작품(상품)'을 만들어 판매하는 것뿐이다. 그러기 위해서는 브랜드 가치가 높아야 하고, 작가의 가치도 높아야 한다.

결국 브랜드 가치를 높이고 상품가치를 높이는 것만이 살길이다.

카. 다양한 경험을 가진 멘토, 파트너를 구해라

인생에서 멘토를 만나기는 그리 쉽지 않다. 멘토들은 대부분 경험을 먼저 해 보고 이미 내가 원하는 곳에 가 있는 사람들이기 때문에 바쁘기도 하고 굳이 자신의 노하우를 나누려 하지 않을 수도 있다. 그럼에도 불구하고 지속적으로 나를 성장시켜 줄 수 있고 이끌어 줄 수 있는 멘토와 선배가 필요하다. 거창하게 멘토가 아니어도 좋다. 나의 시행착오를 먼저 겪어 본 사람. 내가 모르는 분야를 알려 줄 사람을 지속적으로 찾아야 한다.

많은 정부사업에 멘토제도와 컨설팅 제도들이 있다. 다양한 전문지식을 가진 컨설턴트들을 지원프로그램으로 만날 수 있다면 큰 도움이 될 수 있다.

필자는 독립을 하고 운이 좋게도 좋은 사람들을 많이 만날 수 있었다. 초기에 같이 일을 하면서 지금까지 이어온 형님들, 그리고 동료들이 있어서 항상 어려움이 있을 때 물어볼 든든한 지원군들이 10명 이상이 있다. 그리고 필자도 누군가에게 도움을 줄 수 있는 멘토 역할도 하고 있다.

비즈니스를 하면서 실질적인 조언을 해 줄 수 있는 사람은 친구나, 직원이나, 가족들보다는 파트너, 선배, 멘토, 컨설턴트들이 더 유리하다. 다양한 경험을 가진 파트너들은 나의 사업에 당연히 도움이 될 것이다. 그리고 나도 그들의 사업에 도움이 되어야 한다.

주위에 어떤 사람들이 있는지 살펴보고, 도움이 될 수 있는 사람들과 지속적인 네트워크를 늘려나가자. 여기에서 인맥은 끈끈한 인맥을 이야기하는 것이 아니라, 가벼운 네트워크를 의미한다.

지역을 기반으로 한 기업대표 모임

구로디지털 단지에 기업대표 모임에 나가는 대표를 본 적이 있다. 지역에 워낙 비슷한 업종의 회사들이 많다 보니 모임을 만들어서 골프도 치고, 술도 먹고 하면서 정보를 교환하는 모임이었다. 좋은 정보와 좋은 사람들도 많이 만날 수 있었고 유익한 정보들로 사업에도 도움을 많이 받고 있었다. 심지어 모임에서 동갑인 대표들이 따로 동기 모임을 만들어 운영하고 있을 정도였다. 주변에서 비슷한 수준의 고민을 하는 사람들 모임을 찾아보자. 대신 이상한 사람들만 잘 거르면 된다.

정부 지원사업에 참여하는 것도 좋은 방법이다. 멘토링, 컨설팅 지원사업은 사업 시즌[108] 내내 진행을 하고 있고, 보육센터 입주를 통해서 보육센터 매니저들과 입주 선후배들에게 다양한 정보와 사업방향에 대한 가이드를 받을 수 있다.

---

108) 보통은 2~3월에서 11월 정도까지 당해 연도 사업이 진행이 된다. 기관마다 조금씩 다르다.

타. 하늘은 스스로 돕는 사람을 돕는다

컨설팅을 하면서 기분이 좋을 때는 기업들이 제안하는 내용들을 적극적으로 반영할 때이다.

지난해 만난 대표는 대충 이러이러한 사업이 있고, 이렇게 하면 좋겠다고 의견을 보내 놓으면 다음 미팅 전에 모든 것이 정리되고, 다 개선이 되어 있었다. 무슨 이야기를 하기가 두려울 정도다. 공식적인 미팅 외에도 계속 연락하게 되고, 더 도와주고 싶어서 노력하게 된다. 그래서 '하늘은 스스로 돕는 사람을 돕는다'는 말이 나왔나 보다.

적극적으로 솔루션을 찾으면 해답을 찾을 수 있지만, 의지를 보이지 않으면 아무도 당신을 도와주지 않는다. 의지가 있으면 안 되는 일도 될 수 있다.

강의를 할 때 마지막에 전화번호와 이메일을 알려 주고 문의 사항이나, 관련해서 도움이 필요하면 연락을 하라고 한다. 실제로 연락이 오는 경우는 100명 중에 한두 명 정도 있을까 말까이다. 그 정도면 필자도 크게 부담스럽지 않다. 또한 연락이 오는 사람은 정말로 도움이 필요한 상황인 경우라, 상담을 하고 멀지 않으면 직접 미팅을 하려고 노력한다.

최근에 연락이 온 대표도 비슷했는데 며칠 동안 망설이다가 전화를 했다고 한다. 도움이 필요하다고 하여 재능기부로 미팅을 하고 함께 해결 방법을 찾을 수 있도록 도움을 주었다. 의지가 있으면 방법을 찾을 수 있다.

의지가 없으면 아무도 도와주지 않는다

식당을 하는 사장이 있다. 마케팅 전문가인 필자가 어떻게든 도움을 주려고 하는데 컴퓨터를 못한다고 한다. 어디 어디에 회원가입을 하고 이런 지원사업이 있으니 활용을 하라고 해도 반응이 별로 없다. 귀찮은 듯하다.

심지어 몽땅 다 필자에게 알아서 해 달라고 한다. 도움을 주려고 해도 도와줄 수가 없다. 다시는 연락을 하지 않게 된다. 의지가 없으면 아무도 도와주지 않는다.

찾아보면 어려운 기업들을 지원해 주는 사업도 많고, 예비창업자들을 위한 사업들도 많다. 적극적으로 도움을 받을 수 있는 기관들, 사업들을 찾아보자.

필자는 최근 당근마켓을 자주 들여다보는데 사고 싶은 아이템이 하나 있었다. 신제품으로 사려면 너무 비싸서 6개월째 키워드를 걸어 놓고 그냥 인연이 되면 사야지 하고 있었다.
어느 날 원하는 아이템이 원하는 가격에 떠 있는 것을 발견했다. 그런데 채팅이 한 명 있었다. 거래를 하고 있는 것인 것 같았다. 그래도 바로 연락을 했다. 물건 구매하고 싶고, 먼저 선입금하고 싶다고 구매 의지를 보여 줬다.
먼저 찾아온다는 사람이 있어서 어려울 것 같다고 한다. 아쉽지만 어쩔 수 없어 판매가 안 되면 연락 달라고 하고 채팅을 마무리했다.
그랬는데 잠시 후에 다시 연락이 왔다. 필자가 확실하게 구매의지를 보여 줘서 먼저 연락 온 사람에게 거절을 하고 필자에게 판매하기로 했다고 한다.
먼저 연락 온 사람이 조금 애매한 태도를 보였던 것 같다.
중고거래도 나의 의지를 보여 줘야 좋은 상품을 구매할 수 있다.

파. 한부모 여성가장 지원사업 – 사회연대은행

　미팅을 했던 대표들 중에서 가장 도움이 필요했던 분들은 '한부모 여성가장'이었다. 아이들을 혼자 키우면서 사업을 하는 여성가장들이다. 다양한 사연들을 만났던 것 같다. 도박중독, 가정폭력 등으로 이혼을 하신 분들과 자동차 사고로 인해 사별한 경우도 있었다. 주부로 살다가 갑작스럽게 육아와 경제활동을 해야 하는 상황이 생기게 되는 것이다. 딱히 기술도 없는 경우도 많아 대부분 영세한 공방이나 커피숍 등을 운영하는 경우가 많았다. 그래서 기관에서 적극적으로 도움을 주기 위해 많은 노력을 하고 있었다.

　'사회연대은행'[109]이라는 기관은 아는 사람들이 거의 없다. 주로 사회취약계층을 도와주는 기관이며, 대출과 지원사업들을 진행하고 있다. 대부분 외부에서 자금이 기탁하여 운영이 되는 사업들로 주로 CSR(기업의 사회적 책임)을 실천하려는 대기업들이다. 사회연대은행에서 하는 사업들 중 하나가 바로 한부모 여성가장 지원사업이다. 대출과 창업지원, 멘토링, 경영개선 자금지원 등 실질적인 도움을 주고 있다.

　가끔 이 사업을 소개를 해 주면 깜짝 놀라는 분들이 많다. 이런 사업이 있다는 사실이 놀랍기 때문이다. 심지어 신용등급도 따지지 않는 경우도 많다. 은행이 아니라 어려운 소상공인들을 도와주기 위한 사업이기 때문이다.

---

109) www.bss.or.kr/ 마이크로 크레딧 개인창업 및 사회적기업을 지원하는 사회적금융기관

혹시 주변에 한부모 여성가장이 있다면 '사회연대은행' 홈페이지에서 관련 사업을 찾아보도록 하자. 한부모 여성가장 사업 외에도 다양한 취약계층 지원사업이 있다. 비슷한 기관으로 '열매나눔재단'[110]도 있으니 참고하자.

하. 사장은 만능?

조금 연령이 있으신 예비창업자들을 보면 직장생활에서 실무를 하지 않아서 업무스킬이 약한 경우가 많다. 생존을 위한 기술이 너무 퇴화되어 있는 것이다. 기본적인 컴퓨터 스킬이나, 인터넷, 문서작성 등에서 어려움을 겪는 경우들도 많다. 어쩔 수 없이 시간이 걸릴 수밖에 없고 어떤 부분은 아웃소싱을 맡겨야 한다.

4년쯤 전에 회사를 창업한 대표가 있었다. 직원을 뽑아서 운영을 하기 시작했다. 인건비 부담스러우니 가능하면 혼자서 시작하는 것이 좋지 않겠냐고 조언을 했는데 직원이 꼭 필요하다고 한다. 사무실도 나름 번듯하게 운영을 시작을 했다. 생각보다 사업은 자리를 잡지 못했고, 1년 뒤 직원은 정리했다. 번듯했던 사무실도 정리하고 작은 사무실로 비용을 아끼려 이전을 했다. 이제는 그전에 직원이 하던 업무들도 혼자서 다 진행하고 있다. 혼자서도 잘한다.

---

110) https://merryyear.org/

사장은 만능이다. 아니 만능이어야 한다. 사장이 알아야 직원에게 일을 시킬 수 있다.

어떤 대표가 디자이너를 뽑아서 일을 시켰는데 너무 열심히 일을 해서 열심히 격려도 해 주고, 커피도 사다주고 했단다. 그런데 나중에 보니 회사 일은 한나절 만에 끝내고 나머지 시간에는 프리랜서로 회사에서 아르바이트를 하고 있었다. 열심히 ALT+TAB[111]을 눌러 가면서 '이중작업'을 하고 있었던 것이다. 관련 업무를 모르니 하고 있는 일이 하루짜리 일인지 일주일 정도 일인지도 모르고 그냥 시키고 있었던 것이다.

내가 모르면 일을 시킬 수 없다. 깊이 알지 못하더라도 대충은 알아야 한다. 경리직원에게 회사 재무를 맡겨놨더니 대형사고 쳐 놓고 사라져 연락이 안 됐던 적도 있다. 사장이 세무, 재무에 아는 것이 없다 보니 생기는 일이다. 특히나 세금 관련해서는 기본 내용을 숙지해야 한다. 세금과 숫자에 약한 대표들 중에는 종합소득세, 부가가치세, 과세표준 등에 대한 개념도 없는 사람들도 꽤 있다.

주방장이 있는 음식점에서 가끔 생기는 문제 중에 하나가 주방장이 텃세를 부리는 경우다. 지난해 한 음식점 대표가 연락이 왔다. 단체 예약일 전날에 급여 인상을 요구했다고 한다. 코로나로 심각하게 어려운 상황에서 급여를 올려주기 어렵다고 했더니 그러면 그만두겠

---

111) 작업전환을 할 때 쓰는 단축키워드.

다고 한다. 대표가 주방장 출신이어서 그러라고 하고 바로 정리했다. 대표가 주방을 몰랐다면 어쩔 수 없이 끌려갈 수밖에 없었을 것이다.

직장생활에서는 조직이 일을 처리하지만, 자영업을 하게 되면 모든 일을 다 알아서 해야 한다. 아무도 도와주지 않는다. 일을 시킬 수 있을 정도는 내가 파악하고 있어야 한다. 직원 인건비가 비싸서 내가 직접 일을 처리해야 하는 경우도 많다. 평생 동안 공부해야 한다. 공부하기 싫으면 사업을 정리하는 게 더 나을 수 있다.

거. 정보의 비대칭 / 정보가 있어야 성공한다

온라인과 정보화 사회에서 가장 중요한 것은 역시나 정보일 것이다. 너무나 쉽게 정보를 얻을 수 있지만, 누구나 알고 있는 정보는 큰 의미가 없다. 그러나 누구나 알고 있는 정보도 알지 못하는 경우들도 많다. 다양한 정보를 얻을 수 있는 방법과 노력이 필요하다. 정보를 얻는 것도 시간과 비용이 들어간다. 또한 정보를 아느냐 모르느냐? 활용할 수 있느냐? 없느냐?의 차이는 매우 크다.

기업부설연구소와 벤처기업인증
지방에 있는 회사에 '기업부설연구소'[112]를 설립하기 위해 미팅을

---

112) www.rnd.or.kr에서 관련된 내용을 찾을 수 있다.

했다. 종이박스를 만드는 회사였는데, 연구소를 설립해서 박스제조와 디자인 등에 대한 연구를 하게 되면 성과도 만들고 세금도 1년에 2000만 원 넘게 절약할 수 있을 것 같았다.

관련된 설명을 듣고 나서 대표가 하는 이야기가 너무 재미있다. 몇 년 전에 모임을 갔는데 다른 비슷한 업종 사장 명함에 '연구소'와 '벤처기업' 로고가 찍혀 있길래 속으로 '무슨 시골공장에서 연구소와 벤처기업이냐'고 비웃었다고 한다. 그 기업은 적어도 1년에 세금을 5000만 원 이상 줄이고 있을 것 같다고 설명을 해 주었다.

앞에서 노하우(KnowHow)와 노웨어(KnowWhere), 노후(Know-Who)에 대한 이야기를 했다. 노하우(KnowHow)는 어떤 일을 할 수 있는 분명한 지식이고, 노웨어(KnowWhere)는 정보가 어디 있는지를 아는 것, 그리고 노후(KnowWho)는 정보를 아는 사람을 아는 것이라고 이야기를 했다. 트렌드가 어떻게 바뀌어 가는지, 사업지원 정보는 어디에 있는지, 마케팅을 어떻게 해야 하는지 등 모든 것을 내가 다 알 수는 없다. 그래서 이러한 정보를 어디에서 얻을 수 있는지 아는 것도 큰 힘이 된다.

그래서 한 분야를 깊게 아는 것보다(KnowHow) 여러 분야를 넓게 파악하는 것(KnowWhere)이 더 중요한 시대가 되었는지도 모르겠다. 간단히 스마트폰 켜서 구글에서 검색해 보면 쉽게 고급정보를 얻을 수 있다. 이 정보들을 내가 머릿속에 넣어서 외울 필요는 없다. 어디에서 어떻게 정보를 활용할 수 있을지만 파악하면 된다.

문제는 어디에 어떤 정보가 있는지를 모를 때다 그럴 때 어디에 정보가 있는지를 알고 있는 사람(KnowWho)에게 연락을 해서 물어보면 된다.

바쁜 소상공인들에게 관련 사이트를 찾고, 들어가서 정보를 검색하고, 사업에 지원하고, 활용하기가 쉬운 일이 아니다. 업무에 지쳐 정보 검색할 시간도 없는 경우가 대부분이다. 또한 장사가 잘되는 경우에는 구지 지원사업이 필요하지 않다. 어려움이 있는 사업장을 도와주려는 사업들이기 때문이다.

사업에 도움이 필요한 경우 몇 군데만 찾아봐도 여러 가지 지원을 받을 수 있는 경우들이 많이 있다. 마지막 장 지원기관을 참조하도록 하자.

큐레이션의 시대

세상에 정보가 너무 많아졌다. 정보를 얻는 것도 너무 쉬워졌다. 문제는 정보가 너무 많아서 진짜 정보와 가짜 정보를 구분하는 일, 그리고 내가 필요한 정보를 찾는 일이 어려워졌다. 이러한 정보를 가공해서 알려 주는 직업도 의미가 있는 직업이 된다. 바로 큐레이션이다.

네이버에서 '티셔츠'를 검색해 보면 몇 개 정도가 나올까?

생각해 보자 상상을 초월한다.

검색을 해 보니 약 5500만 개 정도가 네이버 쇼핑에서 검색이 된다. 헛웃음이 나올 정도다. 5만 개도 아니고, 50만 개도 아니고, 500만 개도 아니고 5000만 개가 넘어간다.
정보가 과잉이다. 5500만 개 티셔츠를 모두 상품정보를 확인한다고 하면 평생을 봐도 전체 상품을 다 못 볼 것이다.
그중에서 내가 필요한 옷을 추려놓은 곳이 있다면 그곳으로 가면 된다. 큐레이션 비즈니스가 필요한 이유다.

너. 나의 연봉계산법 / 목표 매출액, 순수익은?

식사를 하기 위해 마트에 갔다고 생각해 보자. 장 보는 시간 2시간, 요리하는 시간 1시간, 설거지하는 시간 30분 등을 생각해 보면 그냥 나가서 맛있는 밥 사 먹는 게 더 효율적일 때가 있다.

사업을 통한 1년 수익목표를 6000만 원으로 설정해 보자.

12개월로 나누면 한 달에 500만 원이고, 25일 일한다고 생각하면 하루 20만 원 정도이며, 하루 8시간으로 나누면 대략 시급이 2만 5천 원 정도가 나온다. 목표를 1년 1억 2천만 원으로 설정하면 한 달에 1000만 원, 하루에 40만 원, 시간당 5만 원이다.

시장에서 가서 장 보는 시간 등등 해서 4시간이면 5만 원 X 4시간 20만 원이다. 물론 일과 이후 여가를 즐기는 시간이고 가족들과 지내는 시간이니 돈으로 계산을 할 수는 없는 소중한 시간이지만, 단순하게는 나가서 10만 원 정도의 식사를 하는 게 더 이익일 수도 있다. 남는 시간을 더 가치 있는 곳에 시간을 쓰는 게 나을 수 있다.

내 인건비에 맞는 선택과 집중이 필요하다. 모든 일을 내가 다 할 것이 아니고, 인건비가 싼 직원이나, 알바에게 단순한 업무를 맡기고 나는 보다 더 중요한 일에 집중을 하는 게 낫다.

인건비를 책정하고 일을 하게 되면 나의 가치를 보다 높은 데 사용할 수 있다. 나의 하루 인건비가 40만 원인데 매장에서 설거지를 하기보다는 나가서 보다 더 가치 있는 일을 해야 하는 것이다. 내 몸값에 맞는 처신을 하고, 사람들을 만나고, 비싼 정보를 얻기 위해 노력해야 한다. 내가 내 몸값을 낮게 잡으면 사람들도 싼 사람으로 취급한다.

기준을 잡아 보자.

9

1년 목표수익은 얼마인가?

나의 시간당 가치는 얼마인가?
예: 1년 1억 2천만 원 = 1개월 1000만 원 = 1일 50만원 (20일 기준) = 1시간 6만 2천500원 (8시간 기준)

더. 디지털 문맹인은 생존이 불가능

전기차는 이제 일상이 되었고, 조만간 자율주행차가 돌아다닐 것 같다. 10년 전에는 상상하지 못했던 일들이 일상이 되는 시대이다. 업무를 하는 데 있어서도 컴퓨터와 문서 작업, 모바일 활용 등 디지털을 받아들이지 않고는 이제 살아갈 수가 없는 시대가 되었다. 그런데 컨설팅을 하다 보니 생각보다 컴퓨터나 인터넷을 못 하는 사장님들이 많았다. 나이가 조금 있으신 형님 누님들은 이해를 하겠는데 젊은 나이인데도 컴맹인 경우가 생각보다 많다.

지원사업에 신청을 하려고 해도 대부분 온라인으로 접수를 하고 있고, 문서 작업도 해야 한다. 이메일도 필수로 사용해야 한다.

지원사업이 시작되면 여기저기 연락을 하게 된다. 사업내용을 설명하면 대부분 잘 알아서 처리를 하는데 가끔은 진행이 안 되는 경우들이 있다. 컴퓨터도 없거나, 문서 작업이 안 되는 경우이다. 연락을 했는데 오히려 필자에게 도와 달라고 하는 경우들도 많다. 어쩔 수 없이 가끔 도와주기도 하는데 회원가입, 본인인증, 서류작성, 필요서류 떼기 등등 너무 많은 시간을 뺏기게 된다. 이런 경우 다음에 좋은 사업이 생겨도 연락을 하기가 두려워진다. 연락을 하게 되면 모든 업무를 도와줘야 하는 일이 생기기 때문이다.

디지털에 대한 거부감이 있으면 이제는 생활이 어려운 시대가 되었다. 혹시 컴퓨터나 디지털이 다소 불편하다고 생각되시는 분들이 있다면 최대한 빨리 친해져야 한다. 디지털과 친해질수록 시간과 비용을 아낄 수 있고, 매출도 올릴 수 있다.

업무 관련 디지털 활용

- 문서작성 한글, 엑셀, 파워포인트(한글 문서가 기본)
- 이메일 활용(메일도 안 쓰는 분들이 가끔 있음)
- 정부24 활용(다양한 정부민원과 서류발급)
- 홈텍스 활용(세금계산서 및 각종 서류발급)
- 은행 앱 활용(은행앱을 안 쓰는 분들이 종종 있다)
- 공인인증서(없어지고 있지만 꼭 필요한 경우들이 있음)
- 프린터 활용(서류 제출 시 필요)
- 본인인증(한 번도 안 해 본 분들이 있음)
- 핸드폰 사진 컴퓨터로 전송(여러 가지 방법이 있음)

가장 기본적인 내용들이지만 의외로 어려움이 있는 분들이 많이 있다. 혹시라도 활용하지 않고 있다면 꼭 활용할 수 있도록 하자.

4차산업혁명이 우리랑 무슨 상관?

주로 소상공인들을 만나다 보니 4차산업혁명, 인공지능, 자율주행 등 첨단과학들이 사실 피부로 와닿지는 않는다.
돈가스 빨리 튀겨서 배달로 내보내고, 설거지하고 있는 실무에서는 4차산업혁명이 다른 세상 이야기일 수도 있다.

최근 명동에 갔더니 서빙로봇이 칼국수를 테이블까지 나르고 있었다, 키오스크는 이제 기본이 되었다. 앱으로 배달주문이 생활이 되었고, 택시도 모바일 예약 없이는 타기가 힘들어졌다. 불과 2~3년 만에 어마어마한 변화가 생겼다. 그리고 그 변화가 앞으로 더 커질 수밖에 없다. 4차산업혁명까지는 아니더라도 디지털 문맹인이 되어서는 안 되는 이유이다.

러. 위크타이 스토롱타이 – 인맥에 대한 고민

틈만 나면 자기 인맥을 과시하는 사람이 있다. 가족 중에 유명한 정치인이 있고, 누가 서울대 법대를 나왔고, 친구가 어느 병원 의사에, 지금 잘나가는 변호사고, 누가 어디 기업 대표이사고 등등이다. 항상 자신을 포장하기 위해 애쓰고 자신이 잘나가는 것처럼 이야기한다. 나중에 보니 하던 사업은 망해 있었고 주변에 아는 모든 지인들에게 돈을 빌려 주식을 하다가 결국은 파산을 했다.

많은 사람들이 사업을 위해서 인맥을 만들려고 노력을 한다. 좋은 사람들이 주변에 있으면 당연히 사업에 도움이 될 수도 있겠지만, 그 본인이 능력이 없으면 아무런 도움이 되지 않는다. 인맥도 비슷한 수준이 되어야 만들 수 있다.

인맥을 이야기할 때 스토롱타이, 위크타이로 구분을 하기도 한다. 스트롱타이는 혈연 지연 등 끈끈한 인맥을 이야기하고, 위크타이는 일상에서 만나는 느슨한 인맥을 이야기한다. 인생에서 더 도움이 되는 것은 스트롱타이일까 위크타이일까? 물론 정답은 없겠지만, 느슨한 관계의 위크타이가 훨씬 많은 도움이 된다고들 말한다. 끈끈하게 연결된 사람들도 중요하지만, 느슨하게 다양한 사람들을 많이 만나는 것이 더 도움이 될 수 있다.

이러한 관계에서 기본은 암묵적인 기브앤테이크이다. 상대방도 내가 언젠가는 도움이 될 것이라고 생각하고, 상호 암묵적인 거래관계를 만든다. 내가 도움이 되지 않는 상황에서 나에게 도움만 줄 사람을 구하기란 쉬운 일이 아니다.

끈끈한 인맥을 만나기 위해 애쓸 시간에 조금 내 더 역량을 강화하는 게 나을 수 있다. 대신에 다양한 사람들을 많이 만나고, 약한 인맥, 부담스럽지 않은 관계를 많이 만들어 놓는 것이 더 효율적일 수 있다.

필자의 인생의 전환점이 되어 준 느슨한 인맥

2010년 독립을 하여 강의를 하고 있을 때 아는 지인에게서 연락이 왔다. 경북에 있는 어떤 대학에서 필자가 가지고 있는 조건의 강사를 찾는다고 연락을 해 보라고 했다. 전화 통화를 했고 한 달 뒤 대학에서 강의를 시작할 수 있었다. 물론 멀리 지방에 있고 모두가 가기를 꺼려했던 시간강사 자리기는 했지만, 필자에게는 일생의 전환점이 되어 준 기회가 되었다. 필자에게 연락을 한 사람도 대학의 교수님도 그냥 일을 하다가 만난 스쳐 지나가는 인연들이었다.

억지로 좋은 인맥을 만들기보다는 다양한 분야의 '파트너'를 만드는 것이 더 유리할 수 있다. 최근 SNS를 통해서 사람들을 만나기가 쉬워졌다. 페이스북이나 밴드를 통해서 사람들을 만날 수 있고, 쉽게 연락을 할 수가 있다. 다양한 커뮤니티를 통해서도 사람들을 만날 수 있다. '인사가 만사'라는 말이 있다. 모든 일은 관계로 이루어진다. 좋은 사람들과 좋은 관계를 지속하는 것이 가장 중요하다.

머. 나이는 숫자에 불과?

인구는 고령화되어 가고 있고 기대수명은 늘어나고 퇴직하고도 30년은 더 일해야 하는 시대가 되었다. 주변에 고령에도 일하는 사람들이 점점 많아지고 있다. 일을 하다가 안 하면 갑자기 늙는다고들 한다. 일을 해야 젊음을 유지할 수 있기도 하다. 나이 먹어서도 할 수 있는 일이 있다는 것만으로도 행운일 수 있다.

남양주에 계시는 대표님이 있다. 처음 미팅했을 당시 60대 중반이었는데, 쇼핑몰을 하시겠다고 한다. 기존에 기독교 관련 상품을 제작하여 판매를 하고 있었는데 매출이 줄어 새로운 아이템으로 커피원두를 판매하는 사업을 업종추가를 하는 상황이었다.

나이도 많이 있으신데, 새로운 업종으로 심지어 온라인 쇼핑몰로 상품을 판매하시겠다고 한다. 걱정이 먼저 앞서기는 했지만, 이것저것 도움을 드리면서 인연을 만들어 나갔다. 그런데 열정이 대단하셨다. 1년 정도가 지나자 나름 꽤 인지도가 있는 커피원두 판매자가 되었고, 쇼핑몰 판매는 물론 오픈마켓과 네이버 스마트스토어까지 운영을 하고 있다. 더 이상 도와드릴 게 없을 정도가 되었다. 아니 오히려 어떻게 운영을 하고 있는지 물어봐야 할 상황이다. 노령에도 불구하고 모든 인터넷 판매를 심지어 직원도 없이 혼자 모두 진행하고 계신다.

최근 경기도에서 운영하는 '스크린골프' 사장님을 컨설팅으로 만난 적이 있다. 첫인상은 큰 누님 정도 되시는 여성 사장님이었는데 업무상 이런저런 서류들을 확인하다가 나이를 알게 되었다. 1948년생이셨다. 필자의 어머니와 비슷한 연배셨는데, 훨씬 더 열정 있게 젊음을 유지하시면서 살고 계셨다. 교직에서 퇴직 후 좋아하는 골프로 사업을 진행하고 계신다고 한다. 정말 나이는 숫자에 불과하다는 생각들이 들었다.

을지로에서 맞춤양복, 맞춤셔츠를 제작 판매하시는 대표님도 비슷한 케이스이다. 이분도 나이가 거의 70세가 되어 가신다. 맞춤양복 시장이 많이 축소가 되어 온라인 마케팅의 필요성을 느껴 도움을 요청하셨는데, 지금은 네이버에서 키워드 광고까지 하고 계실 정도로 전문가가 되셨다. 을지로 맞춤양복, 맞춤셔츠를 검색하면 검색 상단에 항상 나오고 있다. 블로그 후기부터, 홈페이지, 광고 등 거의 모든 채널을 최적화해서 운영하고 있다. 매출도 예전보다는 훨씬 더 좋은 상태로 운영되고 있다.

주변에 60세 70세가 넘어서도 열정적으로 업무를 하시는 경우들이 너무 많아 후배로서 존경의 마음이 드는 경우가 한두 번이 아니다. 10년 뒤에 20년 뒤에 저런 열정을 가질 수 있도록 노력해야겠다는 생각이 든다.

나이는 숫자에 불과하다. 내가 나이가 먹었다는 생각을 하게 되면 그때부터 '노인'이 된다. 변화를 두려워하지 않는 젊은 감성이 항상 필요하다. 40대면 아직 한참 남았고, 50대도 아직 멀었다.

> 좋은 케이스만 있는 것은 아니다.
> 경기도에서 미팅한 한 부동산 공인중개사 여성 사장님도 나이가 70세가 넘어가셨는데도 열심히 일을 하고 계셔서 보기가 너무 좋았다.
> 그래서 나이가 있으셔도 일을 하실 수 있어서 좋으시겠다고 했더니, 몸 아픈데 수익이 있어야 생활을 할 수 있어 어쩔 수 없이 나오고 있다고 하시며 여유만 있다면 바로 그만두시겠다고 한다.
> 사람마다 상황마다 다르긴 하지만, 앞서 이야기한 사장님들도 여력이 있으셨으면 일 안 하고 쉬고 계셨을 수도 있었을 것 같다. 사람마다 다르다 정답은 없다.

버. 협동조합, 사회적기업 운영

회사를 운영하는데 돈을 벌 생각이 없는 경우들을 가끔 본 적이 있다. 사업을 운영하는 목적이 돈이 아닌 경우들이었고, 봉사와 기부를 하기 위해서 돈을 벌어야 한다는 분도 본 적이 있다. 처음에는 잘 이해가 가지 않았는데 계속 이야기를 하다 보니 존경의 마음까지 들기 시작한다.

컨설팅을 통해서 만난 어떤 대표는 가지고 있는 돈으로 열심히 봉사와 기부를 했는데 돈이 모자라서 돈을 벌어서 기부를 해야겠다고 한다. 이런 분들 같은 경우에는 종교적인 목적과 신념을 가지신 분들도 있었고, 사회적인 목적을 가지신 분들도 있었다. 이런 분들을 만날 때마다 새롭게 마음을 바로잡는 계기가 되는 것 같고 어떻게든 도움을 드려야겠다고 생각을 하게 된다.

이런 회사들을 도와주면 사회가 조금씩 더 살기 좋아지겠다는 생각이 들게 된다. 그래서 필자도 기회가 닿을 때마다 '재능기부'를 하려고 노력하고 있다.

이러한 사회적인 목적을 가지고 운영되는 형태를 '사회적 경제' 기업이라고 이야기 한다. 사회적경제 기업은 크게 '협동조합', '사회적기업', '마을기업' 등으로 나누게 된다. 사회적경제 기업은 영리를 목적으로 하는 일반 기업들과는 달리 사회적인 목적을 가지고 운영이 된다. 최근에 사회적 문제를 해결하는 벤처기업인 '소셜벤처'도 비슷한 목적을 가지고 운영이 된다.

주로 지역사회활성화, 일자리창출 등을 목적으로 운영이 되다 보니 지역 중심의 비영리 단체들도 많고, 일반기업들 중에서 사회적인 문제를 해결하기 위해 노력하는 회사들이 주를 이루게 된다. 모두 좋은 취지로 기업을 운영을 하다 보니 주변에서도 많이 도와주게 되고 정책적인 지원들도 많다.

1) 동네빵집 협동조합

협동조합을 운영할 때 가장 많이 소개되는 사례가 동네빵집 협협동조합이다. 예전에는 동네에서 많이 보였던 빵집들이 지금은 거의 사라져 버렸고 유명 프랜차이즈 빵집들만이 보이고 있다. 그래서 동네빵집들이 협동조합을 만들어 공동구매, 공동제조, 공동브랜딩, 공동마케팅 등으로 경쟁력을 갖기 위해 노력하고 있다.

한 개의 빵집에서 하기 어려운 사업들을 힘을 합쳐서 할 수 있게 되는 것이다.

2) 취약계층을 위한 도시락제조 기업

경기도 광명시에서 운영되고 있는 협동조합이 있다. 도시락 판매와 단체급식, 케이터링을 주로 하고 있는 이곳은 '사회적기업'으로도 인증된 기업이다. 주로 취약계층을 위한 사회서비스와 일자리 창출 등을 목적으로 하고 있다. 지역에 있는 취약계층을 위한 도시락 봉사로 시작하여 지금에 이르렀다. 지금은 직원들도 많이 늘어났고 규모도 커진 상태이다. 주변에 지역에 봉사를 하는 사회적기업 도시락제조 업체가 있다고 하니 지역사회에서도 열심히 도와주게 되어 인근에서 가장 우수한 사회적경제 모델이 되었다.

3) 중증장애인 교육사업

경기도 수원에 위치하고 있는 사회적협동조합은 지역에 있는 중증장애인들을 위한 교육사업을 하고 있다. 바리스타교육, 제과제빵교육 등을 통해서 발달 장애인들이 사회구성원으로서 자립자활할 수 있도록 돕고 있다. 처음 이 협동조합과 미팅을 할 때 장애인들 교육비가 무료라는 이야기를 들었다. 그래서 어떻게 강사비와 교육센터 운영을 하느냐고 물었더니 주변의 기부와 센터장님의 사재를 털어서 근근이 운영하고 있다고 한다. 정말 사명감 없이는 운영하기 어려운 사업들이다.

협동조합과 사회적기업은 기존의 기업형태와 운영방식이 다르기 때문에 그 취지를 이해하지 못하면 운영에 많은 어려움이 생기게 된다. 내용은 잘 이해하지 못한 채 지원금과 인건비 지원 등을 활용하기 위해서 사업을 신청하는 경우들도 많이 있다. 소상공인 협동조합의 경우 2022년 기준 일반형의 경우 최대 1억 원 규모의 지원사업이 있다. 이 지원금을 받겠다고 한동안 전국적으로 협동조합 열풍이 불기도 했었다.

때문에 관련 사업을 진행하기 위해서는 사회적경제 기업가 정신에 대한 기본 이해가 필요하다. 단순히 지원금이 목적이 아닌 왜 이러한 제도가 생겼고 어떻게 운영이 되어야 하는지가 중요하기 때문이다. 사회적기업가들을 육성하기 위해 사회적기업가 육성사업과 소셜벤처 사업들도 활성화되어 있으니 참고해 보도록 하자.

4) 사회적경제 기업을 지원받을 수 있는 기관

협동조합은 조합원 5인 이상이 모여서 만드는 사회적경제 조직의 하나이다. 관련된 정보는 협동조합(www.coop.go.kr)에서 확인할 수 있으며, 소상공인시장진흥공단(www.semas.or.kr)의 협업사업화에서 '소상공인 협동조합' 지원사업을 확인할 수 있다.

또한 사회적기업진흥원(www.socialenterprise.or.kr)에서 사회적기업과 다양한 사회적기업가 양성지원에 대한 사업안내를 받을 수 있다.

전국 지자체에도 사회적경제 지원센터들을 운영하고 있다. 자신이 속한 지자체에서 운영하고 있는 사회적경제 지원사업을 찾아보도록 하자. 서울시는 서울특별시 사회적경제지원센터(sehub.net)가 운영되고 있으며, 각 구별에서도 별도로 운영하고 있다. 경기도는 경기도 사회적경제지원센터(gsec.or.kr)를 참고하고 각 시별로 운영되는 센터들도 함께 참고해야 한다.

10

생존능력을 높여 주는
비즈니스 버프(BUFF)

게임용어 중에 '버프'라는 단어가 있다. 캐릭터의 능력을 상승시켜 주는 보조 기술의 통칭이라고 하며 나의 능력을 상향 조정하는 기술이기도 하다.

비즈니스에도 버프가 존재한다.

좋은 장비일 수도 있고, 비즈니스 스킬일 수도 있다. 자격증일 수도 있고, 든든한 인맥일 수도 있다.

나의 능력을 '버프'시킬 수 있는 다양한 아이템들을 최대한 장착할 수 있으면 비즈니스 전쟁에서 훨씬 더 유리해질 것이다.

가. 비즈니스 버프 장착하기

버프[113]라는 단어가 있다. 게임용어라고 하는데 주로 능력치를 높여 주는 기술들이나, 아이템들을 이야기한다. 심지어 게임이 아니라, 일상 속에서도 사용되고 있는 용어이다.

전투를 하는데 당연히 좋은 무기와 장비들이 있으면 훨씬 더 유리할 것이다. 비즈니스를 하는데도 마찬가지이다. 내가 경쟁업체들보다 더 유리한 매장 조건과 자금, 마케팅 도구들을 가지고 있다면 당연히 더 좋은 매출을 일으킬 수 있다.

개인적으로도 비슷하다. 좋은 장비와 아이템들은 나의 시간을 절약해 줄 수 있고 보다 목적지에 빨리 갈 수 있도록 도와준다. 뛰어난 장인은 연장 탓을 안 한다는 옛말이 있는데 요즘은 별로 공감하지 않는다. 연장이 좋아야 일을 잘할 수 있다. 좋은 연장을 가지고 작업을 하는 것이 당연히 좋은 결과를 만들 수 있다.

그래서 '비즈니스 버프'라는 용어를 만들어 보았다. 나의 비즈니스를 강하게 만들어 줄 다양한 아이템들이다. 컴퓨터 작업을 많이 하다 보니 개인적으로는 노트북과 태블릿, 마우스, 키보드 등 컴퓨터 관련

---

113) RPG에서 캐릭터의 스펙을 향상시켜주는 마법류를 통칭하는 말.

장비들이 가장 중요하다. 그리고 다양한 클라우드 서비스와 업무를 도와주는 각종 프로그램과 앱들도 중요하다.

나의 업무를 줄여 주고, 효율을 높여 주고, 스트레스를 줄여 줄 수 있는 비즈니스 버프는 무엇이 있을지 고민을 해 보도록 하자.

1) 시간을 아껴 주는 정리 도구들

한동안 정리 도구를 열심히 구매한 적이 있다. 일은 많고 정리가 되지 않아 자꾸 사고가 생겨서이다. 각종 파우치들과 케이블 정리함, 필기도구 정리함 등등 종류도 다양하다. 문제는 이제 정리도구들이 정리가 안 되는 단계가 왔다는 거다. 그럼에도 정리를 습관화하려고 하는 노력으로 많은 도움을 받고 있다.

2) 각종 컴퓨터 관련 장비들

컴퓨터 앞에 앉아 있는 시간이 많은 편이라서 관련 장비에 신경을 많이 쓰는 편이다. 가장 중요한 키보드와 마우스는 큰 비용 없이 효율이 높아진다. 좋은 노트북은 비용이 많이 들어가지만 업무시간을 줄여 줄 수 있는 가장 막강한 장비들이다. 가장 크게 도움이 되는 장비는 모니터다 현재 노트북에 30인치 모니터와 24인치 모니터를 2개 연결하여 노트북 모니터까지 3개의 모니터를 보면서 작업을 하고 있다. 큰 화면은 확실히 효율을 높여 준다. 한동안은 스마트워치가 필수였는데 강의 중이나, 운전 중에 요긴하게 잘 사용할 수 있었다. 최근에 가장 잘 사용하고 있는 장비는 '태블릿'이다. 스마트폰으로 하기 어려

10

운 각종 작업들은 물론 영화감상과 심지어 네비게이션으로도 활용한다. 태블릿을 네이게이션으로 활용하면 기존 스마트폰 네비게이션은 답답해서 사용하기 어려울 정도다.

3) 클라우드 서비스와 프로그램

이제는 클라우스 서비스가 기본이 된 세상이 되었다. 네이버 마이박스와 구글드라이브 등이 이제는 필수가 되었으며, 각종 프로그램들과 앱들도 충분히 유료로 사용해도 아깝지 않은 서비스들이 많이 있다. 특히나 예전에 쓰던 팩스는 사용을 안 한 지 꽤 된 것 같고 스마트폰으로 팩스도 처리하는 것 같다.

4) 가격비교사이트 활용

가끔 컴퓨터를 뭐를 사야 할지 문의하시는 분들이 있다. 필자가 IT 전문가가 아니라서 잘 모른다. 이럴 때 소개해 주는 사이트가 에누리닷컴[114]와 다나와[115] 사이트이다. 카테고리별로 현재 가장 인기 있는 상품들을 순위별로 알 수 있어 그냥 제일 인기 좋은 걸로 사라고 말씀드린다.

이후 소개하는 서비스들은 많은 사람들이 사용하고 있는 서비스들이지만 잘 모르시는 분들도 많이 있는 것 같다. 간단하게 활용할 수 있는 방법들만 고민해 보도록 하자.

---

114) http://www.enuri.com/

115) http://www.danawa.com/

5) 카쉐어링 서비스

카쉐어링 서비스는 시간단위로 차량을 빌려 사용할 수 있는 서비스이다. 특히 지방 출장 시 장거리 자차 이동보다 기차와 카쉐어링 서비스의 이용이 훨씬 더 업무효율을 높일 수 있다. 쏘카[116]와 그린카[117] 등의 서비스가 있다.

6) 나만의 비즈니스버프는?

필자의 경우와 달리 외식업이나, 부동산, 서비스 등 다른 전문적인 업종의 경우 전혀 다른 비즈니스버프가 있을 것 같다. 좋은 칼일 수도 있고, 유니폼일수도 있고, 가방일수도 있다. 나의 비즈니스 생존능력을 한층 업그레이드시켜 줄 수 있는 나만의 버프를 적극적으로 찾아보고 장착해 보자.

나. 클라우드 서비스 활용

비용을 들여서 사용하는 서비스 중에서 가장 활용을 잘 하고 있는 것은 클라우드 서비스이다.

몇 년 전 작업하던 3년 동안의 파일이 몽땅 다 몸값을 요구하는 랜

---

116) https://www.socar.kr/
117) https://www.greencar.co.kr/

섬바이러스[118]에 걸린 적이 있었다. 강의안과 각종 자료들이 몽땅 다 바이러스에 걸렸는데 다행히 중요한 파일들을 네이버 클라우드에 동기화로 백업을 해 놓아 큰 문제없이 파일들을 복구할 수 있었다. 그 뒤로 모든 파일들을 클라우드에 동기화로 백업을 해 사용하고 있다.

최근에 아는 대표님도 실수로 업무용 파일을 모두 삭제한 후 휴지통까지 비워 버리는 일이 생겼다. 결국 데이터복구 업체까지 다녀왔지만, 완전 복구는 어려웠고 며칠 동안 업무가 마비되는 일이 생겼다. 데이터 백업만 해 놨어도 쉽게 해결할 수 있었을 것 같다.

클라우드 서비스는 이제는 거의 필수적인 서비스 중에 하나이다. 많은 사람들이 사용하고 있지만, 필요하지 않은 사람들도 많이 있다. 딱히 백업할 문서가 없는 경우들이 없는 경우들이다. 백업할 문서가 없다면 사진들을 저장하는 용도로도 사용 가능하다. 문서를 직접 작성도 가능하기 때문에 별도의 문서 도구 없이도 다양한 문서를 만들어 낼 수도 있다.

1) 네이버 마이박스

가장 손쉽게 사용할 수 있는 서비스는 '네이버'이다. 네이버에 로그인을 하고 관련 서비스를 확인해 보면 '마이박스'라는 서비스를 찾을 수 있다. 예전에 '네이버 클라우드'에서 명칭이 변경이 되었다. 웹에 하드용량을 만들어 놓고 사용하는 서비스인데 많게는 10테라바이트

---

118) 랜섬웨어 바이러스: 사용자의 동의 없이 시스템에 설치되어서 무단으로 사용자의 파일을 모두 암호화하여 인질로 잡고 금전을 요구하는 악성 프로그램을 말한다.

까지 구매가 가능하다. 기본은 30기가이다.

　외부에서 업무를 볼 때 급하게 문서를 보내 줘야 하거나, 중요한 서류 등을 동기화하여 언제든지 스마트폰으로 문서를 확인하고, 다른 사람들에게 전달해 줄 수 있다.

2) 구글 드라이브 drive.google.com

　구글 드라이브의 장점은 구글포토와 구글문서도구를 함께 사용할 수 있다는 점이다. 동기화와 공유기능이 좋아 팀작업을 할 때 매우 유리하게 사용할 수 있다.

다양한 온라인 문서 작업과 pc의 문서를 백업하는 데 사용할 수 있다. 네이버 서비스와 거의 비슷하다.

3) 원드라이브 www.office.com

PC 사용자라면 윈도우 OS를 사용하고 있을 것이고, 문서 작업할 때 가장 많이 사용하는 파워포인트나, 엑셀, 워드도 사용하고 있을 것

> **Microsoft 365 Family**
> **₩119,000/년**
>
> ✓ 최대 6인까지 사용에 적합
> ✓ 최대 6TB의 클라우드 저장소 제공(사용자당 1TB)

이다. 원드라이브는 마이크로소프트에서 제공하고 있는 클라우드 서비스이다. 많은 사람들이 어둠의 경로로 MS오피스를 사용하고 있지만 점점 비용을 주고 사용하는 추세인 것 같다. MS오피스를 사용하고 있다면 정식으로 365Family를 구매해서 최대 6명이 사용할 수 있다.

사용자당 1테라바이트의 원드라이브 용량을 주고 있다. 어차피 오피스도 사용해야 하고 집에서 가족들과 친구들까지 합한다면 가장 합리적인 선택이 될 수도 있다.

원드라이브도 다른 클라우드 서비스와 동일하게 동기화를 활용해서 문서를 백업하고 업무용으로 활용할 수 있다.

다. 온라인 문서도구 활용

1) 구글드라이브 문서도구 drive.google.com

구글드라이브의 문서도구는 10년 이상 가장 편리하게 사용하고 있다. 엑셀, 파워포인트, 워드 등을 무료로 프로그램 설치 없이 온라인에서 사용할 수 있다. 또한 다른 사람들과 공유를 통해서 동시에 문서 작업이 가능하다. 수십 명이 동시에 들어와서 작업을 해도 전혀 문제가 없다. 프로그램 설치가 필요 없어, 전 세계 어느 곳에서도 인터넷만 연결이 되면 사용이 가능하다.

2) 네이버 오피스

네이버에도 문서 작업을 할 수 있는 네이버 오피스가 있다. 셀, 폼, 슬라이드 등 문서 작성 서비스와 네이버 클라우드 문서 저장, 공유기능과 다양한 템플릿을 제공하고 있다.

사용자 접근성이 편한 네이버 플랫폼으로 많은 사람들이 활용하고 있다. 온라인에서 언제든지 문서 작업을 할 수 있고 hwp 한글문서들도 프로그램 없이 확인할 수 있다. 모든 클라우드 문서들을 언제든지 모바일환경에서 확인할 수 있어 업무용으로 활용하기 매우 좋다.

3) 설문조사 만들기

온라인으로 간단하게 설문조사를 만들 수 있다. 만들 때 많이 활용하는 것이 구글 드라이브의 구글설문지와 네이버 오피스의 네이버

폼이다.

온라인에서 설문조사를 해 본 경험이 있다면 위의 두 가지 중에 하나일 확률이 높다. 설문조사를 간단히 할 수 있다는 사실 정도만 파악해 놓고 이후에 활용해 보도록 하자.

4) 메모 앱 활용

메모앱도 많이 사용하는 앱 중의 하나이다. 모바일에서 간단한 문서작성을 할 때 가장 활용하기 좋다. 대표적인 것이 '네이버 메모',[119] '구글킵(keep)'[120]이다. 모바일에서 앱을 다운 받아 설치하고 사용하면 pc에서도 확인이 가능하다.

다이어리나 수첩을 아직도 사용하시는 분들이 생각보다 많이 있다. 수첩도 좋지만, 간단한 내용들을 정리하기에는 메모앱만 한 것이 없다. 특히 체크리스트를 만들어 업무에 활용하기 좋다.

작성해야 하는 문서 양이 많아지면 위의 구글 문서도구나, 네이버

---

119) https://memo.naver.com/
120) https://keep.google.com/

오피스를 사용하면 된다. 구글킵의 경우 구글캘린더에서 연동하여 사용이 가능하다. 그 외에 에버노트와 노션 등 다양한 툴 등이 있으니 본인에 가장 잘맞는 프로그램을 활용해 보도록 하자.

카카오톡을 메모장으로 사용하는 사람도 많다. 카카오톡으로 본인에게 톡을 보내 놓는 것이다. 간단한 메모나 문자, 사진 및 문서등도 보낼 수 있어 오히려 메모앱보다 더 나을 때도 있다.

'적자생존'이라는 말이 있다. 진화론에 대한 이야기가 아니라 '적는 자가 생존한다'는 우스개 이야기이다. 메모를 잘 활용할수록 업무효율이 함께 늘어난다.

5) 톡서랍 플러스

카카오톡에서 제공하고 있는 유료서비스로 카카오톡 내부의 대화 내용이나, 사진 등을 자동 보관할 수 있다. 카카오톡을 비즈니스에 활용하는 사람들에게는 매우 유용한 유료기능이다.

10

라. 프리랜서, 전문가 구하기

1) 크몽, 숨고(프리랜서 구하기)

강의를 하면서 가장 많이 소개한 서비스 중에 하나가 재능거래 플랫폼 '크몽'[121]이다. 디자인, 프로그래밍, 사진, 영상, 마케팅, 번역 등 국내에 있는 다양한 프리랜서들을 손쉽게 만나 활용할 수 있다.

가장 많이 활용한 방법은 디자이너를 찾는 일과 마케팅 관련 도움이 필요할 때였다. 로고나, 캐릭터 디자인 등 관련된 디자이너를 손쉽게 구할 수 있다. 심지어 너무 싸게 구할 수 있어서 미안할 정도이다. 마케팅 관련해서도 블로그, 체험단, 언론홍보 등 거의 모든 분야의 마케팅을 도와줄 업체를 찾을 수 있다.

비슷한 사이트로 '숨고'[122]라는 사이트가 있다. 숨어 있는 고수라는 의미로 나에게 맞는 고수를 찾아서 매칭을 해 주는 플랫폼이다. 전문 분야의 선수들을 만날 수 있다면 내가 부족한 부분, 내가 하기에 시간이 많이 걸리는 업무들을 효율적으로 처리할 수 있다. 적극적으로 활용해 보도록 하자.

프리랜서 인건비를 계산하는 간단한 방법

하루 인건비를 설정하면 작업량에 따라서 금액을 정하기 쉬워진다. 하루에 20만 원을 하루 인건비라고 생각해 보자. 한나절 업무량이라고 하면 비용은 10만 원 정도이고, 하루 종일 걸릴 업무량이면 20만 원으로 책정 하면 된다.

보통 로고 디자인의 경우 10만 원~20만 원 정도 비용을 받는데, 하루 안에 작업을 끝내야 하는 업무량이다. 때문에 너무 높은 수준을 기대하면 안 된다.

물론 작업자의 수준에 따라서 금액은 천차만별이다.

---

121) https://kmong.com/
122) https://soomgo.com/

2) 미리캔버스, 망고보드(디자인)

디자이너를 직접 구하기 어렵다면 직접 디자인을 해야 한다. 이럴 때 가장 활용하기 좋은 사이트는 '미리캔버스'[123]와 '망고보드'[124]이다. 이미 만들어진 수많은 템플릿을 선택하고 텍스트 위치를 바꾸고 편집해서 이미지를 다운로드 받아서 사용할 수 있다. 특히나 저작권 관련된 이슈를 사전에 제거하여 모든 이미지와 폰트 등을 자유롭게 사용할 수 있는 막강한 기능도 가지고 있다. 앞에서도 몇 번 이야기를 했다. 직접 사이트를 방문해 보도록 하자.

마. 캘린더 업무 활용

매일 하루도 빠짐없이 들여다보는 것, 그리고 가장 정성 들여 사용하는 프로그램은 단연코 '캘린더'이다. 요즘은 거의 대부분 모바일 캘린더로 일정 관리를 하고 있는 것 같다. 물론 모두 잘 사용들 하고 있겠지만, 의외로 제 기능을 모두 사용하지 못하는 경우가 많이 있는 것 같다.

가장 사람들이 많이 사용하는 캘린더는 구글캘린더와 네이버 캘린더이다. 그중에서 구글캘린더는 막강한 공유기능으로 협업기능이 매우 뛰어나다.

10

---

123) https://www.miricanvas.com/

124) https://www.mangoboard.net/

구글 캘린더 공유기능 활용

직원들의 캘린더를 공유하여 상호 일정을 확인하거나, 회사의 일정을 직원들에게 공유하여 알려 줄 수도 있다. 필자의 경우에도 함께 일하는 파트너들과 캘린더를 공유하면서 서로 바쁘지 않은 시간에 미팅을 잡고 있다. 직원들의 경우 교대시간이나, 전체 회사 스케줄을 확인하여 업무에 활용할 수도 있다.

구글캘린더의 부가기능을 통해서 할 일 관리 및 구글킵 메모를 함께 활용 가능하다.

공유기능이 필요 없다면 네이버 캘린더도 편리하게 사용할 수 있다. 특히 음력사용의 경우 구글보다 훨씬 간편하기 때문에 각종 기념일 등을 표시하기에 적합하다. 또한 네이버메일, 가계부, 클라우드, 네이버오피스, 메모 등도 쉽게 이동이 가능하여 오히려 UI와 활용도 면에서는 훨씬 더 활용도가 좋은 편이다.

캘린더는 PC보다는 당연히 모바일에서 훨씬 더 많이 사용을 하게 된다. 모바일에 위젯으로 화면에 띄워 놓고 확인이 가능하다. 구글캘린더나, 네이버캘린더 외에도 모바일에서 업무에 특화된 비즈니스용 달력들도 있다.

바. 나에게 맞는 브라우저 사용

마이크로소프트의 '익스플로러'의 시대가 지나가고 '엣지(Edge)' 브라우저로 변화가 되었지만, 아직도 적응이 잘 안 되는 것 같다. 한동안 크롬브라우저를 많이 사용했었는데 현재 가장 잘 활용하는 것은 네이버의 '웨일' 브라우저이다.

네이버에 최적화되어 있기도 하지만, 오른쪽에 모바일(사이드패널)을 띄울 수 있어 별도의 모바일 검색이 가능하다. 인스타그램, 페이스북 등 다양한 SNS와 기타 다른 서포트 프로그램을 띄울 수 있어 따로 스마트폰을 꺼내지 않고도 모바일 검색을 할 수 있다.

PC 화면과 모바일 화면이 UI가 다르고, 사용법이 달라서 모바일 화면을 확인할 때 매우 편리하다. 메모나, 이메일, 사전, 번역 등의 간단한 프로그램들을 별도의 창을 띄워서 작업하지 않고 현재 화면에서 동시에 작업할 수 있어 편리하다.

〈네이버 웨일 화면 - 오른쪽이 모바일사이드 패널〉

사. 모바일 스캐너 & 팩스 활용하기

1) 모바일 스캐너

예전에는 컴퓨터 옆에 스캐너가 한 대씩 다 있었는데 요즘은 스캐너를 구경하기가 어려워졌다. 스마트폰으로 모든 것이 가능해졌기 때문이다.

문서 스캐너 프로그램은 앱스토어에서 쉽게 다운받아 사용 가능하다. 대표적인 프로그램으로 '어도비스캔', '캠스캐너' 등이 있는데 문서를 인식하고 사각 사이즈에 맞춰 저장을 할 수 있어 매우 편리하다. 심지어 PDF 파일에 있는 텍스트를 인식하여 변환을 해 주기도 한다. 요즘은 아예 스마트폰 카메라에 문서 인식기능이 나오기도 한다. 그냥 사진을 찍으려고 하면 문서를 인식한다. 비슷한 기능들을 하는 다양한 프로그램들이 있으니 활용하도록 하자.

2) 온라인 팩스 활용

요즘 팩스를 누가 쓰냐고 하는 사람들도 있지만, 일 년에 한두 번 정도 쓸 일이 생긴다. 주로 관공서에서 서류를 발급받을 때이다. 관공서 사이트에 들어가기 어렵거나, 출력이 어려운 경우 그냥 팩스로 받는 게 더 편할 때가 있다. 콜센터에 전화를 해서 서류를 팩스로 보내 달라고 하면 쉽게 서류를 받을 수 있다. 이럴 때 가장 필요한 프로그램은 역시 '모바일팩스'다

앱스토어에서 간단하게 설치하여 사용이 가능하다.

팩스를 받을 수도 있고, 당연히 팩스를 보낼 수도 있다.

아. 카카오톡 '뉴스봇' 활용하기

포털 사이트에 이메일을 확인하러 들어갔다가 메인에 있는 뉴스에 낚여 한참을 헤맸던 기억들이 있을 것이다. 뉴스에서 다시 다른 뉴스

로 넘어가고, 낚시성 기사에 낚여 한동
안 말도 안 되는 기사를 읽으면서 시간
을 빼앗기는 경우가 흔하다.

이럴 때 카카오톡에 있는 '뉴스봇' 서
비스를 활용해 보자. 뉴스를 브리핑해
주는 서비스로, 채널을 추가하고 내가
원하는 기사를 검색하여 원하는 시간
에 관련된 키워드가 있는 기사를 카톡
으로 받아 볼 수 있다.

예를 들어 '소상공인 지원' 이라는 키
워드를 알림 설정을 해 놓으면 '소상공인 지원'이 포함된 뉴스가 뜰때
나에게 카톡으로 뉴스를 보내 주는 것이다. 내가 필요한 뉴스만 볼 수
있어 효과적으로 정보를 찾아볼 수 있다.

자. 기본 업무파일 이해

업무를 하다 보면 컴퓨터 파일을 이해를 못 해 소통이 안 되는 경우
가 많다. 로고파일을 원본 ai 파일로 보내 달라고 하거나 pdf 파일이
안 되니 jpg 파일로 보내 달라고 한다거나, psd 포토샵 원본 파일로
보내 달라고 하면 뭐가 뭔지 잘 이해가 안 가는 경우가 많다. 간단하
게 파일명 정도만 파악을 하고 있어도 커뮤니케이션이 원활하게 되

는 경우들이 있다. 중요한 몇 가지만 파악을 하도록 하자. 파일 뒷부분이 확장자이며 어떤 프로그램 파일인지 알게 해 준다. (이런 간단한 내용을 써야 할까 고민도 했지만 생각보다 모르시는 분들이 많다. 간단하게 파악만 하자.)

파일명	내용
hwp	한글파일. 대부분의 공문서 등이 한글파일로 작성이 된다.
psd	어도비 포토샵파일. 포토샵에서만 열 수 있으며, 디자이너가 작업을 하는 파일이다.
ai	어도비 일러스트 파일. 일러스트 파일은 주로 인쇄물과 로고 등을 만들어 사용하는 디자인 파일이며 일러스트에서만 열 수가 있다.
jpg	이미지 파일. 압축률이 가장 뛰어나, 사진을 찍을 때와 인터넷용으로 가장 많이 사용한다.
gif	이미지 파일. 이미지의 전송을 빠르게 하기 위하여 압축 저장하는 방식 중 하나. JPEG 파일에 비해 표현할 수 있는 색상이 적고 압축률도 떨어지지만 전송 속도는 빠르다.
png	이미지 파일. jpg와 gif의 장점을 모두 가지고 있다. 투명한 배경을 만들 수 있어 gif의 대안으로 개발되었다.
pdf	미국 어도비에서 만든 문서 파일. 윈도우, 맥, 유닉스, 안드로이드 등 모든 운영체제에서 읽거나 인쇄가 가능하다. 문서형태나 그래픽이 그대로 유지되어 인쇄업계에서 인기가 좋고, 공공기관에서 많이 사용한다.
ppt	MS 파워포인트 파일.
doc	MS 워드 파일.

10

11

중소기업, 소상공인 지원기관 및 교육정보

사업을 시작하고 기업을 운영할 때 누군가에게 도움을 받을 수 있다면 도움을 받지 못하는 기업보다 당연히 유리할 것이다. 특히 자금이 부족한 초기 창업기업들에게 지원사업은 매우 중요한 요소이다.

임대료 지원, 인건비 지원, 개발비 지원, 세금혜택 등 다양한 중소기업 지원 프로그램들이 운영 중이지만 전혀 내용을 모르는 사람들도 많다.

내용이 너무 방대해서 모든 프로그램을 소개할 수는 없지만, 주요 기관들과 주요 프로그램들을 파악하면 나머지 정보들은 쉽게 알아낼 수 있다. 가장 중요한 것은 '관심'을 가지고 직접 참여해 보는 것이다.

가. 지원프로그램 활용방안

1) 정부지원사업은 '악용'이 아니고 '활용'이다

많은 사람들이 정부지원사업을 악용하는 경우들이 있다. 어떻게든 자기에게 유리하게 만들기 위해 노력한다. 가끔은 사업자체가 너무 허술해서 세금이 낭비되고 있다는 생각이 들기도 한다. '내가 낸 세금이 저기서 새고 있다'라고 이야기를 하기도 한다. 부정적인 생각보다는 사업의 취지를 이해하고, 제한된 조건에서 최대한 활용하면 된다. 악용이 아니고 활용이다.

2) '망설이지 말고 적극적으로 참여한다'

많은 경우 높은 경쟁률과 복잡한 신청서류 때문에 포기하는 경우가 많다. 서류를 작성하려고 해도 머리가 지끈거리고 아파 온다. 그렇지만 나만 힘든 게 아니다. 다른 사람들도 힘들다. 진입장벽이 높고, 요구수준이 높은 만큼 포기하는 사람들도 많아진다. 포기하지 않고 신청완료만 해도 성공이다.

3) 정부지원사업은 '서류가 80%이다'

잘 운영해도 서류가 미비하면 소용이 없고, 다소 운영이 미흡해도 서류만 완벽하면 된다. '우수한 사업운영 + 미흡한 서류'보다는 '미흡한 사업운영 + 완벽한 서류'가 100배 낫다. 모든 것은 서류로 시작해서 서류로 끝난다. 내가 아무리 열심히 사업을 했어도 서류가 완벽하지 않으면 실패한 사업이 된다.

4) 공고문을 잘 읽어 보자

왜 사업을 하고 있는지 어떤 업체를 원하는지, 어떤 서류가 필요한지를 잘 파악해야 한다. 공고문 안에 모든 내용이 들어 있고 주관기관이 원하는 내용을 파악해야 한다.

나. 중소기업 지원 / 기업마당 등

1) 기업마당 bizinfo.go.kr

'기업마당'은 중소기업 성공의 길잡이라는 이름으로 운영되고 있는 기업들의 다양한 지원정보를 체계적으로 볼 수 있는 사이트이다. 지원사업에서 창업으로 선택을 하여 검색을 하면 대한민국에서 운영되고 있는 거의 모든 창업지원정보를 볼 수 있다. 지속적으로 참고하고 자주 들여다봐야 할 첫 번째 정보 사이트이다.

또한 상단 메뉴 '소식 자료'에 가면 다양한 업무용 서식을 다운받을 수 있다.

2) 중소벤처 24 www.smes.go.kr

기업 관련 인증·증명(확인)서 발급 및 지원사업 안내·신청, 중기부 소관 민원 등 중소벤처기업부 산하 다양한 기관에 흩어져 제공되던 서비스를 한곳에서 통합 제공하는 중소벤처기업을 위한 포털 사이트이다

3) 창업보육센터 네트워크 시스템 www.bi.go.kr/ or www.smes.go.kr/binet

전국에 위치한 창업보육센터와 창업보육매니저 자격증 관련된 정보를 볼 수 있다.

4) 중소기업 중앙회 www.kbiz.or.kr

663만 중소기업의 권익 대변과 경제적 지위를 향상하고 국민경제의 균형발전을 도모하기 위하여 1962년 대한민국 최초의 중소기업육성 시책에 따라 설립되었다. 교육사업과 컨설팅, 노란우산 공제 등 다양한 지원사업을 운영하고 있다.

5) 벤처기업인증 www.smes.go.kr/venturein/

초기창업을 하여 운영하고 있는 중소기업이라면 가장 신경 써야 할 인증 중의 하나가 '벤처기업'인증이다. 벤처기업인증은 「벤처기업육성에 관한 특별조치법」에 규정된 일정 요건을 갖추고 기술의 혁신성과 사업의 성장성이 우수한 기업을 벤처기업으로 발굴하고 지원해주는 제도이다.

벤처기업인증의 가장 큰 지원은 '법인세·소득세 최초 벤처확인일부터 최대 5년간 50% 감면'이다. 주의할 점은 창업 이후 3년 이내에 벤처확인을 받아야 가장 유리하다는 점이다. 가끔 3년이 지나서 연락이 오는 경우가 있는데 조건이 가능하다면 창업 3년 안에 받아 놓도록 하자. 내용이 많으니 사이트에서 내용을 직접 확인하도록 하자.

6) 기업부설연구소 www.rnd.or.kr

기업부설연구소는 회사의 가치를 높일 수 있는 가장 좋은 방법 중 하나이다. 홈페이지 주소에서 느껴지는 것처럼 연구개발을 하는 조직을 만들어 운영하도록 도와주는 시스템이다. 회사에서 기술개발이 필요한 아이템이 있다면 반드시 미리 검토해서 인증을 신청하도록 하자.

기업부설연구소를 설립하는 가장 큰 이유는 연구개발비용이 들어가는 비용의 25%를 세액공제를 받을 수 있기 때문이다. 연구소를 설립하여 인건비와 연구개발비용을 1억 원을 사용했다고 하면 25%인 2,500만 원을 세액공제 받을 수 있다.

11

다. 창업지원 포털 k-startup.go.kr

중소벤처기업부 산하 창업진흥원에서 운영하고 있는 창업지원 사이트이다. 창업을 하기 전인 예비단계와 초기, 도약단계로 나누어 가장 많은 지원을 하고 있다. 차별화된 창업 아이템이 있다면 첫 번째로 찾아봐야 하는 사이트이다. 사업화는 물론, 창업교육, 보육공간시설 지원, 멘토링, 컨설팅 등 다양한 분야의 지원을 하고 있다.

특히 예비창업자들을 위한 지원사업인 '예비창업패키지'는 사업화 지원자금을 최대 1억 원까지 지원받을 수 있어 가장 인기 높은 사업 중 하나이다. 사업선정을 위해서는 차별화된 아이템과 기술력, 사업성을 사업계획서를 통해서 선정이 되어야 하며, 인기가 높은 만큼 높은 경쟁률을 넘어야 한다.

많은 지원사업들이 있다 보니, 불법 브로커들이 선정을 조건으로 성공 수입 등을 요구하는 경우가 있는데, 불법행위임을 주의하자. 사업비 환수와 이후 사업참여에 많은 제약이 생길 수 있다.

창업공간 플랫폼 slp.k-startup.go.kr

정부에서 지원하는 전국의 창업 공간(사무실 임대)에 대한 정보를 한 곳에서 볼 수 있도록 제공하고 있다. 입주 공간(사무실), 입주기업 대상 지원 프로그램, 임대료 등을 검색을 통해 확인할 수 있다.

창업보육센터, 1인 창조기업 지원센터, 중장년기술창업센터, 창조경제혁신센터 등의 창업공간 정보를 제공하고 있다.

라. 소상공인시장진흥공단 www.semas.or.kr

소상공인을 지원해 주는 가장 큰 기관이다. 이름이 다소 길고 비슷한 이름의 기관들이 많아서 정확한 이름을 외우는 것이 좋다. 소상공인은 일반 서비스, 외식업 기준 직원 5인 미만 사업자, 제조업의 경우 10인 미만 사업자를 이야기하고 있어 대부분의 초기창업자는 거의 소상공인이라고 할 수 있다. 소상공인을 위한 정책자금과 교육, 상권정보, 컨설팅 등 다양한 사업을 진행하고 있어 항시 들여다봐야 할 매우 중요한 기관이다. 매년 사업들이 변경되므로 주의해서 사업들을 파악해야 한다.

1) 정책자금

소상공인들의 다양한 경영지원, 손실보상 등에 관련된 지원금과 대출프로그램 등을 운영 중에 있다. 은행에서 대출을 받는 일반대출 외에 공단에서 직접대출을 해 주는 직접대출도 운영하고 있다.

2) 소상공인 컨설팅 / con.sbiz.or.kr

경영애로를 겪는 소상공인에게 안정적인 영업기반 확보와 자생력 제고를 지원한다는 목적으로 운영되고 있다. 지원 분야는 마케팅 및 영업홍보, 경영관리, 프랜차이즈, 기술전수, 사업지원서비스(노무, 세무, 특허, 법률) 등이 있다. 최대 4일까지 컨설팅을 지원하고 있으며 10%의 자부담을 통해서 도움을 받을 수 있다. (간이사업자는 무료.)

또한 '창의육성 컨설팅' 사업은 최대 300만 원까지 인테리어와 마케팅 등에 활용할 수 있는 바우처로 지원을 하고 있다.

3) 신사업창업사관학교

소상공인 분야의 새로운 창업 아이디어나 현재 국내 사업화가 미비하나 향후 성장 가능성이 높은 국내외 창업 아이디어를 발굴하여 창업교육과 체험점포, 멘토링, 사업화 자금지원을 받을 수 있다.

4) 희망리턴패키지 hope.sbiz.or.kr

소상공인들의 경영개선사업화(2,000만 원 지원 50% 자부담), 재창업사업화(2,000만 원 지원 50% 자부담), 원스톱 폐업지원, 재도전 역량강화 등의 프로그램을 운영 중에 있다.

최근 코로나로 인해 지원규모와 사업들이 늘어나고 있는 추세로 사업자를 운영 중인 분이라면 꼭 활용해 볼 만한 사업이다. 관련된 자료는 홈페이지에서 확인 가능하니 꼼꼼히 사업을 확인해 보도록 하자.

희망리턴패키지의 가장 기본 사업은 폐업지원사업이다. 매장의 원상복구비용을 지원해 주고 있다.

5) 협업활성화

소상공인들이 모여서 협동조합을 만들어 운영하는 '소상공인 협동조합'을 지원해 주는 사업이다. 성장단계별로 초기 단계의 경우 최대 1억 원까지 지원을 받을 수 있다. 매우 복잡한 단계와 전혀 다른 사업형태를 가지고 있어 많은 고민이 필요하다.

6) 기타

소상공인시장진흥공단의 사업만으로도 책이 수십 권이 나올 수 있는 많은 사업을 하고 있는 곳이다. 공단 홈페이지에 가서 직접 다양한 사업들을 확인해 보고 관련 있는 사업에 적극적으로 참여해 보기를 추천드린다.

마. 상권분석 사이트

1) 소상공인시장진흥공단 상권분석 사이트 sg.sbiz.or.kr

전국적으로 분석이 가능하여 가장 많이 활용되고 있는 상권분석 사이트이다. 4장에서 관련된 내용을 넣었으니 참고하자.

2) 서울시 우리마을가게 상권분석 서비스 golmok.seoul.go.kr

서울시에서 운영하고 있는 상권분석사이트로 서울시의 모든 상권분석이 가능한 사이트이다. 소상공인시장진흥공단과 함께 활용하면 더욱더 정확한 상권분석 데이터를 뽑아낼 수 있다.

3) 경기도 상권영향분석 서비스 sbiz.gmr.or.kr

경기도에서 운영하고 있는 상권분석사이트 경기도에 특화된 상권분석 서비스를 제공하고 있다.

11

바. 서울시자영업지원센터 www.seoulsbdc.or.kr

서울시에서 운영하고 있는 서울시 자영업사들을 지원해 주는 사이트이다. 서울신용보증재단에서 운영하고 있다.

창업컨설팅, 자영업클리닉, 현장체험(멘토링), 시설개선사업, 사업정리 및 재기지원, 소상공인동행프로젝트, 자영업협업화, 1인자영업자 고용보험료 지원사업 등을 운영 중에 있다.

그중에서도 현장체험(멘토링)은 창업을 하기 전에 직접 선배들이 운영하고 있는 매장에서 사업을 직접 경험해 볼 수 있어 매우 좋은 평가를 받고 있는 사업이다. 커피전문점을 운영하고 싶다면 창업을 하기 전에 커피전문점을 운영하고 있는 멘토에게 커피전문점 사업에 대한 지도와 멘토링을 사업장체험을 통해서 받을 수 있다. 교육센터도 함께 운영하고 있으므로 서울시에서 창업을 준비하고 있다면 반드시 확인해 봐야 할 기관이다.

개별구청 지원사업도 참조

서울시 예산과 별도로 구청 예산이 있는 경우들이 가끔 있다. 때문에 위치한 구청 홈페이지에서 지원을 해 주는 사업이 있는지 확인해 보는 것이 좋다.
구에서 별도로 예산을 확보하여 지원사업을 하는 경우들이 꽤 있다. 남는 공간을 사무실로 지원을 하거나, 구에서 운영하는 건물에 있는 커피숍 운영을 할 사업자를 찾는 사업도 본 적이 있다.

사. 서울시 중소기업 지원

1) 서울산업진흥원 new.sba.kr

서울특별시에 소재하고 있는 중소기업에 대한 종합적이고 체계적인 지원사업을 통하여 중소기업의 경영여건 개선과 경쟁력강화에 기여함을 목적으로 설립된 기관.

2) 서울 창업허브 seoulstartuphub.com

서울시 내에서 운영되고 있는 회의실, 사무실, 제품화 지원센터에 대한 정보를 볼 수 있다.

3) 광역 소공인 특화 지원센터 https://smbiz.sba.kr

서울시 도시제조업 육성과 진흥을 위한 컨트롤 타워역할을 수행.

4) SBA 아카데미 academy.sba.kr

서울산업진흥원의 대표 교육브랜드. 서울기업 및 서울시민과 밀레니얼 세대를 위한 커리어 성장 플랫폼.

11

아. 경기도시장상권진흥원 gmr.or.kr

서울시에 서울시자영업지원센터가 있다면 경기도에는 경기도시장

상권진흥원이 있다. 소상공인 경영환경개선, 고용보험료지원, 사업정리지원, 재창업지원, 청년사관학교, 판로개척지원, 기술교육, 푸드트럭 등 다양한 개인과 단체, 시군 등의 사업을 지원하고 있다. 경기도도 너무 많은 사업이 진행되고 있어 직접 홈페이지에서 꼼꼼히 진행되는 사업을 확인해 보기 바란다.

특히 소상공인 경영개선 사업을 통해서 최대 300만 원까지 활용이 가능하다.

경기도 시별 지원사업 참조

경기도의 경우에도 경기도 예산 외에 시별로 예산이 따로 집행이 되는 경우들이 많이 있다.

경기도는 수원, 고양, 용인, 부천, 안산, 화성, 남양주, 안양, 평택, 의정부, 파주, 시흥, 김포, 광명, 광주, 군포, 이천, 오산, 하남, 양주, 구리, 안성, 포천, 의왕, 여주, 양평, 동두천, 과천, 가평, 연천으로 이루어져 있는데 각각의 시청홈페이지나 소상공인지원센터를 참고해야 한다.

또한 별도로 소상공인 지원조직을 운영하는 경우도 많아 거주하고 있는 시의 소상공인 관련 지원단체를 별도로 찾아보는 것이 필요하다.

성남시의 경우 '성남시상권 활성화재단'이라는 기관운영을 통해서 성남시 소상공인들의 경쟁력 향상과 지역경제활성화를 지원하고 있다.

자. 인천광역시 소상공인지원센터 www.insuport.or.kr

인천에서 운영되는 소상공인 지원센터로 인천시민들도 잘 모르는 지원기관이다. 소상공인 컨설팅과 경영개선자금 등 다양한 지원사업을 진행하고 있다. 인천광역시 서민금융복지지원센터와 함께 운영되고 있다. 인천시도 소상공인 경영개선사업을 통해서 점포환경개선, 시스템개선, 홍보광고비용을 최대 300만 원까지 활용이 가능하다.

차. 지역 신용보증재단

지역 신용보증재단은 '담보력이 부족한 지역 내 소기업 소상공인 등과 개인의 채무를 보증하게 함으로써 자금융통을 원활하게 하고, 지역경제 활성화와 서민의 복리 증진에 이바지함'을 목적으로 설립되었다.

신용대출은 물론 컨설팅, 교육사업 등 지원사업을 기관별로 진행하고 있어, 다양한 지원을 받을 수 있다. 전국 지역별로 운영이 되고 있어, 소속된 지역의 신용보증재단을 눈여겨봐 두도록 하자.

서울시신용보증재단 www.seoulshinbo.co.kr

경기도신용보증재단 www.gcgf.or.kr

인천신용보증재단 www.icsinbo.or.kr

부산신용보증재단 www.busansinbo.or.kr

대전신용보증재단 sinbo.or.kr

광주신용보증재단 www.gjsinbo.or.kr

대구신용보증재단 www.ttg.co.kr

강원신용보증재단 www.gwsinbo.or.kr

충북신용보증재단 www.cbsinbo.or.kr

충남신용보증재단 www.cnsinbo.co.k

경남신용보증재단 www.gnsinbo.or.kr

경북신용보증재단 gbsinbo.co.kr

전북신용보증재단 www.jbcredit.or.kr

전남신용보증재단 www.jnsinbo.or.kr

제주신용보증재단 jcgf.or.kr

카. (재)중소상공인 희망재단 heemangfdn.or.kr

중소상공인의 창업 이후의 어려움을 무사히 극복할 수 있도록 2014년에 네이버(주)의 출연으로 설립된 재단. 보육시설운영 및 기업지원 등 다양한 프로그램을 운영 중이다. (서울시 구로구에서 운영 중.) 온라인 비즈니스에 특화된 지원을 하고 있다.

타. 사회적경제 지원

1) 사회적기업 진흥원 www.socialenterprise.or.kr

사회적경제 활성화를 통한 사회통합과 국민의 삶의 질 향상, 사회적경제 선순환 생태계 조성을 지원하는 통합 전문지원기관이라는 미션과 비전으로 운영되고 있는 기관. 사회적기업과 협동조합 지원 관련된 사업을 운영 중이다.

2) 협동조합 coop.go.kr

사회적기업진흥원에서 운영하고 있는 협동조합 지원사이트. 협동조합 설립과 운영, 지원에 대한 모든 정보를 담고 있다.

3) 서울시 사회적경제지원센터 sehub.net

서울 시민의 삶이 더 다채롭고 풍성해지도록 사회적기업, 협동조합, 마을기업, 자활기업 등 사회적경제 기업들의 성장을 지원하기 위해 2013년 1월 23일 설립된 민관 거버넌스 기관.

사회적경제 지원센터는 자치단체에서 거의 대부분 운영이 되고 있으니, 소속된 지역을 찾아보도록 하자. 시와 도 단위 및 구 단위에서도 운영이 되고 있다.

11

파. 여성기업 지원

1) 여성기업 종합 정보 포털 www.wbiz.or.kr

여성기업의 기업활동 및 유용한 경영정보, 통계, 행사정보 등 여성기업인들을 위한 다양한 콘텐츠를 제공 중이다.

- 여성기업인증

공공기관은 여성기업제품을 일정 비율 이상 의무적으로 구매하도록 되어 있어 여성기업인증을 통해서 상품, 서비스 판매에 도움을 받을 수 있다. wbiz.or.kr에서 '여성기업확인서' 발급에 대한 조건확인과 활용방법을 알아보도록 하자.

2) 서울우먼업 www.seoulwomanup.or.kr

서울 시내 18개 여성인력개발센터와 5개 여성발전센터, 그리고 서울시 여성능력개발원을 통칭하는 이름이다.

센터마다 규모와 지원사업이 다르고 지역마다 특색이 있어 지역에서 가까운 센터를 방문해 보는 것도 좋다. 먼저 홈페이지에서 어떤 지원사업이 있는지 확인해 보자.

서울특별시 여성인력개발기관 분포도

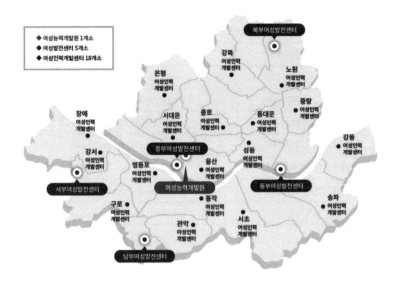

서울시여성능력개발원	swrd.seoulwomanup.or.kr
남부여성발전센터	nambu.seoulwomanup.or.kr
동부여성발전센터	dongbu.seoulwomanup.or.kr
북부여성발전센터	bukbu.seoulwomanup.or.kr
서부여성발전센터	seobu.seoulwomanup.or.kr
중부여성발전센터	jungbu.seoulwomanup.or.kr
강동여성인력개발센터	gd.seoulwomanup.or.kr
강북여성인력개발센터	gangbuk.seoulwomanup.or.kr
강서여성인력개발센터	gangseo.seoulwomanup.or.kr
관악여성인력개발센터	gwanak.seoulwomanup.or.kr
구로여성인력개발센터	guro.seoulwomanup.or.kr
노원여성인력개발센터	nowon.seoulwomanup.or.kr
동대문여성인력개발센터	ddm.seoulwomanup.or.kr

동작여성인력개발센터	dongjak.seoulwomanup.or.kr
서대문여성인력개발센터	sdm.seoulwomanup.or.kr
서초여성인력개발센터	seocho.seoulwomanup.or.kr
성동여성인력개발센터	sd.seoulwomanup.or.kr
송파여성인력개발센터	songpa.seoulwomanup.or.kr
영등포여성인력개발센터	ydp.seoulwomanup.or.kr
용산여성인력개발센터	yongsan.seoulwomanup.or.kr
은평여성인력개발센터	ep.seoulwomanup.or.kr
장애여성인력개발센터	wsbt.seoulwomanup.or.kr
종로여성인력개발센터	jongno.seoulwomanup.or.kr
중랑여성인력개발센터	jungnang.seoulwomanup.or.kr

3) 경기여성창업플랫폼 꿈마루 www.dreammaru.or.kr

창업을 원하는 경기도지역 여성창업플랫폼으로 경기권 5군데에서 운영 중에 있다. 공간대관과 창업교육, 창업상담과 정보제공 등 다양한 사업을 진행 중에 있다.

지역	주소	비고
경기남부 꿈마루	경기도 용인시 기흥구 용구대로 2311	
경기북부 꿈마루	경기도 의정부시 범골로 137	
고양시 꿈마루	경기도 고양시 일산서구 하이파크3로 75, 2층	
양주시 꿈마루	경기도 양주시 부흥로 1533, 2층	
화성시 꿈마루	경기도 화성시 태안로 145, 유앤아이센터 1층	

4) 꿈날개 www.dream.go.kr

경기도와 여성가족부가 함께 하는 온라인 경력개발센터.

5) (사)한국여성인력개발센터 연합 www.vocation.or.kr

전국에서 활동 중인 53개 여성인력개발센터의 연합으로 전국에 있는 기관들의 정보를 볼 수 있다. 매년 사업과 프로그램들이 변경이 되고 있기 때문에 직접 지역의 센터를 직접 방문해 보는 것이 가장 좋다. 홈페이지에서 인근에 있는 센터를 확인할 수 있다.

6) 한국여성벤처협회 www.kovwa.or.kr

여성벤처기업의 권익을 대변하기 위해 1998년에 설립된 단체, 4천여 여성벤처기업의 지속성장과 여성벤처창업활성화를 지원.

주요사업으로 여성벤처활성화사업, 예비창업패키지운영, 1인 창조기업지원센터 등이 있다. 기술력과 사업성 우수한 여성기업이라면 꼭 기억해야 할 기관이다.

11

하. (재)장애인기업종합지원센터 www.debc.or.kr

장애인의 창업촉진과 장애인기업의 활동 증진을 보다 체계적이고 효율적으로 실행하기 위해 설립된 기관으로 장애인창업과 기업지원 사업을 하고 있다.

거. 50세 이상 중장년 지원

앞서서도 계속 강조하고 있지만 현재 가장 많은 인구를 가지고 있는 나이대가 50대 전후 세대들이며, 현재 퇴직을 앞두고 있는 사람들이 많아서 향후 시니어, 장년 창업 등에 대한 지원은 늘어날 수밖에 없는 상황이다.

1) 중장년 기술창업센터

창업진흥원(https://www.kised.or.kr)에서 운영하고 있는 중장년 기술창업센터가 현재 운영 중인 대표적인 사업이다. 현재 전국적으로 33군데서 운영 중이며, 각종 창업교육, 공간지원, 보육지원 등의 사업을 진행 중에 있다. (창업진흥원홈페이지 〉 사업안내 〉 창업인프라 〉 중장년기술창업센터)

〈전국 중장년기술창업센터 현황〉

지역	주관기관	협력기관	유형	주소	연락처
서울	마포구청	서강대학교	단독	서울특별시 마포구 매봉산로 18, 마포창업복지관 601호	070-7727-4101
	성북구청	한성대학교 산학협력단	단독	서울특별시 성북구 화랑로 211, 한성대벤처창업지원센터 B104호, 행정실	02-941-7257
경기	고양지식정보산업진흥원	-	특화	경기도 고양시 일산동구 1036, 고양종합터미널 4층	031-936-7485
	의정부시청	신한대학교 산학협력단	단독	경기도 의정부시 산단로 76번길 89	031-850-5815
	(재)성남산업진흥원	-	단독	성남시 분당구 야탑로 205번길 26, 성남 고령친화종합체험관 213호	031-707-5962
	대진대학교 산학협력단	-	단독	경기도 포천시 호국로 1007(선단동) 대진대학교 생활과학관 산학협력단 219호	031-539-1281
	(재)안양창조산업진흥원	-	단독	경기도 안양시 동안구 시민대로327번길 11-41	031-8045-6732
	청강대학교 산학협력단	-	단독	경기도 이천시 마장면 창강가창로 389-94 청라홀 100호	031-639-5887
인천	인천광역시청	(사)인천벤처기업협회	단독	인천광역시 남동구 남동대로215번길 30 인천비즈니스센터 712호	032-726-3883
부산	(재)부산인재평생교육진흥원	금정구청	단독	부산광역시 동래구 차밭골로 38-1 부산인재평생교육진흥원 4층	051-581-4050
울산	울산동구청	울산창조경제혁신센터	특화	울산 동구 방어진순환도로 1138 8층	052-209-1510

11

울산	울주군청	(재)울산 테크노파크	단독	울산광역시 울주군 웅촌면 곡천동문길 31, 울주군 중 장년 기술창업센터	052-219-8587
대구	수성구청	수성대학교 산학협력단	공동	대구광역시 수성구 청수로 64, 1층	053-784-8261, 053-781-9390
	달서구청	계명대학교 산학협력단	단독	대구광역시 상인로 128 (월곡역사공원 內)	053-643-7995
	계명문화 대학교 산학협력단	-	단독	대구 달서구 달서대로 675, 계명문화대학교 복지관 3층	053-589-7932
경북	칠곡군청	경일대학교 산학협력단	단독	경북 칠곡군 공단로 1기 7 2층(칠곡군 중장년기술창 업센터)	053-600-4472
광주	광주광역시청	(재)광주정보 문화산업 진흥원	단독	광주광역시 동구 금남로 245, 전일빌딩245 5층 중 장년기술창업센터	062-610-9522
전남	(재)전남정보 문화산업 진흥원	-	공동	전남 목포시 석현로 46 문 화산업지원센터 1층	061-280-7499
대전	한밭대학교 산학협력단	-	단독	대전시 유성구 테크노 1로 75번지 201호	042-821-1696, 042-821-1697
충남	당진시청	충남산학 융합원	단독	충청남도 당진시 당진중앙 1로 59	041-356-8748
	한서대학교 산학협력단	서산시청	단독	충청남도 서산시 해미면 한서1로 46	041-660-1714
	건양대학교 산학협력단	논산시청	단독	충청남도 논산시 대학로 121	041-730-5178
강원	(재)지혜의숲	춘천시청	단독	강원 춘천시 시청길32 해 찬빌딩 3층	033-244-2255

충북	서원대학교 산학협력단	-	특화	충북 청주시 서원구 무심 서로 377-3(모충동) 서원 대학교 예술관 309호	043-217- 1312
	청주시청	퍼스트경영 기술연구원	단독	청주시 상당구 교서로 8-4, 2층	043-254- 8667
전북	익산시청	(사)전북창업 공유지원센터	단독	전라북도 익산시 동서로 370 익산종합비즈니스센 터 6층	063-851- 7480
	전라북도청	전라북도경제 통상진흥원	단독	전북 전주시 덕진구 기린 대로 945-6, 1층	063-711- 2141
	(사)전북소상 공인창업 지원단	-	단독	전북 군산시 궁포3로 14, 6층	063-835- 5423
경남	김해산업진흥 의생명융합 재단	-	특화	경상남도 김해시 주촌면 골 든루트로 80-16, 3층	055-310- 9261
	영산대학교 산학협력단	-	단독	경상남도 양산시 주남로 288(주남동) 영산대학교 코스모스관 3층 내	055-380- 9676
	경상국립 대학교 산학협력단	-	단독	경남 진주시 내동면 내동로 139번길 8, 경상국립대학 교 내동캠퍼스 5층 509호	055-772- 3610
	인제대학교 산학협력단	통영시청	단독	경상남도 김해시 활천동 인제로 197	055-320- 3065
제주	(재)넥스트 챌린지	서귀포시청	단독	제주도 서귀포시 중정로 86 2층	070-7732- 0202

11

2) 서울시 50플러스 포털 50plus.or.kr

서울특별시와 서울시 50플러스재단이 운영하고 있는 50플러스포털이 있다. 서울시 50플러스포털은 말 그대로 50세 이상(50세~64세의 신중년 베이비부머 세대들을 위한 통합지원 정책을 수행하기 위해 2016년에 설립된 서울시 출연 기관이다.

현재 서울 시내에 6군데의 서울 50플러스캠퍼스와 10개의 50플러스센터. 1개의 상담센터가 운영 중에 있다. 창업뿐 아닌 정보제공, 일자리, 교육 등의 활동을 하고 있다. 향후 더욱더 다양한 예산확보와 사업 확장이 예상되고 있어 지속적인 관심이 필요하다.

너. 창업교육 직업교육

1) 직업훈련포털 / 국민내일배움카드 www.hrd.go.kr

직업능력개발정보망(HRD-Net)은 고용노동부에서 운영하고 있는 직업능력 지식포털 사이트로 국민내일배움카드를 통해서 국비로 직업교육을 받을 수 있다.

국민내일배움카드는 기존 실직자들을 위한 직업교육에서 전 국민이 받을 수 있도록 변경되어 현재 재직 중, 실업 상태이든, 창업을 했든 상관없이 지원을 받을 수 있다. 현직 공무원, 사립학교 교직원, 졸업예정자 이외 재학생, 연매출 1억 5천만 원 이상의 자영업자, 월 임금 300만 원 이상인 대규모 기업 종사자(45세 미만) 특수형태근로종사자 등은 제외이다.

다양한 직업교육을 일부 자부담을 통해서 받을 수 있어, 관련된 직업 교육을 사전에 받아 보는 것이 좋겠다.

2) 소상공인시장진흥공단 소상공인 지식배움터 edu.sbiz.or.kr

소상공인시장진흥공단(www.semas.or.kr)에 들어가면 '소상공인 교육신청'이 있다. 말 그대로 소상공인들을 위한 다양한 창업교육과 마케팅교육을 위한 마련된 곳이다.

창업, 성장, 재기 등 성장단계별 맞춤교육은 물론, 교양과 노하우 등 다양한 교육콘텐츠를 온라인 교육과 오프라인 교육으로 나누어 제공하고 있다. 창업을 준비하고 있다면 우선 닥치는 대로 마구 교육을 들어 보도록 하자.

교육량이 많아질수록 새로운 아이디어와 새로운 길이 보인다. 교육이 지겨울 때 '이 교육에서 한 가지만 배운다'는 마음으로 한 가지라도 얻어서 나온다는 생각으로 교육을 들어 보자. 교육은 질도 중요하지만 양도 중요하다. 다양한 교육을 들어 보는 것이 좋다.

3) 소상공인 아카데미 edu.seoulsbdc.or.kr

서울신용보증재단에서 운영하고 있는 소상공인아카데미.

창업단계와 경영개선단계별로 온라인 교육과 오프라인교육을 제공하고 있다. 향후 서울신용보증재단에서 대출을 받아야 할 때 교육수료증이 필요할 수 있다.

4) 경기도 자영업 아카데미 edu.gmr.or.kr

경기도 시장상권 진흥원에서 운영하고 있는 자영업 교육사이트. 온라인 교육과 오프라인 교육 등을 운영하고 있다.

5) 창업에듀 www.k-startup.go.kr/edu

중소벤처기업부 산하 / 창업진흥원에서 운영 중인 창업교육 전문사이트. 전문적인 기업가 양성과 사업계획서 작성에 대한 교육을 받을 수 있다. 다소 이론적이기는 하지만 전반적인 퀄리티가 매우 좋아 개인적 역량을 강화하는 데 많은 도움을 받을 수 있다.

6) 네이버 비즈니스스쿨 bizschool.naver.com

가장 많이 활용하는 네이버 마케팅 도구에 대한 다양한 교육을 받을 수 있다. 기본적인 세무는 물론, 쇼핑몰, 광고 등 전반적인 실무교육을 받을 수 있어 온라인 쇼핑몰을 운영하지 않는다고 해도 기본적으로 꼭 들어 볼 만한 과정들이 많이 있다. 특히 광고와 마케팅 관련해서는 꼭 한번 참고하도록 하자.

7) 카페24 교육센터 edu.cafe24.com

카페24는 국내에서 가장 많이 활용하는 쇼핑몰 솔루션인 카페24에서 운영하는 교육센터이다. 쇼핑몰 운영에 대한 다양한 정보들을 얻을 수 있다.

8) 고도몰 교육센터 edu.nhn-commerce.com

쇼핑몰 솔루션 업체인 고도몰에서 운영 중인 교육센터로 온라인 창업관련 교육을 받을 수 있다. 다양한 창업지원센터 등에서 온라인, 오프라인 교육 등을 다양한 게 진행하고 있으며, 계속 새로운 프로그램들이 나오고 있으므로 적극적으로 찾아봐야 한다.

11

9) 배민아카데미 academy.baemin.com

배달의 민족에서 운영하고 있는 교육센터이다. '맞춤형 장사 노하우를 누구나 무료로'라는 슬로건으로 운영 중이다.

책을 쓰기 시작한 뒤 꽤 많은 시간이 지났고, 드디어 마무리하게 되었다. 그동안 코로나 종료, 전쟁, 금리인상 등 여러 가지 외부상황이 바뀌었고 더욱 시장은 치열해지고 있다.

예상하고 있었던 안 좋은 상황이 더 일찍 다가오는 것 같고, 당분간 지속될 듯하여 걱정스럽다. 소상공인들과 자영업으로 몰리는 사람들이 더 많아질 듯하고 더욱더 생존경쟁이 심화될 것이기 때문이다. 그래서 더욱 책에 대한 책임감도 느끼게 된다.

책을 최종 마무리를 하다 보니 내용도 장황하고, 의도했던 바와는 다소 다른 내용들도 있는 것 같다. 특히나 페이지가 많아진 듯하여 읽기 부담스러울 수 있을 것 같다. 그래도 필자가 그동안 하고 싶었던 이야기를 거의 쏟아 낸 것 같아서 후회는 없다. 책이 다소 두껍지만 요령껏 읽어 주시기 바란다.

필자는 책을 읽을 때마다 목표가 하나 있다. 책 한 권에서 '신선한 인사이트를 하나씩만 얻자'이다. 비슷비슷한 내용들 중에서도 작가들만의 신선한 '인사이트'가 있다. 내가 모르던 내용을 하나씩 늘려 나가는 데 큰 재미가 있다.

이 책도 여러분들에게 한두 개 정도의 의미 있는 인사이트를 줄 수 있으면 좋겠다. '이 내용은 정말 도움이 되는데?'라는 내용이 한두 개만 있어도 충분히 이 책이 역할을 다했다고 생각한다.

책을 읽으시는 분들의 건승을 바라며 생존의 인사이트를 만들어 나가시길 바란다.

혹시 이 책을 읽고 도움이 되었다면 어떤 내용인지 알려 주시면 이후 준비하는 책들과 컨설팅, 강의를 하는 데 도움이 될 것 같다. 또한 추가적인 문의사항도 메일로 연락을 주시기 바란다.

이메일 bizi@bizi.kr이나, 공식 블로그 bizi.kr 안부 글에 남겨 주시면 확인하고 답변드리도록 하겠다.

자영업 소상공인 창업 마케팅
생존전략

ⓒ 최창문, 2023

초판 1쇄 발행 2023년 2월 28일
　　2쇄 발행 2023년 4월 25일

지은이　　최창문
펴낸이　　이기봉
편집　　　좋은땅 편집팀
펴낸곳　　도서출판 좋은땅
주소　　　서울특별시 마포구 양화로12길 26 지월드빌딩 (서교동 395-7)
전화　　　02)374-8616~7
팩스　　　02)374-8614
이메일　　gworldbook@naver.com
홈페이지　www.g-world.co.kr

ISBN　979-11-388-1653-3 (03320)